Johann Friedrich
FRISCHEISEN

KANN NEUES LEISTEN FRIEDEN STIFTEN?

novum pro

Dieses Buch ist auch als
e-book
erhältlich.

www.novumverlag.com

Bibliografische Information
der Deutschen Nationalbibliothek:

Die Deutsche Nationalbibliothek
verzeichnet diese Publikation in
der Deutschen Nationalbibliografie.
Detaillierte bibliografische Daten
sind im Internet über
http://www.d-nb.de abrufbar.

Gedruckt in der Europäischen Union
auf umweltfreundlichem, chlor- und
säurefrei gebleichtem Papier.

© 2023 novum Verlag

ISBN 978-3-99131-893-4
Lektorat: Hannah Lackner
Umschlaggestaltung, Layout & Satz:
novum Verlag

www.novumverlag.com

Climate neutral
Print product
ClimatePartner.com/16547-2201-1002

Gewidmet meiner Hochschule ANSBACH

Nach Gründung ab Vorlesungsbeginn Dozent an
der Hochschule als zweite Aufgabe
neben meinem Beruf über etliche Jahre.
Lust auf Leistung!

Johann Friedrich Frischholz

Inhaltsverzeichnis

REICHT ES?

Der Blaue Planet Erde ‚ertrug' am 15. November 2022 angeblich genau acht Milliarden Menschen. Gezählt wurde mittels Addierung von Unmengen an Statistiken und mit Schätzungen nach raffinierten Methoden der Wahrscheinlichkeitserwartung. Weil aber Statistiken eh immer erst nach Aufschreibungen erstellt werden, wurden Menschen miterfasst, die das Zeitliche gerade gesegnet hatten. Und andere, die schon das Licht der Welt erblickt hatten, wurden noch nicht gezählt. Die Methoden des Rechnens trugen dem Datum und dieser Zahl trotzdem silbernen Glanz ein. Weil aber fast alle Menschen geplagt sind von Sorgen, viele Völker gejagt sind von Kriegen, und viele Erdenbürger ihre Lebenswege von Nöten untergraben sehen – wie eh und je –, sind ‚goldene Zeiten' weder in früheren Epochen noch jetzt noch in der Zukunft erkennbar. Beinahe fast alle leiden im Leben. Manche übermäßig, andere weniger. Einwirkungen oder Umstände sowie eigene Notlagen lassen den Menschen wenig Spielraum für Blütenträume. Der Planet macht Angebote. Aber die Annahme der vielfältigen Angebote erfolgt oft mit Unverstand und bleibt vernunftwidrig dürftig in bloßem ‚Abbau' stecken. Der Erdball gibt sich verärgert und schlägt immer öfter zurück.

Fast alle Erdenbürger leisten etwas für ihr Dasein. Viele sehr viel; manche viel, aber erfolglos, etliche freilich leisten sich zu viel. Sie ‚nehmen sich mehr heraus' aus der Gemeinschaft. ‚Erdenglück' ließ auf sich warten.

Immer mehr Menschen erwarten aber genau das, in exponentiell wachsender Zahl: 1928 zähle man 2,1, 1960 3 Milliarden, 1974 schon 4, 1987 dann 5, 1999 schnell 6 Milliarden (Wikipedia). Die Zahl von 10 Milliarden Erdbewohnern wartet nun früher als bisher berechnet auf unsere fleißigen Weltbürger-Statistiker.

Die Menschen sehen sich als ‚Dazugehörige' zu ihrer Verwandt-
schaft, einer Volksgruppe, einer Stadt, einer Sprache, einer
Staatsgemeinschaft, einer Religion, eines Kontinents. Sie leben als Indigene, – die man früher als Ureinwohner kannte und
dieseleben waren –, als „Menschen, die schon lange gern und
gut hier leben", (Bundeskanzlerin Angela Merkel für Deutschland), wobei sich nicht wenige dabei etwas weniger einbezogen
erkennen und lieber ‚gehen' möchten. Sie sehen sich als Bürger,
Neubürger, ‚Geduldete', Ausreisepflichtige, trotzdem Leistungs-
berechtigte, als angelockte Immigranten auf der harten Flucht
vor Bedrohung, auch nach Strafen, als männliche Wesen, weibliche oder noch andere, von denen uns noch keiner gesagt hat,
dass er ein solcher Diverser/Diverse wäre. Man kann als Männ-
licher (bei Stellenausschreibungen = m) oder Weibliche (= w)
arbeitslos werden, nicht aber als d (= für Diverses). Man sollte
sich deshalb gleich als „d" bewerben. Denn in der ganzen Ar-
beitslosenstatistik ist kein einziges dieser „d" aufgeführt. Solche werden offensichtlich niemals freigestellt oder entlassen –,
was wohl ‚diskriminierend' wäre. Aber in allen Anwerbungsan-
zeigen werden diese doch allen Ernstes als Mitwirkender, -de
oder –des angestellt. Würde ein „Solches" in einem Unternehmen oder in einem Amt eingestellt, würde „es" aber niemals als
„Solches" seinen Kollegen vorgestellt. Denn das wäre so wieder
ausgrenzend eine Stigmatisierung, „Das tut man nicht!" Neu
ist das sogar verboten. Nur angeworben wird so nach gesetzli-
chen Vorschriften. Menschen grenzen sich fast immer nur ab.

Viele wähnen sich als menschenrechtsberechtigte Gegner von
allem und Jedem. Recht und Gesetz hätte da hintanzustehen.
Proteste und Demonstrationen werden oft schon mal zu Übun-
gen für Bürgerkriegsumtriebe. Ein Empfinden für ein Treiben
im Unrecht verliert sich.

Nur eines macht man ungeniert: Gendern in der deutschen
Sprache, darum sogar als öffentlich benutztes Ärgernis amt-
lich besorgt, wurde vom Rat für die deutsche Sprache am 15.

Juli 2023 noch nicht als Teil der Schriftsprache aufgenommen. Noch nicht.

Solange nicht auch noch „Menschinnen", „Leutinnen", „Gästinnen", „Kindinnen" und gar „Deutschinnen" gesetzlich zur Pflichtübung werden, wende ich mich von diesem – in meinen Augen – Irrweg ab, weil er wohl niemanden ‚rehabilitiert': Meine eigene „Wende" zurück auf den Boden des guten Geschmacks abseits von sonderlich „Bevorrechtigtinnen". Woher nehmen sich diese selbsternannten Päbste und Päbstinnen der ‚Genderei' das Recht zu der Arroganz, für sich in Anspruch zu nehmen, dass man mit den „Bürgern einer Stadt" nicht auch Frauen mit einbezog? Und in Deutschland nicht auch die ‚Deutschinnen'? Und wer schützt uns Männliche und Weibliche vor der nächsten „Runde", in der die Diversen noch weiter diversifiziert werden? Also noch weiter unterteilt in Flugtaugliche, Lese- und Sprachfähige, Arbeitswillige, Straßenklebrige, Baumhäuser-Touristen, Unentschiedene und ‚meistens Fahrradfahrende'?

Merken wir nicht, dass wir uns mit KI (künstlicher Intelligenz) zu schmücken beginnen, aber in bestimmten Kreisen uns aus normaler, also modern ‚analoger' Intelligenz schon verabschieden?

Sehen wir nicht mehr, dass wir uns hier im Lande originärelitär versuchen, aber immer arroganter wirken?

Nicht Wenige können sich zu Erzeugern von Lebensmitteln zählen, so in Landwirtschaft, Fischwirtschaft und Verarbeitung. Zu Produzenten von Gerätschaft für Hauswirtschaft und verarbeitender Wirtschaft. Alle zu Erzeugern von Müll, oft geistigem. Anschmiegsamem, ‚modernen' Zeitgeist folgen leider oft gern sehr fleißige wendige „Zeitgeistliche" (aus Peter Hahne: „Das Maß ist voll").

Alle sehen sich im Schutz der Menschenrechte. Viele bilden sich, andere weniger. Viele bilden sich ein, dass sie gut sein müssten, weil sie gut verdienen. Manche wähnen sich Glücksfälle als Beleg für eigenes Können. Andere preisen die, die „selig sind, weil sie sich um nichts kümmern müssten". Besorgte und Gleichgültige leben ungleich gut oder ungleich schlecht. Alle aber doch ungleich. Trotzdem wird ‚Gleichheit' als Glücks-Trittbrett mit Nachrennen hinter Irrfahrern angestrebt und dazu irgendwo aufgesprungen. Menschen merken dann viel zu spät, dass sie im falschen Zug mitfahren.

Dass die Schöpfungsleistung jeden der acht Milliarden Menschen, jeden anders als jeden anderen erschaffen hat, wird zwar technisch erkannt und genutzt, aber als größte Leistung der Schöpfung ‚übersehen'.

Doch der Zählstand ist eine Momentaufnahme. Sogleich wurde weitergerechnet. Man kam auf 10 Milliarden dieser Spezies Lebewesen schon Mitte des Jahrhunderts. Niemand erklärt aber, wohin diese Menge von einem Viertel zusätzlicher Erdenbewohner ansiedeln sollte. Braucht die Menschheit dann die Randzonen der Eis- und der Heißwüsten für Wohnbau, Steppen, die Antarktis, höhere Bergwelten oder neue unterirdische Städte für das Leben? Nur zum Leben? Und welche Flächen zum Arbeiten, Verdienen, für Verkehr und eine neue verträgliche Raumordnung? Oder wartet man auf die Entwicklung der Meeresspiegel, um da doppelt so breite Badestrände für Wohnraum nutzbar zu machen? Bei Nahrungsmitteln für so großen Zusatzbedarf Gärten übereinander anzulegen? Und für Straßen, wie man sie drei Etagen übereinander schon vor 60 Jahren in Stockholm gesehen hat? Gewiss sind solche inzwischen in modernen Metropolen längst täglicher Anblick. Doch ein Auswandern – wohin denn? – wird wohl zu keiner Option. Meeresspiegel könnten sogar ansteigen und Siedlungsmöglichkeiten noch verknappen.

Das alles hat niemand vorgerechnet, nicht mit den feinsten Prognose-Algorithmen und digitaler Intelligenz.
    Man wird ja wohl nicht in alternativlosen „Regelungen" denken wie bei ‚Rasputins' Mordbrennerzügen, um große Teile der Erde verheerend zu entleeren von Bevölkerung? Oder wie bei

„Nachfolgern" mit den sich selbst zugemessenen großen Ansprüchen auf Raum, Auslöschen und Unterdrücken anderer Völkerschaften, Religion und Ideologie?

Oder sollen Mond und Mars noch Auswege bieten? Und bitteschön: Für wen dann? Ohne Wohnraum und Lebensgrundlagen für ein Weiterleben? Gibt es irgendwo in tiefen Urwäldern mehr Friedlichkeit für Alle? Oder in der Tiefsee sogar noch unerforschte vielleicht sogar noch bewohnbare Höhlen zu (er-)schließen?

Müssen wir uns darauf einrichten, dass große Wassernot die Vernichtungskriege noch übertrifft, wo selbst Großstädte zu Nekropolen, zu vollkommen ‚toten Städten' verkamen? Städte ohne einen Menschen wie die Stadt Ani an der Ostgrenze der Türkei, wo einst 100.000 Menschen wohnten und ihr Stadtgebiet vermutlich dreißig Tempel beherbergte? Kein Gebäude mehr heil ist? Steinhaufen über Steinhaufen, soweit man sehen kann, ohne ein Lebenszeichen eines Tieres, vielleicht nur einer Schlange im Geröll? Die Erstarrung des dort schweigenden Betrachters weicht seiner Erschütterung, wenn man bedenkt, dass hier in Vorzeiten ein vitales Zentrum mit Begegnung zwischen großen Kulturen gewesen sein muss, wovon nichts mehr bekannt ist. Sind wir geneigt uns vorzustellen, dass unsere blühenden Städte gar ein solches Ende finden- aus Wassermangel? Und die Landstriche?

Nur kaum 200 km entfernt in der Nähe des versalzten Van-Sees der Nemrut Dag, ein besonderer Berg, nur Felsen mit Fernblick in zwei entgegengesetzte Richtungen: Ost und West. Ein irrationaler, ja mystischer Ort. Dort hat man Statuen aus härtestem Stein errichtet, Menschenköpfe gemeißelt, die einen nach Westen, die anderen nach Osten blicken lassen. Ein Friedensmonument mit unterschiedlich großen Statuen als Zeichen an die Götter, dass man Frieden wolle?

An der türkischen Ostgrenze das Bergmassiv des Berges Ararat, auf dem noch immer nach der Landestelle der Arche Noahs durch Forscher gesucht wird.: Fast ein Markstein an der Grenze Kleinasiens von und nach Asien: Mit der Höhe von 5.137 m beim Überflug in 11.000 m Höhe von Indien nach Europa ein doch dem Flugzeug viel ‚näherkommendes' Felsmassiv, was ein besonderes merkwürdiges Gefühl auslöst. Wenn man das Glück hatte, vor dem Ararat in der Nähe von 20 km zu stehen –, dazwischen Sumpfland – wo er sich noch einmal 3.000 m erhebt, erlebt wie mit dem Atem einsaugend Weltgeschichte von Kulturen im Wandel zwischen Kriegen und Frieden. Ein sehr persönliches Event mit dem Eindruck besonderen Tiefgangs. Dort an der Grenze zwischen den ‚Persern' und den Reichen vieler Nachbarn, im heutigen Ostanatolien der Türkei zu Armenien, hat Menschheitsgeschichte stattgefunden. Geschrieben aber wurde kaum. Abbrüche im Werden und Geschehen bis ins Dunkel der Geschichte wären, würden sie sich heute wiederholen, nicht singulär. Es gäbe gar schreckliche ‚Vorbilder'.

Folgt man den Blicken der Statuen-Köpfe, verschmilzt nachdenkender Fernblick noch mit dem Versuch eines Weitblicks.

Oder muss es nicht in Mark und Bein erschüttern, wenn man als Gymnasiast Geschichte zu lernen hatte, aber nun vor einem schäbigen Rest an Ruinen von Carthago stand, einmal ein Machtzentrum, das einst auch den Römern als Todfeind ihres Reiches und ihrer Staats-Existenz erschienen war? Wo einmal Hannibal aufbrach, um mit 200 Elefanten über Spanien und Südfrankreich die Alpen zu überqueren und bereits den Rubicon überschritten hat? Als die reiche und mächtige Stadt Rom samt ihrer Führung in heller Aufregung war, weil Hannibal nun als Eroberer ihrer Stadt Jedem deutlich wurde? „Hannibal ante portas!" „Hannibal vor den Toren der Stadt!" Dieser Ruf wurde zum Schreckensruf einer Stadt mit Weltgeltung, sogar einer Weltkultur. Gewarnt hatte man genug: „Ceterum censeo, Carthaginem esse delendam!" sprach ein Senator am Ende jeder seiner Reden im Senat von Rom: „Im Übrigen bin ich der Meinung, dass Carthago zerstört werden müsse".

Und so kam es –, aber erst viel später. Dazwischen war dieser Überfall Hannibals mit Gefahr für Staat und Leben der ‚Bürger von Rom'.

In Tunesien sieht man nicht nur diese winzigen Steinhaufen, die man als Rest von Carthago benennt. Dort stehen vor allem keine Wälder mehr, an denen sich wohl schon früher die Phönizier für ihre Schiffsflotten im Mittelmeerraum bedient hatten. Und es steht eine Art von kleinerem Stadion mit hohen Zuschauerrängen sowie mit den Kammern für die wilden Tiere, gegen die ausgewählte Athleten im Ring der Arena kämpfen mussten – auf Leben und Tod. Und dieses Treiben fand nach dem Untergang Carthagos statt, also da gar innerhalb des Machtbereichs einer Kulturnation veranstaltet. Teuflische Übertreibungen als Ergebnis von Machtfülle. Aber auch die „ewige Stadt" Rom fand das Ende wenigstens als Hauptstadt eines Reiches.

Wir wissen von den Maya und Inka in Mittelamerika, von ihren Tempeln und teils großen Städten. Aber wir wissen so wenig über die Gründe ihres Untergangs, wo mancher Erklärungsversuch für Touristen völlig unglaubwürdig ist. So konnten sogar Touristen die Fremdenführer korrigieren. Auch Ägyptens historische Größe ist wohlbekannt und schriftlich festgehalten, aber nicht der Untergang, geschweige die Gründe dafür.

Palmyra im Nordosten Syriens kennt die Gründe seiner Zerstörung zur Römerzeit sehr genau, bevor neu der „Islamische Staat" sich daranmachte, selbst die Ruinen dieser fantastischen Stadt nochmals zu sprengen. Was Syrien und Assur miteinander an Händeln hatten, war sicher auch einem Teil des dort streitigen Handels im Zweistromland geschuldet. Aber der „Turmbau zu Babel" als auch das Menetekel, Feuerzeichen an der Wand des Königspalastes des Königs Nebukadnezar belegen einen wesentlichen Grund für Untergänge allgemein: Menschliche Unzulänglichkeiten in jeder Hinsicht.

Die Unbeherrschtheit der Völker und ihrer Anführer. Defizite in Charakteren und die unreife Einstellung zum eigenen Ich. Übermut, Rücksichtslosigkeit, Neid, Hass und Rachsucht, Armseligkeit an Nachdenklichkeit. Daraus konnte ein Rückfall ganzer Kultur-Epochen entstehen, weit zurück hinter die Zeit vor die Sintflut, wie Historie und die Neuzeit zeigen. Wer aktuell am Werke ist, bleibt jeweils dafür verantwortlich. Der größte Feind der Menschheit ist der Mensch selbst in der Vernachlässigung seiner Vernunft bei wenig Einsatz für erstrebenswertes kulturelles Gut und andererseits seinen überhöhten Ansprüchen auf Zuleistungen anderer Menschen.

WIR MENSCHEN SIND NOCH NICHT „FERTIG"

Da ist und bleibt noch sehr viel zu tun. Jeder kann bei sich beginnen.

Wenn es richtig ist, dass in den letzten zweihundert Jahren zwar technisch viel Neues erreicht wurde, sensible Geräte höchster technischer Qualität sich im Weltall begegnen, Startbeschleunigungen bis hin zu mehrfacher Schallgeschwindigkeit erreicht werden, Funktechnik in Bruchteilen von Sekunden hunderttausende Kilometer überspringen lässt, die Medizin bis fast vor die Möglichkeit menschlicher Lebens-Reproduktion gekommen ist, Nahrungsmittel und Energien gewonnen werden können, an die man vor hundert Jahren wohl kaum gedacht hat, geisteswissenschaftlich aber kaum etwas Neues entstanden sei, kann es nicht falsch sein, wenigstens den Versuch zu Anstößen zu unternehmen. Neues Leisten will Mitdenken anregen, Unzulänglichkeiten einhegen, ohne Gebote, Verbote mit Bußen und Strafen, ohne Hölle und Fegefeuer, ohne Orden und Klöster, ohne Eremiten und Sekten: Zum Umgang des Menschen mit sich selbst, mit Umfeld, Aufgaben und Gegenspielern, damit es jedem zum gern angenommenen Anreiz werden könnte, sich zum Mitsieger aus Mitmachen beim ‚neuem Leisten' zu küren. Die olympische Idee zu übertreffen, wonach die Teilnahme schon ehre, aber nun ein Sieg sei, müsste verlocken: Teilhabe an einem Sieg, nicht bloß einem Gewinn. Das wäre in der Tat neue Dimension.

Bisher reicht nichts für eine gute Zukunft auf dem Planeten. Weder der Platz für das erwartete Anwachsen der Menschheit, noch Wachstum an Erzeugnissen für ihre Ernährung, noch die Mittel und Wege zueinander.

Das Verhalten des Menschen ist ungenügend. Sein Betragen untereinander miserabel und seine Leistungen für die Versetzung in weitere Epochen ‚gefährdet‘. Neue Stufen des fortschrittlichen Aufstiegs könnten nun Vielen zu anstrengend sein, weswegen sie lieber gleich ‚hinwürfen‘, egal, welche Folgen daraus entstünden. Andere begnügen sich mit Forderungen oder Ansprüchen an die Gesellschaft. Das Verhältnis der Menschheit untereinander ist zerrüttet. Ihr Verhältnis zu ihrer Heimat, der Erde, feindselig. Entsprechend schlägt der bewegte Teil dieser Heimat, die Natur, oft hart zurück. Der Mensch hat kein Testament für sein missliches Erbe aus seinem bisherigen Wollen, Trachten und Machen. Seine Nachfahren werden darben. Die geringe Bestandskraft der menschlichen Gemeinschaft ist spröder als vor hundertfünfzig oder zweihundert Jahren. Bei nichts reicht es für eine erträgliche und verträgliche Zukunft. Ändern kann sich nicht der Globus selbst. Die Variante bleibt der Mensch. Seine Aufgabe wird zur großen Herausforderung, falls er überhaupt in der Lage ist, sie anzuerkennen und anzunehmen. Auch daran nagen schon länger große Zweifel. Denn ob auch die Annahme der großen Herausforderungen gelingt, wird schon einer ‚künstlichen Intelligenz‘ übertragen. Wie schön, wenn man solch einen Assistenten hat, der einem Nachdenken, Vordenken, Arbeit und Leisten abnehmen kann. Aber irren wir darin nicht schon wieder? Haben wir nicht mit jedem Hilfsmittel auch an Fähigkeiten persönlichen Könnens verloren?

Die Freiwilligkeit beim Mitwirken an einem sich selbst lösenden Problem reizt als hohe Belohnung, weil erfahren aus Erleben der Wirkungsmacht mit pulsierender Ausstrahlung. Menschen brauchen erst erfahrenen Frieden mit sich selbst, bevor sie anderen etwas zu leisten imstande sind. Erst wenn sie selbst gut verwurzelt sind, können sie Halt anbieten, Sich selbst zu ändern, um an Leitlinien anderen einen Dienst zu leisten, anderen helfend förderlich zu sein, sie gut anzuleiten, könnte so zur lohnenden Herausforderung eines Jeden werden: Umstellung der Einstellung für neue Weichenstellungen sollte zum klaren Maßnahmenpaket werden, das Jeden zukunftsfähig macht.

Doch sind wir startklar und fit genug, das Ringen um die gute Entwicklung der eigenen, der Persönlichkeit jedes Einzelnen aufzunehmen? Und anzunehmen, welch große Verantwortlichkeit auch im Kleinen damit untrennbar verbunden ist? Haben wir erkannt, dass jeder Mensch die Anlagen zu einer Persönlichkeit besitzt? Sind wir für diesen echten Einsatz gut genug vorbereitet und gerüstet, um sogar Kriege vermeiden zu lernen?

Die Wirksamkeit solchen Könnens zu erfahren, wird zum erfüllenden Zielort. Es lohnt große Anstrengungen dafür. Alle Stufen für neue Erkenntnisse erfordern neue Anstrengungen, neues Leisten. Bisher reicht es an keiner Stelle für gute Zukunft. Jede Aussichtsplattform für Weitblick erfordert erst mühevollen Lernaufstieg.

„ZEITENWENDE!"

Die Welt beging den Jahreswechsel 2022/2023 – und feierte.
Man wusste zwar nicht recht, warum man feierte, aber man feierte deshalb umso bunter, wenn auch verhaltener. Man kennt
den Anlass für das gemeinsame Tun. Es ist das ‚Großereignis'
des Eintretens einer bestimmten Sekunde im ganzen Jahresab-
lauf; in jedem Erdteil zur Mitternacht. Man feiert in Familien,
Gruppen, Kirchen, Vereinen, Dörfern und Städten. Überall in
ihren Gemeinschaften, außer man verkriecht sich verhärmt
alleine zurückgezogen. Auch Staaten feiern, in denen sich die
Staatsoberhäupter und Regierungs-Chefs mit wohlgeformten
Ansprachen an ihr Staatsvolk wenden. Personen freuen sich,
dass sie sich wieder einmal – oder noch immer treffen können
(wie eh bei jedweder Dorfkirchweih), beglückwünschen sich dafür und geben sich gegenseitig die besten Hoffnungen mit auf
den Weg (wie bei jedem Geburtstag) und vergessen nicht, einer
Person mit stark angeschlagener Gesundheit viele gute Besserung zu wünschen. Man feiert, obwohl es sehr häufig gar nichts
zu feiern gibt, sondern Sorgen, Ängste, Abstieg und Not jeden
Tag beherrschen, gelegentlich pure Existenzängste. Mancher,
und das sind nicht wenige, sinniert in sich gekehrt in solchen
Momenten über sein eigenes Leben und Begleitumstände. Die
‚Welt' tönt derweilen laut und stark, feucht und fröhlich – und
merkt dabei nicht einmal, dass diese eine Zeitangabe mit Jahr,
Tag, Stunde und Sekunde fast schon das Einzige ist, worauf man
sich weltweit geeinigt hat. Feiert man wirklich ohne sich dieser
Besonderheit dieses Augenblicks bewusst zu werden? Gut: Auf
die Maße und Gewichte hat man sich auch schon verständigt.

Viel mehr an Punkten weltweiter Einigkeit gibt es nämlich nicht:
Dass die Erde eine Kugel ist, weiß man schon seit vielen hundert Jahren, seit etwa fünfzig Jahren von außerhalb der Atmo-

sphäre auch so bestätigt gesehen. Dass für die Kugelform schon mathematische Längen- und Breitengrade virtuell zugemessen wurden, interessiert die meisten Erdenbürger doch nur am Rande. Man freut sich oder leidet, man müht sich oder vegetiert. Man „begeht" nur eine Feier-Minute. Immerhin: Auf Zahlen und Zählen hat man sich auch schon mal geeinigt.

Nur eine Frage wird immer wieder gestellt und unterbricht mit kurzem Innehalten saturierte Zufriedenheit: Wie wird „es" wohl künftig weitergehen? Bei den Menschen untereinander und mit dem Planeten Erde, der weiten und dennoch eng begrenzten Heimat allen irdischen Lebens, für die es keinen anderen Ort und keinen Ausweg irgendwohin gibt. Keinen Platz als Ersatzheimat 2.0! Deshalb ist es ein stets bleibendes Pflichtenheft -Anliegen, sich um sie ernsthaft zu sorgen. Alles Leben ‚geschieht' auf dem Vorhandenen. Und Menschen fühlen, denken, planen, bauen, säen und ernten, vernichten und entsorgen alle ‚Ergebnisse' auf die Flächen und in die Räume auf diesem Planeten. Alles muss auf die berühmte einzige sehr eng bemessene ‚Kuhhaut'.

Das Erkennen der Endlichkeit allen Bemühens erfordert daher ein verträgliches Zusammenleben unter den Menschen, eh auch mit der Natur, die ihre geliehene Natur ist, und eine Kultur der Verantwortlichkeit dafür. Damit rückt auch das politische Tun ins Pflichtenbündel aller Betrachtungen. Inaktivität wird danach klar zur Schuld. Aus dem Mitmachen kann eine eigene neue Kultur entstehen. Eine Kultur des bewussten Mittragens mit Bewusstmachen neuer Kenntnisse und Einsichten, sowie neuer Einstellung zum Sichern menschlicher Existenz weltweit, wird proaktiv und präventiv nötig und mit der Aussicht auf eine neue Kulturstufe auch reizvoll sein können. Wenn sich darin eine Mehrheit als ‚Kulturträger' wiederfindet, wird solche Kultur zum Kulturgut. Frank Walter Steinmeiers, des Bundespräsidenten Mahnung zu Weihnachten 2022, „die Älteren sollten sich noch einmal eine Änderung ihres Lebensstils überlegen", könnte für Jüngere eh noch dringlicher werden.

Vielen scheint der Ordnungskompass noch zu fehlen oder verloren gegangen zu sein. Denn auch bei verändertem Umfeld und auf hoher See muss ein Ordnungskompass die richtige Richtung einzuhalten helfen. Wie wohl jede Generation vorher müssen Jüngere ihren Kompass erst finden, dafür Reifezeit nutzen. Ältere dürfen ihren Kompass nicht irgendwo liegen lassen. Wenn sie einen nachhaltig brauchbaren haben: ganz fest beisammenhalten! Die Listigkeit von Angreifern kommt nun schon per Internet aggressiv in Cyber-Attacken.

Dafür gibt es bisher weder ausreichend geeignete Abwehrmittel, noch gibt es Bereitschaft dagegenzuhalten. Hacker im Internet haben ein leichtes Spiel. Dahinter stecken Menschen als Feinde.

Gedanken darüber, worauf Menschen bauen können, was anhält oder nicht, nähren viele Zweifel. Sicherheit kann letztlich niemand bieten. Gewohnte Ordnungen sind wackelige Gebilde geworden; Ordnungsrahmen verbiegen sich im Stottertakt wie Weidenzweige im Wind und knacken morsch bedenklich laut. Völlig neu proklamierte Ziele werden als harmonisch gefügte Zukunft angeboten, Ordnungsvorstellungen dafür sind jedoch gewöhnungsbedürftig, weil dazu häufig noch Logik fehlt. Kaum eine institutionalisierte Leitordnung hält näherer Fokussierung stand. Gewissheiten verdunsten wie Regentropfen im Wüstensand. Staatenlenker versprechen gerne Vieles. Die Haltbarkeitsdaten hängen von manchen aktuellen Umständen ab, sodass Zusagen schon Absagen gleichen, wenn sie überschaubar kurze Zeit bis zum Verfalls-Datum erwarten. Ausgelobt wird da angeblich „Pragmatik" trotzdem öfter. Dafür gibt es längst vielfältige bittere Erfahrungen. Dennoch wird bei aktuellen Betrachtungen Zukunft Vorrang haben müssen. Doch wie weit greift der Blick dahin? Dieser Augenblick eines Jahreswechsels ist auch eine Plattform für den Blick nach vorne. Und der braucht klare Sicht für Zuversicht, Mut und Einsatz für richtiges Steuern. Anlass für Hoffnung auf Besserungen besteht allemal. Zu viele hoffnungsvolle Denkerleistungen und Streben über das Normale hinaus sind zu begehrten Zukunfts-Posten geworden. Aber wodurch und womit kann der Moment eines aktuellen Jahreswechsels zu einem „Dreh-Moment' einer Zeitenwende werden? Oder ist es die Einsicht, dass geteilte Globalität keine solche mehr ist, wie man sie wie gewohnt weiterhin nutzen könnte? Dass geteilte Menschlichkeit überhaupt keine mehr sein kann? Wenn sich Staaten sogar über Menschenrechte nicht mehr einig sind, Menschlichkeit zum Fremdwort wird, schließt die Zukunft noch viel größere Herausforderungen nicht mehr aus. Gefragt ist klarer Kopf und Aktivität, nicht jedoch Aktivismus. Aber noch mehr eine Rückbesinnung auf Vernunft mit der Nutzung von eigenem Verstand. Wenn das nicht gelingt, hat sich die Menschheit schon aufgegeben. Im Umgang mit sich selbst ist man schon eifrig dabei, sich zu ergeben. Nach außen spricht man von „Europäischen Werten", die zu nennen aber schon Herausforderung zu sein scheint, ein hohes Gut, offenbar elitärem Nachdenken vorbehalten.

Im allgemeinen Trend nach dem Billigsten im Anspruch an sich selbst, nach dem untersten Durchschnitt beim eigenen Anstrengen, werden diese Werte als leidlich vorhanden gesehen, aber nicht als wirklich verteidigungswürdig befunden. Ansprüche und Genuss bestimmen Leben und Lebenspläne, die wenig hartes Bemühtsein abverlangen. Die Berufswahl richtet sich häufig nach dem erwarteten Maß an Bequemlichkeit. Vorhandenes wie Heimat, Bildungsangebot und Wohnraum, Straßen, Bahnen, Arbeit und Versorgung wird „vorausgesetzt". Natur und Urlaubsparadiese werden „mitgenommen". In geringem Aufwand an Mühen und ohne eine Entbehrung sonnt man sich. Konsum, Spaß, Unterhaltung, Ablenkung und „Events" eh mit Gleichgesinnten lassen wirkliche Werte im täglichen Bewusstsein verblassen. Man wurstet sich durch eine schnelle Ausbildung in höchster Eile bis zur Fähigkeit von Schönleben in jeder Hinsicht. Statt Festhalten an gründlicher Weiterbildung klebt man sich auf viele Straßen oder peilt auf Spaß-Termine, auf Vorstellungen von Gerechtigkeit, wo man nicht einmal den

Grundlagen dafür selber gerecht wird. Dafür wird selbstgerechte Einbildung der „Letzten Generation" zum Bildungs-Ideal der vermutlich ‚Allerletzten' werden. Denn wer Werte nicht kennt, kann sie nicht praktizieren, noch weniger gut verteidigen. Von realem Einsatz in kämpferischer Verteidigung will man in Europa sowieso bisher fast gar nichts wissen. Vielleicht dann, wenn die militärische Bedrohung schon an der Haustür steht. Vorher gilt nur ‚geiler' „Spaß". Opfer sollen die bringen, die eh an vorderster Front stehen. Die wären ja betroffen. Weiter hinten in den gut behüteten Regionen übt man sich in Betroffenheitsbekundungen – und spendet für die am härtesten im Krieg Betroffenen. Dass die Welt sich gerade selbst zerlegt, wird nur zögernd wahrgenommen. Die neuen Machtblöcke verhärten sich und geben sich offen als gegenseitig nicht mehr gewogen. Die menschliche Gesellschaft stürzt ab. Alle werden ärmer. Es bleibt das Geheimnis mancher Gutversorgten, dass sie einen Schutz-Frieden mit einem Waffenstillstand in der Ukraine wollen, auch wenn damit die Belohnung der Verbrechen verbunden wäre. Sie hüten ihr Mantra, indem sie darüber so nachdenken wie über eine Ruhestörung. Die Zeit wird es zeigen, dass die „Zeitenwende" jeden einzelnen erreicht hat. Jede noch so exorbitant hohe Lohnforderung kann nichts ausgleichen. Im Gegenteil könnte solche sogar schaden stiften. Entwicklungen, selbst mit ausgelöst, heilt kein Geld der Welt.

Der militante Pazifismus bläst dabei noch in die Fanfarenhörner der Angreifer gegen die Menschheitswerte.

Eine Konsumgesellschaft macht auch dann nicht Halt vor immer weiteren Forderungen, wenn sie sich selbst aufbraucht. Nicht die Natur und die Schätze aus Boden, Wasser und Luft, wir selber sind die Opfer unseres Wollens. Für Ideologien von Gerechtigkeit und Berechtigung, von ‚Klima' und Untergangs-Szenarien, vergessen wir das „Ordnen der Aktualität". Wer Ruhe verordnet, aber Probleme nur wegschieben will, zementiert eine Unordnung und kehrt Unrat unter den Teppich. Wer Unordnung braucht und veranstaltet, um an neue Siege in der Weltordnung zu kommen, versinkt früher oder später im Sumpf seines eigenen erbärmlich begrenzten Zielschlamms. „In der Beschränkung zeigt sich erst der Meister", weiß man seit Johann Wolfgang von Goethe, ‚in der Beschränktheit freilich dann der Kleister' (frei ergänzt).

Doch Demokraten missachten die Demokratie selber, wenn sie Abgeordnete wählen, die ohne Berufe und Bildungsabschluss eigentlich nicht „vertretungsbefugt" sind. Keine Firma, die ihre Existenz selbst erhalten muss und Verantwortliche in Führungen haben muss, wählt eine Person an die Spitze der Einheit, die kaum Kenntnisse und berufliche Bewährung vorweisen kann. Wähler missbrauchen dabei die Demokratie, indem sie ihre Staatsform solchen Leuten „unter Wert" anvertrauen. Die „Gesetzgebende Gewalt" des demokratischen Staates wird dadurch zum kürzesten Fuß eines Dreifußes, auf dem die Staatsordnung ruht und agieren soll. Niemand käme auf die Idee, die „Ausführende Gewalt" (Verwaltung und Sicherheit) oder gar die „Dritte Gewalt", die „Rechtsprechung", vom Volk wählen zu lassen, ohne dass hohe Qualifikation abverlangt würde.

In jeder wirtschaftlichen Einheit wird nur der ‚vertretungsbefugt', der die Qualifikation vorher nachgewiesen hat. Kommt der dem Auftrag nicht nach, wird er gefeuert oder haftet im Ernstfall sogar. Für die Legislative fehlt solch eine Prämisse. Es gilt sogar Immunität für Fehlleistungen. Somit sind wir eigentlich noch nicht einmal an einem hohen Stellwerk verpflichtender Zeitenwende angekommen. Einstellung, Aufstellung und ein Anstellen am Schalter unserer Zukunft müssten deshalb neue Änderungen erfahren, wenn wir der Zustellung einer harten Bescheinigung nicht bald an unserer Haustür ins Auge sehen wollen. „Zeitenwende" eines Jeden persönlich.

Das Besondere dieses Jahreswechsels ist die leidvolle Feststellung, dass die Weltordnung ein arg brüchiges Geschichtsgebilde geworden ist und neuerdings stärkere Risse erhält, die auch noch an Tiefe gewinnen. Geostrategische Staatenblöcke formie-

ren sich anders und werden gegenseitig bedrohend. Unberechen-
bare Skrupellosigkeit gehört zum Methoden-Arsenal der Cha-
os-Agitatoren, die sich noch als „Befreier" ausgeben, obwohl die
ganze Welt die Zerstörungen und Verwüstungen von Geschaf-
fenem ansehen muss: Ein Circus terroribilis. Die Kriegsherren
hätten die Mittel zur Vernichtung von Nachbarvölkern „schon
bereitliegen". Ernst gemeinte Drohungen schießen dann wie
Blitze am Nachthimmel durch die Weltpolitik.

Gewaltherrscher zeichnen selbst die Buchstaben eines Feuer-
zeichens in den Himmel voller Raketen. Den Desperados, denen alles außer ihrem Machthunger gleichgültig zu sein scheint,
liegt am möglichen Untergang ganzer Völker und Kontinente gar
nichts. Sie wollen „befreien" durch Zerstören und Vernichten.
Sie kommen erst zu Sinnen, wenn ihnen der Zugang zur eigenen
Vernunft schon nicht mehr selber gelingt, wie Verkehrs-Rasern
erst im Straßengraben. Bevor sie weitere Menschen serienweise
ins Unglück stürzten, müssten Rowdys im Weltgeschehen aus
dem Verkehr gezogen werden; von allen Gutwilligen gemeinsam. Grundregeln für Verträglichkeit gelten nur dort etwas, wo
Krieg, Mord, Völkermord, Auftragsmord, Unterdrückung und
sogar Verhungern-Lassen auch als solche Untaten benannt werden: Als Teufelszeug! und nicht als eine „gerechte Spezialoperation", „notwendige" Um-Erziehung, Vereinheitlichung im Glauben oder Zurückholung in einen Machtbereich, Wiedererstarken
oder ‚Säuberung'. Mächte dieser Verdrehungen isolieren im 21.
Jahrhundert ihre Völker wie in Urzeiten, als man nach Raub-
zügen in Wälder schlich.

Der Kulturschock daraus sitzt tief. Er könnte später als kultureller ‚Epochen-Rückfall' erkannt werden. Wenn Führende damit
drohen, dass sie sich rächen wollen an denen, die sich angegriffen und um Menschenrechte, Hab und Gut und um Gesundheit
gebracht sehen, die sich aber „erdreisten", sich zu wehren –, welche Überraschung –, ist dort eine innere Uhr verloren gegangen.
Da steht eine Orientierung an Vernunft und Logik nur auf ver-

lorenem Posten wie eine Feldscheuche auf geerntetem Acker. Kulturboden wird durch stehen gelassene falsche Signale nicht wertlos, aber erbarmungswürdig viel ärmer. Kultur wird rücksichtslos ‚umgepflügt', verödet Geist zu einem versickernden Rest an Humankapital. Worauf dann Verantwortung noch bauen sollte, mag erträumen, wer will. Ohne Vernunft, Logik und saubere Ehrenhaftigkeit wird es nicht weitergehen. Zukunft wird in Hirnen entschieden. Wut „im Bauchgefühl" baut Druck auf ohne Richtung für gedeihliche Nutzung: wie heißes Wasser im Kessel. Unbeherrscht entweicht nur heißer Dampf oder es geschieht ein schweres Unglück. Emotionale Verwüstung wird niemals Frieden stiften. Die UNO-Resolution mit 141 Stimmen gegen 7 bei 22 Enthaltungen am 23.2.2023 lässt wenigstens aufatmen. Es könnte irgendwann doch noch Vernunft einkehren.

Der Strafgerichtshof hat am 16. März 2023 Strafanzeige gegen eine damit identifizierte mächtige Person gestellt.

Angeblich friedliche Moralisten geben sich allerdings öfter ebenfalls Methoden des Terrors hin und werden als Kritiker eines Zustands zu Randalierern mit Straftaten. „Veränderung" um jeden Preis, Selbstklebefolien statt gereifter Persönlichkeiten werden Zukunft nicht richten können. Unkultur mit Straftaten wird zu keiner neuen Kultur. Verändern kann nur echtes Leisten. Sich auf Straßen zu kleben, wird so nie zu einer Leistung.

Der Umgang mit dem Planeten selbst, mit lebensnotwendigen Substanzen, den Räumen für Flora und Fauna, ist selbstvernichtend rücksichtslos geworden. Der Umgang der Spezies Mensch untereinander im Grunde nicht anders. Alles ‚Machen' könnte nur noch abwärts führen bis zum totalen Absturz des menschlichen Lebens auf dem Globus, wenn dieses Herumstochern, weltweit nur noch unverbindlichen Zusammenlebens, nicht mehr zu korrigieren wäre. Für Absturz reichte schon die merkwürdige Hast im ‚Bemühen' um Selbstzerstörung. Wie im täglichen politischen Geschehen, so vielfach auch im Kleinen. Wer jedes Jahr zwei- oder dreimal große Fern- Reisen machen zu müssen oder zu dürfen glaubt, kommt im Urteil der ‚Klima-retter‘ nicht besser davon als Auto-Raser und Müllverursacher aus der Industrie. Das Fehlurteil, sich von solchen ‚Sünden‘ frei zu glauben, scheint allerdings überall auf. Denn aus den Früchten des Tuns anderer mit den kritisierten Abfällen lebt man „gerne und gut in diesem Land" (Angela Merkel, Bundeskanzlerin).

Dazu zählt auch ein saturiertes Sich-Zurücklehnen in gesicherten Verhältnissen aus Sicherungen dieser wirtschaftenden Basis-Gemeinschaft. Deshalb reicht das Bemühen von UN und EU nicht –, so erfreulich es ist –, in sehr großen Konferenzen Beschlüsse zur Besserung bei „Klima", „Müll" „Verschmutzung" und „Energieverbrauch" herbeizuführen. Verschmutzt ist viel mehr und auch das ist zu reinigen. „Hirntraumata", „Religionsklima", „Verantwortlichkeits-Abstinenz", „charakterliche Resilienz", „Bildungs-Resistenz", „Fehlen von Verständigungs-Kultur" und „Wirtschafts-Klima-Verständnis".

„WIRTSCHAFTSKLIMA" UND EIN „GERECHTIGKEITS-MANTRA": EINE VERSTÄNDIGUNGSKULTUR WIRD NIRGENDS GELEHRT

Neue Ideen um technische Verfahren werden fast monatlich entwickelt, auch Kriegswaffen. Kulturelle Fortschritte kommen dabei nicht vor. Für „sowas" gibt es Konferenzen, wie immer bei Stockungen und Ausweglosigkeiten: „Und wenn du nicht mehr weiterweißt, dann gründe einen Arbeitskreis". Ist es also richtig, dass seit etwa 200 Jahren auf geisteswissenschaftlichem Gebiet keine Neuerung mehr zu erkennen sei? Krieg zu führen aber immerzu für eine diskutable Option im Bemühen um Klärung von alten oder vorgeschobenen Ansprüchen oder als Mittel zur Erfüllung imaginärer feindseliger Träumereien bleibt? Und dass, obwohl Krieg als Feindhaltung des Menschseins längst entlarvt ist? Oft wirkt es wie der bessere Teil, seiner Wege zu gehen und sich nicht zu beteiligen im Wettbewerb um eine Oberhand im dysfunktionalen Mittun bei diesem Treiben. Zurückhaltung oder vorgebliche Neutralität wird sich in der enger werdenden Welt kein Staat mehr leisten können. Er würde von selbst ernannten Autoritären härtest ‚vereinnahmt' und seine ganze Bürgerschaft irgendwelchen Mächtigen zur Unterdrückung freiwillig, wenn auch ungewollt, überantworten.

Inzwischen ist es wohl dem ‚Blindesten' aufgegangen, dass das autoritäre Russland nur dem Namen nach Demokratie ist. Der derzeitige Herrscher würde erklärtermaßen nicht nur mehrere Länder beherrschen, sondern auch den Freiheitswillen der Völker brechen und er über sie bestimmen wollen. Wenn man den „Westen" zu bekämpfen vorgibt und die USA aus Europa verdrängen will, meint man die freiheitliche Wirtschaft und ihre Gesellschaft, Entscheidungsfreiheit, Meinungsfreiheit, Berufswahlfreiheit, Reisefreiheit, Pressefreiheit.

Die „Zeitenwende" ist angekommen, denn all das wird nun offen bedroht. Ein Angriff auf unsere Weltordnung hat offensichtlich begonnen. Es wird mehr verändern als wir bisher wohl alle zusammen wahrzunehmen bereit sind.

Bundesaußenministerin Annalena Baerbock selbst hat sich an die Front der diplomatischen Hauptkonflikte geworfen. Das Seemanöver der chinesischen Streitkräfte inklusive der Kampfflugzeuge als Drohgebärde um Taiwan an Ostern 2023 sei wie ein Angriffssignal der kommunistischen Regierung des Festlandes gegen die freiheitliche chinesische Republik Taiwan aufzufassen, das vom Festland als Teil Chinas beansprucht werden will.

Alles erinnert an die Vorbereitungen des Krieges Russlands gegen die Ukraine etwas mehr als vor einem Jahr. Alle vorher versuchten diplomatischen Bemühungen tropften am Aggressor ab. Die Ukraine wurde eh Kriegsziel und gegen mehrfache Beteuerungen überfallen. Die Menschheit muss sich entscheiden zwischen Freiheit und Sozialismus. Wieder einmal. Die „Zeitenwende" lässt auch da keinen Spielraum: Hop oder Top.

Menschen haben sich seit Jahrtausenden meist friedlich ausgetauscht, haben Waren und Kenntnisse getauscht und aus Handel allseits gewonnen, bilateral und multilateral. Eine unterschiedlich weit ausgreifende relative „Globalitat" je nach örtlicher Reichweite mit vorhandenen Bewegungsmitteln wie Schiffen oder Fahrzeugen oder Tierkraft sowie Erfahrungen im Verständigen mit Unbekannten, hat in begrenzter Globalität Wissen und Religionen verbreiten lassen. Doch gegenwärtig zerschellt eine verträgliche Globalisierung unter den lauten Pauken von totalitären und revisionistischen Machtansprüchen. Mit Recht sprach Bundekanzler Olav Scholz von einer „Zeitenwende", einer drastischen Veränderung mit greifbaren Denk-Defiziten, die den normalen Jahreswechsel um Längen übertreffen. Die „Wende" wird überdimensional. Doch wird weder eine Zeit gewendet noch eine Uhr verdreht noch werden Zeiger verschoben: Es stürzt etwas ab vom Gerüst der Menschheit.

So ist dem deutschen Bundespräsidenten Frank Walter Steinmeier zuzustimmen, wenn er vor Wochen von einem Zivilisationsabbruch gesprochen hat. Krieg als Mittel der Politik galt in Europa über Jahrzehnte als endgültig ausgeschlossen. Nun ist er zurückgekommen und an Brutalität kaum zu übertreffen – und heißt ‚Spezialoperation'. Nach den Phasen der eh schon öfter würdelosen Menschheitsgeschichte ein weiterer Fall. Immer wieder mal ein Bemühen um besseres gemeinschaftliches Leben durch Religionen verbrämt nur den roten Faden der langen und so beschämenden Entwicklung. Zu einer Kultur des Friedenschaffens hat es die Menschheit bis heute nicht gebracht. Der Zweck der UNO auch dafür ist aufgelöst und wertlos, wenn im oft entscheidenden Sicherheitsrat der UNO gerade die mit am Tisch der Abstimmung sitzen, die Machthunger antreibt und mit Gewalt ihren Willen durchzusetzen wünschen. Recht vor Macht wird mit der UNO einfach umgedreht. Globalisierungsgegner sind auf keiner Straße gesehen worden gegen die Totalisation der Macht. Die Regeln der UNO können nur greifen, wenn Kriegführende keine Stimme im Sicherheitsrat bei Abstimmungen über Verurteilungen haben. Sonst ist alles wertlos.

Die Rede aus Moskau, man wäre ja bereit, aber unter „Vorbedingungen" vor Aufnahme von Verhandlungen schon für einen Waffenstillstand – mit Forderungen, die nicht einmal das Ergebnis der Verhandlungen sein dürften, belegt, dass keine ehrliche Bereitschaft zur Beilegung des Kriegsterrors vorliegt. Zivilisationsabbruch bricht freilich überall auf dem Erdball daraus etwas ab, in jedem Lebensbereich. Krieg erzeugt weltweite Störungen und Vernichtung des wirtschaftlichen und gesellschaftlichen Geschehens zum Nachteil aller. Globalisierung anders herum. Im feingliedrigen gewachsenen Räderwerk des globalen Wirtschaftens ist „Sand im Getriebe". Aber zuerst in einigen Hirnen. Man muss sich das vorstellen: Mitten im tödlichen Ringen einer

Kriegsnot will sich einer „rächen", weil sich ein von ihm Überfallener wehrt. Das ist der Quantensprung jeglicher Anti-Logik, eine Barrikade vor jederlei besserer Perspektive.

Sich zu sträuben gegen Denken, dabei Gefühllosigkeit zu zelebrieren, vermengt sich zu einem erbärmlichen Rinnsal kulturfeindlicher trägen und trüben substanzlosen Brühe. Die Welt beobachtet das und wendet sich ab. Ein kleiner Bodensatz an Restkultur ist da nicht mehr zu finden. Vernunft bleibt vollends auf der Strecke. Verträglicher Umgang jeder Art miteinander als Kulturleistung wird Machtansprüchen unterworfen und weggeworfen wie lästiger Unrat. Ein Gedanke an eine mögliche letztliche Selbstzerstörung wird überhaupt nicht in Betracht gezogen. Verantwortlich für eine hochriskante Lage sind immer „die Anderen". Man übergeht sogar diese Warnung: „Wer die Bombe zuerst wirft, stirbt als Zweiter!"

Öfter vereinigt sich Irrsinn mit Gewalt auch in demokratischen Ländern. Bei „Weckrufen" von militantem ‚Ökologisten' mit Mitteln gegen die allgemeine Ordnung vermisst man neben Anstand sogar ein einfaches Rechtsempfinden. Man wolle ja nur „wecken". Das wird als Verantwortlichkeit verkauft, während man sich schon auf demselben ‚Niveau' befindet wie diejenigen, die ganz offen gegen das System unserer Demokratie agieren. Folgen und Folgerungen ihres wilden Treibens werden vergessen oder bewusst gänzlich ausgeblendet. Ordnung bleibt immer Menschenwerk und daher auch nachzubessern. Anti-Logik schafft aber niemals eine neue Ordnung. „Demokratie ist eine schlechte Staatsform, aber trotzdem die beste von allen schlechten", so sinngemäß Winston Churchill bei der Feier des ihm in Aachen verliehenen Karlspreises für große Europäer. Die Staatsform der Demokratie ist ein Fortschritt der Menschheit geworden. Es fehlt eine Völkerdemokratie.

Wenn die Brutalität des Denk-Defizits der totalitären Systeme sich verbündet mit Hirnlosigkeit von simplen menschlichen „Selbstklebefolien", haben Kulturen diesen Krieg mit der Unvernunft verloren. Das Totalitäre aus dem Motto aller Radikalen: „Der Zweck heiligt die Mittel!" durchgängig zu erkennen in marxistisch-leninistischem Sozialismus, in nationalsoziaistischen, in religionistischen und ökologistischen, verheißt nichts Gutes: Alle vier Auswüchse erleben die Menschen am Beginn des Jahres 2023 irgendwo auf der Erde. Alles Fundamentalistische, Totalitäre mit Intoleranz und Anspruch auf die alleinige Wahrheit ähnelt sich in großen Teilen aller Sozialismen. Während Soziales, Nationales, Religion und Ökologie sich nebeneinander, wo immer auch zu finden, sich miteinander verträglich verhalten, sind –Ismen allesamt nur autoritär und gegenseitig intolerant, oft hasserfüllt mit allen Konsequenzen. Die Welt am Anfang des Jahres 2023 ist voll von Beispielen davon.

Den griechischen Philosophen des Altertums verdanken wir viel. Platons „Der Staat " gibt Einblicke in die demokratischen Erwägungen des Für und Wider unter den Staatsformen, wie sie von „Oben" oder vom vernunftgeleiteten Volk ‚gebaut', eingerichtet, ordentlich institutionalisiert und füglich geordnet werden sollten. Für ein Volk mit selbstgerechter Unvernunft blieb historisch immer nur die Selbstzerstörung als ‚zielsicheres' Ergebnis. Schon die theoretischen Maximen ergaben dies als logische Folge. Daraus folgerte man, dass mehr Wissen um diese Dinge der Gesellschaftsordnung im Allgemeinen der Vernunft im Volke für die Dinge des Staates sachdienlich wäre. Ein Mehrwissen der Führenden setzte man voraus oder forderte man ein. Der "Politikos", derjenige, der sich um die öffentlichen Belange kümmerte – von Polis = die Stadt, der Stadtstaat oder der Staat – war denn auch mit hohem Ansehen im Lande geachtet. Im Gegensatz zum „Idiotes", dem ‚Privat-Michel', der sich vorwiegend um seine eigenen Dinge und seine Karriere allein kümmerte, (idios = selbstbezogen, eigensüchtig); der wohl im selben Ruf stand wie bei uns heute ein so geschmähter bedeutungsarmer ‚Idiot'.

Römer kannten für Absturz das Wort ‚abissus‘, das wir mit „Hölle" übersetzen können. Aber einem solchen Höllenleben bereiten Menschen selbst den Weg. Wollen wir nun den Planeten einigen hochgradigen Chaoten in Führungspositionen überlassen und nur Zuschauer oder gar Mittäter am eigenen Verderben werden? „Zeitenwende" und Zivilisations-Absturz treffen sich in einer realen ‚Hölle‘ mit Klima-Verbrechen, Kriegen und Demonstrations-Untaten, im dann öfter folgenden Übertreiben mit Gewalt, mit inflationärem Wollen in Forderungen mancher Art. So immerzu nach Besserstellung für Konsum mit der Folge eines schleichenden Geldwertschwunds, weil volkswirtschaftliche Wertschöpfung in der Wirtschaft einer „Geldschöpfung" für Privat-Verbrauch dann nicht nachkommen kann. Der Konsum = Verbrauch aus Geldschöpfung für Einkommen muss grob gesehen der Produktivität des operativen Geschehens in einer Volkswirtschaft etwa entsprechen, wenn mehr Stabilität gewünscht wird. Natürlich erhält auch ein Verbrauch das Operative am Laufen. Wertschöpfung müsste aber vor einer Geldschöpfung stehen. Verbraucht man zuerst, bevor oder über das fügliche Maß einer Wertschöpfung, sind Schulden der vermeintliche Motor. Aber die Vollbremsung mit Totalschaden ist danach ausrechenbar. Solche Dinge einfach auszublenden, sind Anlässe für Abstürze, was zu gerne „übergangen" wird. Eine Sucht nach Imaginärem und Süchte nach auslebendem Spaßverlangen verschieben ehrliches Trachten und sorgendes Tun ins Abseits. Normalität wird verhöhnt; der ‚normale‘ Durchschnittsbürger sieht sich als billiger Restwert zum Vergessen, wie man schon bei der Zuteilung von Energiehilfen gesehen hatte, während er sich an Gesetz und Recht hielt und brav seine Steuern bezahlte.

Steuererleichterungen für den gewerblichen Teil des Mittelstands stehen so immer nur auf dem Zettel der Wahlprogramme mancher Parteien. Irrealität wird zur gern gepflegten Neben-Unkultur – wie bei Forderungen nach Energiesparen in produzierender Wirtschaft, wo man auf diesen Aufruf nicht erst gewartet hatte. Kostensenkung ist Wirtschaftsprinzip, nicht erst für „Klima-Rettung" zu erfinden gewesen.

Den Chaoten in allen Ländern und in allen Schichten der Gesellschaften ist das alles vollkommen unwichtig. Daran erkennt man Eigensüchtige auch in der Politik. Wenn Abstände der Windkrafträder zu nahen Siedlungen in manchem Bundesland mit Rücksicht auf die dortigen Bewohner größer gehalten wurden, wird das von manchen Parteien hart kritisiert. Sie verlangen und fordern politisch immer nur ihre Art gleichgerichteter „Gerechtigkeit" und Sinnhaftigkeit, jeder eine andere, aber immer nur die eigene. So fordern Städter gern die Akzeptanz durch Bevölkerung in ländlichen Gebieten für näher an Siedlungen stehende Windkrafträder, um der regenerativen Stromversorgung zu nützen, während sie für Mobilfunk-Antennen auf ihren Dächern in den Städten kein Verständnis aufbringen und dagegen klagen. Solche Einstellung zur Gemeinschaft wird zu untersuchen sein, weil Ansätze zum Besseren nicht ohne Aufarbeitung von ‚Holzwegen' erfolgreich sein können. Geist oder Ungeist, das sind die einfachen Alternativen, die auf gangbare oder Irrwege hinführen.

Menschen müssen sich mehr Gedanken machen –, wozu sie eigentlich solitär erschaffen wurden –, wenn sie gemeinsam überleben wollen. Weil ein weltumfassender Wettlauf beim Zugreifen auf Rechte, Interessen, Leben, Hab und Gut immer ‚der Anderen' stattfindet, historisch eine weltweite „Umverteilung" das Ende des Miteinanders auf dem Globus bedeuten würde, ist Denk-Revision angesagt. Die Leistungsergebnisse anderer verteilen zu wollen, ist keine Lebensleistung. Das führt in die Irre und erfordert somit eine komplette „Zeitenwende des Denkens". Denn ein Glattstreichen von Höherem oder von einem Mehr streicht auch Besseres nach unten ab und führt nur ins „Bodenlose". Ein Boden unter den Füßen wäre weg wie auch eine Chance für einen Aufstieg. Wären alle Berge auf der Erde „umverteilt" auf die allgemeine gleiche Höhe z. B. auf den Meeresspiegel, herrschte nur

Morast und Sumpf, weil die Meere die weitaus größten Flächen auf dem Globus sind und die überstehenden Erdmassen, hinein verteilt, leicht ‚verschlingen' könnten. Das freilich, mit Morast verbunden, wollte doch wohl niemand zurückhaben. Trotzdem sehen Viele darin Gleichheit als Wunsch-Gerechtigkeit. Greifen nach dem Gut anderer macht nur sehr kurz reicher, weil der Zusammenhang zwischen Haben und Erwerben dabei ‚vergessen' würde. Gäbe man in einer Gemeinschaft jedem Einzelnen gleich viel Geld, wäre der Unterschied an Besitzstand nach kurzer Zeit trotzdem deutlich. Das Rufen nach mehr Gleichheit als bessere Gerechtigkeit im Zusammenleben verfängt als einer der Ur-Irrtümer und stellt ein Denken auf untere Stufen: Oft ‚quakt' es bloß, wo man andere herunterziehen will, ohne wirklich kritikfähig zu sein: „Quamquam sunt sub aqua, sub aqua, maledicere temptant". „Obwohl schon selber unter Wasser, versuchen sie andere noch zu schmähen". Doch die „Gesänge" des Hinunterziehens könnten auch drastisch abschrecken und von Fehlgriffen abhalten. So bemühen sich hervorragende starke Junge um Spitzenleistungen.

Deshalb besteht für Optimismus gute Hoffnung. Die Welt kann eine Zukunft aufbauen: Auch diese besseren Fähigkeiten hat die Menschheit entwickelt. Dafür ist freilich neues Mitdenken und aktives ehrliches Wollen samt Einsatz dafür unabdingbar notwendig. ‚Wachgerufen' dazu sind auch bisher so bequem zurückhaltende ‚Neutralisten'. Gefragt sind Engagement gegen Eigensucht und Eigenmacht der selbstgerechten Privilegierten.

Wer ein Jahr nach Kriegsbeginn gegen die Ukraine noch nicht gemerkt hat, dass diese russische Führung es auf die Ausschaltung der Freiheit des Individuums zugunsten von dirigierbaren Kollektiven abgesehen hat, auf Freiheit in Gesellschaft und Wirtschaft, auf freiheitliche Demokratie insgesamt, sondern von oben herab kommandieren will, sollte seine Lehrer um große Entschuldigung bitten. Wer ungerührt zuschaut, wie ein ganzes Volk sich um sein Land mit persönlicher Verteidigungsbereitschaft und mit dem Willen zu hartem Kämpfen dafür einsetzt, hat sich diesen Mut und diese Heimatverteidigung für sich oft selber noch nie vorstellen können. Wer es hinnimmt, dass ein ‚Goliath‘ sich heute daranmacht – und dies ausdrücklich erklärt, einen ‚David‘ zu vernichten, aber angeblich zu befreien trachtet, einen Anspruch auf ‚Macht vor Recht‘ erhebt, wo nicht einmal mehr Kriegsrecht gilt, sollte doch einräumen, dass jedenfalls bei ihm selber eine Gemeinschaft keinen Wert an sich ergibt. „Pazifisten“ sind da nicht friedliche „Neutrale“, sondern ganz einfach nur feige. Sie überlassen den Kampf gerne anderen. Solchen Menschen ist nicht zu trauen. Sie verdrücken sich, wo Haltung gefragt ist. Diesen Leuten täte ein Wenden der Kleider gut: „Mantelwende“! „Kleider machen Leute“ stellte Gottfried Keller fest. Aber „Außenansichten verkleiden auch viel Dürftiges.

Demokratie ist mehr als Mehrheitsgesellschaft! Sie wird zur Kraft aus der geistigen Heimat unserer Freiheit: Kraft der Mitdenkenden, die wehrhaft stark und entschlossen gegen Feinde und Knechtung eintreten, ob durch den Staat als totalitären Machtapparat oder durch Fremdherrschaft verursacht.

Wenn Menschen, oft in Unreife aggressiv geworden, nicht mehr in der Lage wären, neue Wege für neue Perspektiven zu suchen und zu bahnen, würde global geistiger Stillstand drohen. Und der würde dann alles veröden lassen – bis zum kulturlosen Ruinen-Feld. Statt „Zeitenwende“ müsste man dann leider konstatieren: „Epochen-Absturz“ mit Kulturen-Ende. Damit wären die Menschen vor einer neuen Sintflut 2.0 zum ‚Vorletzten‘ geworden.

Aber es könnte ja eine neue Art von Aufgabenbewältigung nicht nur geboten sein, sondern noch als reine Überlebenskultur neu angestrebt werden, weil sie neue Zukunfts-Chancen eröffnete. Sie wäre daraus sogar besonders reizvoll, weil z. B. ein neues Strebenwollen nach einem Herangehen an Pflichten und Ansichten, an Gemeinschaften und an Eigenes im Ablauf jeder Existenzsicherung eine hochinteressante Herausforderung wäre, geprägt von Selbstachtung bei Respektierung ‚des Anderen‘, solange der sich selbst respektabel verhält; Neues ‚Leisten‘ als proaktives positives Gemeinschaftswirken: Ein Wert an sich, der zu einem Kulturgut für die Zukunft von unschätzbarem Wert werden könnte.

„Neues Leisten" ist ein Vorschlag! Für Individuen und Einheiten, ohne Druck – und sei er noch so mild – zu einem Mittun; ohne Zwang eines Kollektivs, weder staatlicher noch religiöser Provenienz, noch von Parteien oder sonstigen Vereinigungen.

„Neues Leisten" gibt der Persönlichkeit eine Chance zur Entfaltung. In jeder Person steckt ja ein Ansatz mit Entwicklungs-Potenzial, das oft nur oberflächlich verschüttet ist. Wenn Personen zu echten Persönlichkeiten werden, hat eine Gesellschaft im Kleinen wie in Staaten etwas richtiggemacht: Dem Individuum ein Gesicht gegeben. Als Persönlichkeit erwirbt das Individuum selbst erst sein Gewicht. Dafür hat es tief geackert, viel gesät, gepflegt und geerntet. Es ist gereift zum würdigen Mitglied im Funktions-Team einer Gemeinschaft mit Kultur, wo immer man stand und wirkte. Die bald zehn Milliarden Menschen auf der Erde brauchen solche Werthaltigkeit im Leben mit freiwilligem Anlauf zu freudigem Einsatz für Frieden und Freiheit: Kulturgut eines jeden Einzelnen. Alle alten Versuche bisher scheiterten. Vielleicht lohnt es sich deshalb, sich mehr darüber ernsthafte Gedanken zu machen. Denn an Massenaufläufen ist kein Mangel. Im besten Falle rütteln sie auf. Daran ist kein Halt festzumachen, sind keine Werte, die Halt bieten vor hartem Absturz wie bei einem hohen Wasserfall.

LEISTEN, LEISTUNGEN UND FEHLLEISTUNGEN

Mit dem heute allgemein bekannten ‚Leisten' verbindet man wie selbstverständlich zu gerne irgendwelche ‚Leistungen'. Doch die Erfahrung lehrt, dass man sich damit schnell auf einem Holzweg wiederfindet. Und der führt ins Dickicht von unvereinbaren, sogar gegensätzlichen Inhalten des Wortsinns. ‚Leisten' wird somit wie ‚Leistung zu einem schillernden Begriff, wie sonst nur wenige. Dabei muss man gar nicht auf ‚die Material-Leisten' abstellen oder die berühmten ‚Leisten des Schusters', die im Wort zwar gleich lauten, aber anderen Bezug haben, dennoch im Wortursprung eine gemeinsame Wurzel haben. Die Verwendungsfelder sind so erheblich, dass selbst die unveränderte Wortbildung eigene Identität verlieren kann und zum unklaren Begriff wird. Die Begriffsfassung wird gar zum Widersinn, wenn „Leistungen" so benannt werden, die mit Leistung im allgemein landläufigen Sinne wie auch sprach- und gesellschaftswissenschaftlich inhaltlich nichts zu tun haben; die damit sogar zum Gegenteil von ‚Leisten' und ‚Leistung' mutieren. Um ein ‚Leisten' im Sinne von „guter Leistung" einzuhegen, muss man für das Verständnis im Arbeitsfeld des vielfältigen Sprachgebrauchs schon wesentlich tieferen Einblick suchen.

Eine Leistung mit dem Adjektiv ‚gut' zu verbinden, erscheint hingegen akzeptiert zu sein. Erst wenn jemand ‚sich' etwas nicht Akzeptables ‚leistet', oder eine Leistung fehlt, fällt positiv empfundene ‚Leistung" aus.

„Schuster, bleib bei deinen Leisten" betrifft nicht nur das Schuhhandwerk. Es ist zum Synonym für ein gut gemeintes Auffordern zur Zurückhaltung bei geistigen Ausflügen in unbeherrschte Interessengebiete geworden. Die im Handwerk gebrauchten Leisten, Abschlussleisten an Böden oder Schränken, Maschinen,

Wandverkleidungen oder Decken, die Zierleisten an Autos oder technischem Gebrauchsgerät, haben dagegen inhaltlich nichts zu tun mit ‚Leisten' im hier untersuchten Wortinhalt. Die ‚Wurzeln' des Wortes geben den Unterschied dazu preis.

Leisten bedeutet gute Vorgaben machen und zielt damit schon auf einen gebräuchlichen Irrtum: Eine „Arbeit leisten" mischt zwei unterschiedliche Wortwertigkeiten zusammen. Leisten bezieht Arbeiten natürlich ein, sieht aber in einer Gesamtbetrachtung das Leisten als Bewältigen von Aufgaben. Leisten ist daher weit mehr als das Arbeiten, Tätigsein, Machen, Tun, Schaffen, Wirken, oder Abarbeiten und Erledigen. Leisten ist mehr als „schneller, besser und mehr Arbeiten". Leisten ist nicht die einfachere Version von bekannten Hoch- oder Höchstleistungen, die den Leistenden öfter unter starken Druck setzt. Leisten im hier untersuchten Sine ist „gesamtheitliche Aufgabenbewältigung zum Nutzen des Abnehmers oder Kunden". Arbeit Erledigen oder Ausführen ist ein Teil des Leistens, das den Gesamtnutzen aus der Erfüllung der gestellten Aufgabe erstrebt. Der Leistende wird damit zum verbindenden Vorlagengeber für einen Einsatz zum Ziel. Leisten heißt: eine Spur legen, der man folgen kann (Wikipedia), vorbildhaftes Tun, Vorlagen geben, vorbildlich sein. Daraus wurde im gewandelten Wortsinn das Leisten ein ‚ansehnliches Tun' als Vorbild. Es entledigt sich einfacher Zeitvorgaben wie an einer Werkbank. Leisten wird so frei von Außendruck durch Andere und wird freiwilliges Tun.

Leisten bewirkt etwas aus der Ergebnis-Orientierung. Leisten ist letztlich die Bewältigung einer gestellten Aufgabe zum weiterführenden Nutzen des Abnehmers einer Aufgabe. Kunde, Chef, Gemeinschaft können Abnehmer sein, denen ein ‚Dienst zu leisten' ist, freiwillig oder auftragsgemäß. Der Unterschied zwischen Leisten und Arbeiten wird frappierend groß, wenn beide Begriffsinhalte in der Praxis überprüft werden.

Ein einfaches Beispiel öffnete mir dafür die Augen: Auf einer China-Reise war unter anderen ein billiges Hotel für die Übernachtungen auf der Reise durch das Land zu akzeptieren, weil damit die Kosten der Reise in Grenzen gehalten werden konnten. Entsprechend war das einfache Essen des Hotels aus dem Bereich der lokalen kommunistischen Partei. Über den Dolmetscher sprach ich den Kellner an, mir doch noch etwas Salz nachzureichen. Nachdem dann mein Essen ohne das Salz vollends vereinnahmt war, brachte der Kellner ein Salzfässchen, das außen verstaubt und das Salz darin so verklebt war, dass nichts zu streuen war. Und dieses Salzfässchen, eines wie bei uns in Europa, knallte er mir auf den Tisch. Ein Dank dafür war nur aus geübter Höflichkeit von einem fremden Gast geschuldet. Man wusste ja, dass manche Gegebenheiten in China mit Zurückhaltung zu akzeptieren waren. Freiwillig, also aus eigenem Antrieb wäre ein solches Hotel später kein Zwischenziel für unsere Reisegruppe gewesen.

Als ich nun bei einem Essen in Shanghai in einem großen Hotel einer US-Hotelkette, auch ausschließlich mit chinesischem Personal bestückt, ebenfalls etwas Salz benötigte, wagte ich fast nicht, danach zu fragen, tat es aber dann doch. Der angesprochene Kellner drehte sich kurz um, nahm ein bereitstehendes Fässchen gleicher ‚Bauart‘, prüfte Inhalt und Staubfreiheit und stellte es mir korrekt von rechts gereicht höflich lächelnd neben meinen Teller auf den Tisch. Das war es!

Die Arbeit war beide Male exakt dieselbe. Aber nur die zweite Aufgabe wurde so bewältigt, dass der Gast, in diesem Falle ich, zufrieden sein konnte. Nach dem vorhergehenden Erlebnis war ich dieses Mal so mehr als zufrieden, hatte ich doch daraus die Erkenntnis des Unterschieds zwischen Arbeit und Leistung gewonnen. Das chinesische Personal war im internationalen Geschäft hervorragend geschult und in Übung. Die Wirkung hatte zur Folge, dass man dieses Hotel gerne weiterempfahl, während das andere, ein Funktionärs-Hotel, eh nach ein paar Jahren für ausländische Gäste nicht mehr genutzt wurde. Arbeit ist also Ausführung nach einer Anweisung oder Regel, ersetzbar, von anderen übernehmbar und bei passender Gelegenheit auch maschinell abzulösen. Leistung hingegen wird immer gefragt sein und erzielt die wirtschaftlich gewünschten Ergebnisse.

Leistung ist also ganzheitlich orientiertes Sinnen und Einbringen einer Aufgabenbewältigung zum Nutzen in Zufriedenheit des Leistungsabnehmers. Im Fall des Hotels war die Zufriedenheit hergestellt durch die andere Einstellung des Personals zur Aufgabe, ganzheitlich nicht nur auf das Hinstellen eines mit Essbarem belegten Tellers, geschult im Erbringen von Leistung durch Zufriedenstellen der Kunden, hier der Gäste.

Dieser Fall ist auf sehr viele täglich erlebbare Vorgänge übertragbar. Wenn ein Handwerksgeselle sagt, „Ich mache meine Arbeit, für Leistung ist der Chef zuständig", brauche ich diese Firma nicht mehr. Leistung ist nicht nur im Blickfeld der gesamtheitlichen Aufgabenerfüllung zu erkennen, sondern leicht auch aus dem Gesamteindruck der Firmen-Erscheinung im Blick eines Auftraggebers. Es macht also einen Unterschied, ob eine Firma wie aus einem Guss daherkommt oder einige Mitglieder sich anders darstellen (wollen). Die PR-Abteilungen in großen Firmen sowie die Manager der inneren Führung vieler, auch halbstaatlicher oder auch staatlicher Einheiten, können nicht nur ein einziges Lied davon singen. Die Compliance-Bestrebungen größeren Firmen basieren genau auf dieser Erkenntnis. Leisten ist zu lernen wie Arbeit. Frei nach einem bekannten Slogan gilt also: „Nur Leistung wird sich lohnen!" Die Verquickung von ‚Arbeit' mit ‚Leistung', bei der man „Arbeit geleistet habe", hinkt; unterliegt somit einem großen gängigen Irrtum, weil beide Begriffe nicht auf derselben Inhalts-Koordinate liegen. So ergibt sich als Definition: „Leistung ist die Bewältigung einer Aufgabe zum Nutzen des Abnehmers der Aufgabenerledigung." Wenn ich Arbeiten erledigt erhalte, aber zusätzlich Hinweise und Beratung für

Sonderfälle bekomme, sehe ich Leistung in dem darüber weiterführenden Nutzen erhalten. Ein gut Leistender ist somit Vorlagengeber für den Verwerter der Vorlage. Im Sport sind da nicht umsonst mehr und mehr auch die Vorlagengeber erwähnt, die die ‚Assists' für Erfolge vorbereiten. Dabei ist Vorlegen wie Treffer-Erzielen ein echtes Leisten. Im Mannschaftssport kommt neben persönlicher eine Gesamtleistung vom Team; im Berufsleben von Arbeitsgruppen, Abteilungen oder ganzen Firmen. Aber Personen entscheiden oft eine Team-Leistung. Das wird in ‚sozialer' Hinsicht noch untersucht und wichtig. Denn kein Mitglied wird ‚mitgezogen', wenn in einem Team für Hochleistung oder einer Elite-Gruppe ein Mitglied leichtfertig oder aus mangelhaftem Können Fehler begeht, weder in einem Orchester noch in einer Maurergruppe noch in einer Sportmannschaft. Man wird sich trennen müssen, auch wenn einer sonst „sein Handwerk beherrscht" und ein guter Typ ist. Wenn der Gesamterfolg verhindert wird: Trotzdem. Leisten und Leistung entscheiden somit Arbeits-Existenzen. Also auch Lehren und Lernen.

Leisten bedeutet Bewältigen im Sinne von Zielerreichen, mehr als Erledigen, Schaffen, Ergänzen, Aufbauen, Ergreifen, Erbringen, Erlangen, Erwirken, Ernähren und Erhalten: eben ergebnis-orientiert am Maßstab des Ziels. Aber nicht nur: Auch als Bewältigung im Sinne eines Durchblicks und Überblicks gilt das Leisten so schon für gegenwärtiges Tun wie Forschen, Lehren, Lernen: So auch in den Wörtern Begreifen, Bestimmen, Beurteilen, Bewerten, Besprechen, Beschaffen, Besorgen, Bezwingen, Bewegen, Bewirten, Planen, Beraten. Leisten ist also nicht nur am Ende einer Besorgung zu sehen, sondern schon vor oder während der Erfüllung.

Dieses Leisten führt zur Leistung, wenn Herangehensweise, Ausführung und Vollendung zur „runden Sache" abgeschlossen werden können. Leistung ist daher nicht erst nach einer Vollendung zu bewerten, sondern schon am Beginn einer Herangehensweise, am Konzept eines Konstrukts zu erkennen.

Auffällig ist dabei die Nähe von Leisten zum Vordenken für Dienen. „Vorsprung durch Technik" kennt man aus einer Werbung. Aber Vorsprung durch Vordenken steckt dahinter.

Erfindungen umzusetzen, Geschäftsmodelle zu entwickeln, Start-ups erfolgreich zu machen, gelingt besser mit mehrfachem Nachdenken als Vordenken für erfolgreiches Tun. Denn jede Technik braucht Vorsprung in Vorausdenken. Erkennbar ist mancherlei Bezug zu einem Leisten: Hilfe leisten, Dienste leisten, Wehrdienst leisten, Beistand leisten, Beitrag leisten, Schützenhilfe leisten. Oder in den Wortverbindungen: Gewährleisten, Dienstleisten, Dankleisten. Ohne Leisten wird keine Leistung. Da ist Vordenken im Spiel.

Damit dringt man auf den etymologischen Kern der Wortbildung. Über Google erfahren wir im Internet bei Wikipedia, dass es im alten angelsächsischen, im alten niederländischen und niederdeutschen Sprachschatz Wortbildungen gegeben hat, die als Vorgänger des Wortes „Leisten" gelten: „laesten, leesten, lestian". Und diese bedeuteten: Spuren legen, etwas tun, dem man folgen kann oder sollte, Vorbildliches Tun. Daraus erscheint der Wortinhalt von Leisten als „besonderes und schätzenswertes vorbildhaftes Tun". „Leistung" wird zum Ergebnis von „Leisten" wie „Bildung"! zum Ergebnis des „Bildens" und „Lernens" wird. Aber da stoßen wir sogleich an weiterer Klärungsbedarf. So hängt Bildung sehr wohl nicht nur vom Bildungsangebot ab, nicht nur vom „Hinbil den" auf Bildungsempfänger, sondern auch von der Aufnahmefähigkeit und –bereitwilligkeit zu Mühen und besonderen Anstrengungen. Und schließlich –, wenn von Bildungs-Chancen die Rede ist – muss auch Lernen gelernt sein und zähes Dranbleiben geübt werden, auch wenn es sogar körperlich schmerzt. Viel zu oft liegt Bildung nicht nur an Begabung oder Eltern.

Umso deutlicher wird der Abstand zum Gebrauch des Wortes bei Leistungen, die eigentlich Auszahlungen gesetzlicher Pflichten sind. Sie sind Auszahlungen im Rahmen des Pflichtenheftes der Staatsordnung. Um das zu ermöglichen, braucht es zuvor die teilweise abschöpfbaren Leitungsergebnisse der Leistenden im täglichen ‚Handel und Wandel‘, durch Werken, Wirken und – Leisten. Auszahlen ist nur staatliches Arbeiten.

Leistung kennt eine Einstellung des Leistenden vor Beginn des Leistens und sieht als Ziel den Erfolg. Das Leisten wird zum Tun mit der Absicht, vorbildhaft zu wirken. Zum Ziel-Objekt des Zielens aus einem Leistenwollen wird der Mensch.

Wenn nun ein Zielender und ein Ziel-Objekt, also der Strebende sich selbst in die Pflicht nimmt, geht es um Veränderung mancher Einstellung.: Einer Person über sich selber oder zwischen Personen untereinander. Menschsein bleibt bewegtes Sein, aktiv, inaktiv und passiv. Eigen-Motivation führt zur Forschung über das Einbringen eines Drehmoments, zu Geschwindigkeit, Beschleunigung oder exponentiellen Steigerungen. Passivität verhindert dieses Momentum einer Kraftentfaltung. Der Mensch wird dabei seiner Natur untreu. Da ist Passivität auf Ruhe eingestellt, was Ausgangs-Potenziale ‚rosten‘ lässt. „Leisten" bleibt somit im Blickfeld bewussten Bemühens um Abrundung einer Aufgabenerfüllung mit dem Ziel, gut zu werden und zu wirken, seinen Ruf als Leistungserbringer zu mehren und somit seine eigene nachhaltige Existenz-Sicherung zu erreichen.

Ganz von der Rolle des Wortverständnisses ist die Verbindung mit „sich". Sich etwas leisten kann heißen: sich belohnen oder sich etwas gönnen. Es verfällt aber ins Nichts eines Zusammenhangs, wenn man sich etwas Unerhörtes, ein Vergehen oder Übertritte über Gebote und Gesetze oder über Zeitfenster hinaus etwas „leistet". Das entbehrt jeder Wortinhaltsverbindung mit dem inzwischen etymologisch so entwickelten Verständnis des Alt-Wortes, des ‚Lestian‘. Zum heutigen Leisten fehlen dabei gedankliche und sachliche Brücken. Denn „Leisten" bleibt auf dem Weg zu etwas Positivem. Es lohnt sich daher, den Begriffen Leisten und Leistung auf der Spur zu bleiben. Ob Eliten

in Politik, Medien oder Verwaltung, Kultur oder Kirchen: Man „leistet sich" ungeniert viele Ungenauigkeiten. Ohne klare Begriffs-Definition gibt es kein klares Zielen.
Aber wohin, auf welche Wege, zu welcher Zielung soll diese Spur des Leistens als vorbildliches Tun führen?

Dass wir alle uns auf dem Irrweg zum Absturz befinden, hämmern „die Letzten" uns immerzu ein. Sie sägen an den Nerven der auf Leistung Zurückblickenden. Zu den „Leistungen" zählen bei selbsterklärten „Letzten" jedenfalls gewiss keine Selbstbeschränkungen, eigene Bescheidenheit, Maßhalten, Zufriedenheit mit etwas weniger Konsum. Dank als eigenständiger Wert an sich dafür, was zur eigenen Grundlage wurde, fehlt eh.

Infantiler Glaube an Anspruchsrecht eigener Rechtsetzung mit Klebstoff wird weder Leisten noch Zukunft. Kein Zweck heiligt Unrecht. Wer mitmacht oder sich in die Nähe von Bandentreiben begibt, kann kein übergeordnetes Menschheitsrecht beanspruchen, schon gar keines für eine geordnete nachhaltige Zukunft. Das Zukunftsstreben ohne das Einhalten bestehender Rechtsordnung verirrt sich. Es verliert sich in Selbstgefälligkeit und verglüht.

WIE KOMMT MAN ZU „NEUEM LEISTEN"?

Sieht man sich um im weiten Feld des Leistens und der Leistungen, führt der Blick schnell auf bekannte physikalische Formeln sowie auf gängige Auffassungen von großen und sehr erfolgreichen Anstrengungen.

Leistung wäre danach: = Arbeit durch Zeit. Daran ist nichts auszusetzen außer der Tatsache, dass dies nur die physikalische Einordnung ist. Und die führt nicht nur in enge Denkkanäle, sondern an der so wichtigen gesellschaftspolitischen Bedeutung vorbei. Gerade die Sicht, Leistung an Zeitaufwand zu ‚binden', hat so viele Missverständnisse erzeugt, dass daraus Zerwürfnisse im Kleinen bis zur Spaltung von Volksgesellschaften entstanden. Wie sogleich deutlich wird, kann diese Sicht zum Gegenteil von Leistungen führen. Im Rahmen dieses Leistungsverständnisses wird auch deutlich, dass Leistung in anderem, in neuem Sinne von jedem an jedem Platz zu erbringen und zu erreichen ist: Das Erreichen einer Leistung im Sinne dieses Leistens ist als Gegensatz zu noch ganz anderer Auffassung möglich. So wird „Leisten" ein besonders sozial-affin verbundener Begriff im Verhalten, verharrt somit nicht in einem Feld elitären Vorbehalts. Wer schon über einen sozial-ethischen Bedarf forscht, und sich den Bedürfnissen des Bedarfs zuwendet, gilt als edel, manchmal als Wohltäter. Sich sozial zu verhalten, gilt als einer Gemeinschaft wohl- verpflichtet Handelnder. Sich davon befreit zu sehen, sich gar darüber zu erheben, wäre unsozial. Sich bewusst einzubringen mit eigenem Zutun, ist allerdings eine unabdingbare Anforderung eines jeden an sich selbst. Der Mensch ist ein Gemeinschaftswesen. Das Leisten ist also ein Tätigwerden zwischen und für Menschen und Nutzungen. Leisten ist also Aktiv-Sein mit dem Ziel, etwas Gutes für Andere zu tun. Ein Beispiel zur Erläuterung:

So kann z. B. ein Hofkehrer Leistung erbringen, sogar dann, wenn er seinen Hof langsamer kehrt als ein anderer. Wenn er sich nämlich zwischen dem reinen Kehrvorgang bückt und Pflänzchen aus den Ritzen zwischen den Pflastersteinen zieht, damit die Wurzeln nicht wachsen und dann Schaden am Pflaster durch Wachsen der Pflanzen und Weitung der Ritzen anrichten. Dann bringt sogar der Langsamere eine Leistung, während der andere zwar mit der selben Arbeit schneller fertig wäre, aber nur ‚seine Arbeit‘ verrichtet hätte. Da die Leute für solche und andere ähnlich einfache Arbeiten öfter für anspruchsvollere Aufgaben weniger geeignet sein könnten, ergibt sich, dass jeder an seinem Platz, ob nun einfachere oder anspruchsvollere Aufgaben erfüllen kann. Denn auch bei seiner einfachen Beschäftigung kann jemand etwas leisten, wenn er den weiterreichenden Nutzen seines Tuns mit bedenkt und eben eine Vorgabe nicht nur abarbeitet. Leisten kann also an jeder Stelle der Bewältigung einer Aufgabe gezeigt werden. Es ist sogar das weiterreichende Tun durch Mitdenken selbst. Was ist dann „Dienst nach Vorschrift?“

Für Fehlleistungen gilt das ebenso, unabhängig von der Höhe einer Anstellung. Bloßes Abarbeiten kommt zwar auch zu einem Ziel, kann aber großen Schaden hinterlassen. Gesellschaftlich zeigt sich daraus, dass die eigene Einstellung für die Bewältigung da entscheidet, wo bewusstes Leistenwollen zur Leistung wird. Man erkennt damit, dass „Leisten“ weder ein Standes- noch Karriere-verbundenes Tun noch elitärem Anspruch vorbehalten ist. „Leisten“ in diesem Sinne ist eingebunden in das soziale Tun jedes Einzelnen, so er oder sie sich denn mit einer Gemeinschaft identifiziert. „Wenn du nur deine Pflicht getan hast, hast du deine Pflicht noch lange nicht erfüllt!“ las ich in einer Fabrikhalle, was wohl genau das meinte. Leisten dieses Begriffsinhalts ist in jedem Beruf auf jeder Ebene möglich einzubringen. Somit erhält Leisten in der Gesellschaft eine große sozialpolitische Dimension, die Vieles entschärfen könnte. Leisten wird nicht an Firmen-Hierarchien gebunden, sondern wird zur Anforderung an jeden Einzelnen und Einstellung zu Anforderungen.

Es ist also zuallererst die eigene Haltung zu einer übertragenen Aufgabe, die zu Leistung führen kann. Dazu wird ein Verständnis für das „Objekt Aufgabe" zu verifizieren sein sowie die eigene „Startklarheit"; und die persönliche Fähigkeit zur Bewältigung der vorgesehenen Leistung selbst zu prüfen sein. Leisten beginnt nicht ansatzlos. Eine Zielklarheit und Fähigkeit für die Zielerreichung müssen vorgeprüft sein. Nötig für Leisten ist daher eine Grundabfrage nach der Möglichkeit, eine Leistung mittels neuem Leisten dann auch zu erbringen.

Einfach ausgedrückt ist zuerst die eigene Eignungsprüfung vorzunehmen. Die Vorprüfung ist Vorbedingung für das erfolgreiche Anpacken und für die Durchführung einer Aufgabe – wie eine Bodenprüfung vor einem Baubeginn. Jedes Konzept braucht die richtigen soliden Schritte in der richtigen Reihenfolge. Fällt ein Schritt aus oder kommt er ungenügend abgeprüft, ist das wie bei einer Leiter. Wenn eine Sprosse nicht fest genug ist, bricht der Benutzer der Leiter durch und verletzt sich. Die ganze Leiter wird damit untauglich. Es lohnt daher, gründlich und in der logischen Reihenfolge vorzugehen.

Dazu müssen Änderungen der eigenen Positionierung zum Leisten selbst unter die Lupe genommen werden. Naheliegend ist eine Prüfung der Bereitschaft zum Leisten oder dazu, sich selber zu ändern für neues Leisten. Während man allgemein beim Begriff des Leistens an den Vorgang denkt, wird ‚Leistung' oft mit dem Ergebnis eines vorbildlichen Leistens verbunden. Bei näherer Betrachtung erschließt sich aber ein großer Unterschied. Denn eine Leistung beginnt mit Leistenwollen und Ziel-Projektion. Danach werden Mittel und Wege gesucht und geprüft und danach die Folge der Maßnahmen festgelegt. Ein Spitzenergebnis kann nicht durch Zufall mitten im Bewerkstelligen einer Erledigung „passieren". Das Streben nach einer als solcher erkennbaren Leistung im Sinne eines besonderen oder auch nur besseren Ergebnisses als üblich zu erwarten, beginnt sogar vor einer projektierten Zielfindung.

Wenn ich mich in Startposition begebe, muss ich wissen, wohin ich zum Ziel kommen will.

Unter Umständen müsste im Einzelfall sogar die Startposition völlig neu gedacht werden. Ein Leichtathlet weiß bereits am Start, wo sein Ziel ist und wie er seine Kraft im Laufen einteilen muss. Aber noch davor weiß er, dass er dafür trainieren musste, was es dazu braucht und warum er das will. Ist ein Ziel nicht festzulegen, so muss auch die Startposition flexibel bleiben. Ausnahme der Jäger auf dem Hochsitz. Aber dessen Inaktivität führt zur geringeren Wahrscheinlichkeit, ein Ziel überhaupt zu erleben. Mittel und Wege zur Zielung sind da noch völlig offen. Selbst das Mittel des Gewehrs hängt dann bloß um die Schulter. Des Jägers „Passivität" ist für den – auch – Heger aber gleichzeitig hohe Heger-Aktivität.

Wenn ein hoher Baum zu besteigen ist, aber unklar ist, über welchen Ast man am besten hinaufkommt, müssen Möglichkeiten zur Spitze zu kommen, unter Umständen mehrfach geprüft werden. Ähnlich ist es wohl beim Besteigen eines Berggipfels, für den es mehrere Anstiege geben kann. Mittel und Wege müssen sich für die Ziele eignen, nachdem die Fähigkeit des Kletterns und das erwartete Wetter (Bedingungen und Umstände) aktuell geprüft sind.

Dann folgt die Zielprüfung. Liegt da etwas im Unklaren, lohnt sich weder ein angestrebtes Anpeilen noch eine extra Phase der Zielfindung mit Mitteln und über Wege, noch ein Start und erst recht kein Training mit proaktiver Anstrengung und Einsatz von Lebenszeit. Diese Motivationskette wird rückwärts durchdacht und dann schon der Beginn einer Anstrengung vermieden. Wenn der Arztberuf immer mehr mit ‚Büro-Arbeit', mit Formalitäten-Pflichten und Arbeiten am Schreibtisch überladen wird, rückt das Berufsbild mit dem bisherigen so ethischen Helfen-Wollen für Gesundheit und Wohlergehen von Patienten etwas in den Hintergrund. Aber für ein Helfen hatte man sich entschieden haben wollen und wird nun umgeleitet in ein Berufsbild, das man genauso gut in jedem Bürohausturm absolvieren könnte: ohne jegliches Instrumentarium für Diagnose und Therapie. Der Arztberuf wird neu „gedacht", der schwierige Weg zum „Doktor" neu überlegt und eine Optimierung des Berufsziels gesucht. Gefunden könnte werden: Nein zum Büro-Arzt, Vermeidung des Ausbildungsweges, sogar eines ganzen Studiums und der Einstellung darauf. Ob sich das dann auf das Lernen bis zum Abitur zurück auswirkt, kann nicht ausgeschlossen werden. Den „Reiz" der Digitalisierung der Ärzte-Tätigkeit habe ich zweimal als Anstoß zum frühzeitigen Aufhören des Berufslebens miterlebt. Beide Ärzte wollten dann einfach nicht mehr weitermachen. Siehe dazu auch den Notenschnitt für die Zulassung zum Arzt-Studium. Diese Frage nach dem Wert und dem Reiz des Digitalismus führt zur ‚Gesundheitswende', nicht zu mehr Gesundheit. Hängt daran schon der Mangel an Ärzten?

Wie im Sport ist auch im Beruf wichtig: Stimmt die Einstellung zum Leisten nicht, wird die Leistung nichts. Aber stimmig mit der Einstellung müssen auch die Bedingungen sein. Leistung folgt wie Erfolg dem Leisten. Die innere Einstellung braucht ebenso die notwenige Aufstellung der äußeren Bedingungen. Um im Bild zu bleiben, wird ein Acker kein Fußballfeld und ein Weg mit Morast keine Sprintstrecke.

Beeinträchtigte Leistungsbereitschaft hängt von vielerlei ab: Vorgesetzten, Umfeld und ‚Nebengeräuschen' und sogenannten „weichen Faktoren" wie Betriebsklima, Teamgeist und nutzbare Freizeit-Möglichkeiten sowie dem Ruf eines Amtes oder einer Firma. Wenn da etwas nicht stimmt, kommt weder ein Mannschaftsergebnis im Sport noch ein persönliches oder Firmenergebnis mit dem gewünschten Erfolg heraus. Und das führt zu Rückschlüssen, die Schaden auslösen.

Aus den Wirkungswirkungen des Leistens ergibt sich, dass das „Leisten" der eigentliche Träger eines Staates ist. Zusammengewürfelte Mengen von Menschen ergeben keine geordnete Gruppierung, keine Staatsordnung und erst recht keine Zukunft einer Gesellschaft. Schulpflicht und Lernpflicht hatten frühzeitig eine hohe Sinnhaftigkeit.

Die Auffassung muss Geltung erlangen, dass ohne Willen zur Gemeinschaftsleistung, die bei jedem Einzelnen beginnt, keine solide Trägerschaft für einen Staat entsteht. Ohne die Einstellung zu und für Gemeinschafsaufgaben, dem Sozialprinzip, fehlt die Bindekraft zwischen dem ,Skelett' der Vorstellung eines staatlichen Ordnungsgerüsts und den Kräften, die dem ,Skelett' Bewegung ermöglichen und nötige Bewegungskraft verleihen. Wird hiervon weiter abgegangen, wird der Staat selber Schaden haben. Veränderungen verlieren an Zukunftsfähigkeit. Verdorrt das Staatsgebilde zum Skelett, weil man die ,Kräfte' vernachlässigt, verkommt es zum blanken Gerippe. Was außerhalb eines Amts- Staatswesens geleistet wird, erfährt oft nur die Wertschätzung ,leistungsfähige ,Melkkuh'.

Es wird kommen wie bei Ärzten. Schon fehlen Unternehmer und selbständige Meister. Man wird dafür nicht mehr so zielstrebig die lange Studienausbildung machen wollen. Letztlich sinken die Zahlen derer, die ein Studium beginnen wollen und damit mittelfristig die ganze ärztliche und handwerkliche Trägerschaft im Lande übernehmen. Versorgung im ganzen Land mit Arzten leidet. Aufgaben im Handwerk finden immer weniger Handwerks-Auftragnehmer. Sinkt auch weiter der Respekt vor dem Lehrpersonal und wird dieser durch Elternrechte sogar aktiv geschmälert, kommt es zu Lehrermangel, wie jetzt erlebt. Wenn „Fachkräfte fehlen" wie in Gewerbe und Handwerk, sind andere Weichen falsch gestellt worden. Zuzug von außen wird es nicht richten.

Weil aber in Deutschland freie Berufswahl besteht, werden Lücken im beruflichen Nachwuchs nicht ,per Ordre de Mufti' geschlossen. So etwas ginge nur bei einem Heer mit (Wieder-)Einführung der Wehrpflicht. Warum es ein Übermaß an männlichen und weiblichen Studierenden, an Studierenden im Verhältnis zur Zahl aller Berufsanfänger in Deutschland gibt, muss andere Gründe haben. Es könnte ja sein, dass Politologie, Philosophie, Psychologie, Medienwissenschaften, Theaterwissenschaften im Verhältnis zu harten Wissenschaften einfacher sind und bequemer zum Abschluss zu kommen ist. Und ein Fach- Studium für psychologische Betreuung und Beratung etwas leichter ist als Mathematik, Mechatronik, Chemie, Physik, Rohstoffforschung, Mikrobiologie, Metallurgie oder für das Lehramt an Höheren Schulen. Oder es könnte sein, dass die Aufstiegs-Chancen ungleich besser sind, vielleicht über politische Parteien. Kenntnisse über Opern- und Theaterkulissen und semantische Strategien mit Totschlagwörtern erscheinen manchmal viel wichtiger zu sein als Fachkenntnisse für eine tägliche politische Praxis. Wenn die Sirenen-Gesänge der Umverteiler-Parteien die Ergebnisse von Menschen mit Spitzenleistungen an weniger leistende Personen umverteilen wollen –, und dazu Gesetze zur Umverteilung fordern –, beginnen die Gutwilligsten daran zu zweifeln, ob sich Anstrengung in erheblich größerem Maße als üblich lohnen sollte.

Die Debatte über die Gefahren der Auswanderung von guten Fachkräften aus Deutschland hat ganz wesentlich damit zu tun. Diese Entwicklung ist seit mehr als zwanzig Jahren zu beobachten: Wenn in Professoren- Konferenzen festgestellt wurde und wird, dass sich das Können und das Leisten nachwachsender Studierender „eher mindert", manchmal sogar deutlich, ist das ein sehr schlechtes Zeichen für die Leistungsfähigkeit eines Sozial-Gefüges wie der sozialen Gesellschaft unserer Sozialen Marktwirtschaft, das darauf angelegt ist, dass „jeder nach bestmöglichem Können seinen Beitrag zum Sozialsystem unseres Staates bestens mitleistet."

Wenn man Mitte März 2023 in Kultur- und Bildungsminister-Tagungen festhält, dass ganz unterschiedliche Fähigkeiten sogar beim Abitur unter den deutschen Bundesländern eine Änderung des Systems nötig machten, geht das nicht mit Geld für Lehrer. Bildung braucht die besseren Lehrer und lernwilligere Schüler.

Auch diese Einstellung ist ein Teil des „neuen Leistens", das Zukunft – und Konflikte bewältigen helfen kann.

Aber wenn sich heute zu viele Menschen aus Bequemlichkeit daraus ausklinken, stellen sie sich im Grunde außerhalb des Systems auf, also statt sozial = gemeinschaftlich in einer Leistungsgemeinschaft nun in einer Art Anti- oder Asozialität außerhalb der Gemeinschaft. Wer sich hilfsbedürftig gibt, es aber bei doch genauerem Hinsehen nicht ist, wird zurecht als „Schmarotzer" erkannt. „Fordern und Fördern" war nicht bloß der Einfall des Herrn Hartz, sondern aus der Erfahrung dringend nötige Politik. Dazu wird noch mehr zu schreiben sein. Es ist also keine Frage, sondern eine Schlussfolgerung, dass die Rahmenbedingungen in einer Gesellschaft der Nährboden für Erfolge der Gesamtgesellschaft mitbestimmen. Das heißt nichts Anderes als dass das Sozialsystem zusammengebrochen wäre, hätte Kanzler Gerhard Schröder seinerzeit seinen zu gern geschmähten politischen Schwenk nicht vollzogen. Die Staats-Raison gebot diese Politik. Dass man daran seitdem von mehreren Parteien ‚nagt' und manches revidiert, spricht nicht für Staatstreue. Moral für Soziales geht in die Irre, wenn konsequente Einhaltung der Spielregeln nicht eingefordert wird. Denn auch die Moral der Leistungsstarken hat einen Anspruch auf mehr Beachtung. Gesinnungsethik wird mitbestimmt von Bedingungsethik.

Das gilt in allen Fällen. Wer immer mehr Rechte für Mieter erwarten muss, wird künftig Wohnungen für Dritte nicht mehr bauen, sondern will lieber „Verbraucher" sein und selber mieten. Sparen und sich Ärgern muss keiner wollen; schon gar nicht, wenn über eine konfiskatorische Erbschaftssteuer das Generationen-Sparen noch dazu hart bestraft wird. Wohnungsmangel wird dann, wie jetzt erlebt, zum anwachsenden Dauerthema, bis die Politik wieder wechselt.

Dass immer weniger Unternehmen einen geeigneten Nachfolger finden, wird „die Arbeit" nicht fördern, aber die Sozialkassen darben lassen, am Ende gar den Staathaushalt im ‚Sozial-Etat', den Viele als Quelle für „Verteilungsgerechtigkeit", als Fundament eines ‚Sozialstaats' sehen. Doch da ist Vorsicht vor schwerem Irrtum geboten: Wir haben einen sozialen Staat, aber keinen „Sozialstaat", der schon bei seiner Gründung pleite wäre. Schöne Ernennungsurkunden für Minister wären schon im selben Augenblick mit Entlassungsurkunden zu überreichen.

Das Soziale im Staat ist Staatspflicht. Aber die Sozialausgaben sind kein Synonym für eigene Staatsordnung. Aus den Ausgaben entsteht kein Staat! ‚Staat' braucht Einnahmen für seine Ausgaben aus dem Wirtschaften. Demokratie wird nicht von Verteilung erhalten, sondern von Leistungsbereitschaft. „Die Wirtschaft" ist also mit Arbeitsplätzen, Steuern, Ausbildung und Wirtschaftsregeln die treibende Kraft der Demokratie. Wer da „gerecht" abträgt, nagt an Grundfesten des Staates. Der Staat braucht die Kräfte, die etwas bewegen wollen. Das ist die Wirtschaft.

Wenn sie Wachstum erzeugen soll, was auch dem Staat nützt, muss Freiraum eingeräumt und erhalten sein. Sonst müsste der Staat alle Entscheidungen selber treffen und wäre in allem kollektiv allein verantwortlich. Als Akteur in der Wirtschaft wäre er überfordert. Dafür brauchen wir wirklich in Deutschland keine neuerliche Beweisführung mehr.

Diesen hohen Anspruch maßen sich totalitäre Staaten jeglicher Couleur tatsächlich zu. Unüberbietbare Überschätzung. Als man in der Phase der Energiekrise 1972/1973 eine Konjunktur-Ankurbelung vornahm, merkte man bald, dass die öffentlichen Stellen bis dahin nur etwa 5 – 7 % der Wohnungen gebaut hatten. Man brauchte die freie Wirtschaft für Wohnungen und für den neuen dringend benötigten Aufschwung.

Doch auch das gelang nicht so einfach. Der Bundesfinanzminister Prof. Dr. Schiller rief entmutigt (trotz Auslobung großer Staatsgelder): „Die Pferde saufen nicht!" Vertrauen fehlte in allen Teilen der Wirtschafft in die Regierung. Mit Sonderleistungen wie dem „Bauherren-Modell" lockte man Bauträger und Bauunternehmen hinter dem Ofen hervor.

Dass die später für Viele, die davon Gebrauch gemacht haben, zum bösen Bumerang wurden, wird gern verschwiegen. Doch das war der Preis dafür, dass Vertrauen fehlte. Dass man später in Wahlkämpfen daraus den Nutzern des Modells einen Strick drehte und diese Anreize als Hilfen für die „Oberen 10.000" bezeichnete, steht dabei noch auf einem ganz anderen Blatt

Wirtschaftspolitik ist damit zuerst Gesellschaftspolitik, die sich einrichten und entscheiden muss, welcher Gesellschaftsordnung sie sich verschreiben will. Die Ordnung der Gesellschaft nennt man Ordnungspolitik, die eine Wirtschaftspolitik zuvorderst sein müsste. Danach richten sich die Menschen mit einem ehrlichen Willen für einen Leistungsbeitrag zum gewollten Vorteil der Gesamtgesellschaft. Erst daraus entsteht eine Leistungsbereitschaft und erst daraus eine die Gesellschaft tragende Leistung mit den dauerhaft existenziell notwendigen Leistungsergebnissen dafür. Erst dann steigen auch (wieder) der Wert der Anstrengung und die Bereitschaft, in Schulen besser zu lernen: Gut für Schulen, für Leute, für die Berufe und die Volkswirtschaft.

Leisten hat somit einen direkten Bezug zum Staatsverständnis in der Bevölkerung. Und zu einer Bereitschaft, nach den Rechten auch die Pflichten voll zu akzeptieren. Sozial heißt gemeinschaftlich nach besten Kräften.

Ein neues Leisten kann daher nicht von Hängenlassen oder Auf-Hilfe-Lauern kommen. Es ist aktiver Beitrag.

Und es fordert von Einzelnen freiwillige Absage an Unfairness, Übervorteilung und Unterstellung, Drohung oder Gewalt, gemeinschaftswidrigem Egoismus, Maßlosigkeit und übler Trickserei für Vorteilssuchen oder sozialwidriger Besserstellung im Gemeinschaftlichen. Das würde sich einer korrupten Gesellschaft annähern.

Ist denn ein Menschsein nicht mehr vorstellbar ohne ‚Kuuulnäß‘, ‚Kläfffernäß‘ und eine charakterlos billige ‚Unfährnäß‘? Ein Trost kommt vom Recht. Viele sehr ‚kläffere‘ (clevere) Zeitgenossen stehen heute schon vor dem Strafrichter, die es vorher zum großen Berater oder Konzern-Manager o. ä. gebracht hatten. Leisten im hier verwendeten Sinne verabscheut solche Haltung und setzt auf bessere Einstellung mit höherem Eliten-Anspruch an sich selbst. Wer sich selbst aus der Gemeinschaft ‚entlässt‘ findet sich prekär wieder. Elitär ist jeder Mensch im für ihn gemachten Lebens-Umfeld; wie er seine technisch feststellbaren Gene solitär hat.

Die Rahmenbedingungen für ein neues Leisten greifen noch weiter aus. Sie wirken tiefer. Ein Vermeiden solch unseriösen Treibens zum Nachteil der Gesamtheit hat zu großen Erfolgen geführt, so zum sozialen Staat. Aber aus angeblich „pragmatischer" Politik in der ganzen langen Nachkriegszeit seit Ludwig Erhards Wirken als Wirtschaftsminister wurden Weichen fehlerbehaftet gestellt. Erhard nannte die so gestaltete damals eingeführte „dynamische Rente" als seinen größten Fehler. Einige Neben- und Fernwirkungen wurden dabei nicht bedacht. Die damals aktuelle Wahl zu gewinnen, wurde priorisiert. Langfristig zu sparen und für Alterssicherung in Eigenverantwortung zu sorgen, war dann nicht mehr so wichtig. Außer beim Hausbau für sich selber war Sparen kein Thema mehr. Sparen für Investitionen auch zugunsten von neuen Arbeitsplätzen mit Zukunft überließ man schon damals eher dem „großen Kapital", am liebsten aus dem Ausland, das man bei Problemen in der Gesellschaft dann sogleich verantwortlich machte.

So für schlimme Arbeitskämpfe Mitte der 50-er Jahre, für die fehlenden Fortschritte in der nötigen Modernisierung der Infrastruktur und in Forschung und Entwicklung. Nicht zu vergessen in Bildung. Und nicht zuletzt in dem zu langsam wachsenden Wohnungsbau, obwohl gerade da die überzeugende Privatverantwortung einen Triumpf nach dem anderen feiern durfte. Bausparen war hoch im Kurs, die Gründung von Genossenschaften für Wohnen mit steuerlichen Anreizen. Auch für die Verkäufer von Grundstücken fand man einen Erfolgsweg. Die erfolgreiche Wohnraumbeschaffung führte dazu, dass der Wirtschaftsbereich Wohnwirtschaft mithilfe der „Brückenlösung" des sozialen Wohnungsbaus bald aus der staatlich geführten „Bewirtschaftungspolitik" entlassen werden konnte. Das war in der Zeitzone des Wiederaufbaus eine gewaltige Leistung der jungen Republik. Sparen als Mittel der Eigenverantwortung für die Lebenssicherung galt etwas. Die eingerichteten Sozialversicherungen stärkten den Rückhalt und ergaben volkswirtschaftlich Sinn, weil in der eingeführten Marktwirtschaft sich harter Wettbewerb entwickeln sollte. Mit der Sicherung im Rücken konnte man leichter nach vorne blickend mitkämpfen. Wer im Zuge des harten Wettbewerbs zum Verlierer wurde, musste wieder auf die Beine kommen können, was nicht gelungen wäre nach völligem Absturz als Verlierer im Bewerb. So wurde der Markt ‚sozialverträglich'.

Die Härte bezeichnete man später als „marktradikal", als ob im Sport der Verlierer eines Rennens oder eines Spiels „sportradikal" unterlegen wäre. Doch die „dynamische Rente" machte leichtsinnig und förderte den Konsum. Der hatte zwar auch treibende Wirkung durch Verbraucher für Aufträge, doch er fand sich immer wieder auf der Meinungs-Plattform eines „Nachholbedarfs" bei allen Einkommen. Das führte zwar zu höheren ‚Löhnen', aber auch zu höheren Kosten, sowie zu höheren Steuern. Darauf baute die Politik auf „pragmatische" Einzeleingriffe in das Marktgeschehen wie bei der Einführung des Steuerspar -Bauherren-Modells". Dieses wurde aus zwei Gründen eingeführt und wurde nicht nur „ein Renner". Der eine Grund lag in der inzwischen wieder stark abgeschwächten Konjunktur, sodass sich eine solche staatliche Maßnahme mit dem Bauherren-Modell als Konjunktur-Spritze anzubieten schien. Der andere Grund war überzeugender: Die Politik hatte eingesehen, dass der inzwischen stark gewachsene Wohnungsbedarf aus erhöhtem Flächenbedarf nicht nachträglich durch den Staat mit seinen weniger als 10 % der Wohnbauleistung in Deutschland behoben werden konnte. Also stieß man den Wohnungsbau mit einem – viel zu spät als Strohfeuer erkannten – Konjunktur-Anschub an. Für private Investoren, deren Gewinn für eine aus dem „Modell" gewollte höhere Abschreibung zu gering war, wurde das Modell zum Reinfall. Sie zahlten für Kosten des Modells und die Steuern trotzdem. Später folgte zwar ein Abklatsch dieses Modells mit einem „NATO-Modell für Wohnungsbedarf von Truppen verbündeter Staaten in Deutschland. Aber mancher Steuerberater hatte da schon längst etliche gute Mandanten verloren. Vieles wurde nachträglich bedauerlich hart, wo Voraussetzungen sich änderten. Sinkende Gewinne wurden verdoppelter Verlust.

Der Glaube an staatliche Machbarkeit volkswirtschaftlicher Problemlösungen geriet angesichts riesiger neuer Schulden (17 Milliarden DM) ins Wanken. Denn den Investoren war mehrheitlich inzwischen die „Gabe" des Staates, diese Konjunkturhilfe, als toxisch erschienen. Inflationäre politische Forderungen folgten. Und Inflation auf dem Fuße. Willy Brandt, inzwischen gewählter Bundekanzler geworden: „Holt Euch, was man Euch vorenthält!" Man traute dem Frieden der SPD-geführten Bundesregierung nicht mehr. Diesen Mangel an Vertrauen büßte letztlich Helmut Schmidt, inzwischen zum Bundeskanzler geworden, mit dem Verlust seiner Kanzlerschaft. Helmut Kohl setzte die Politik der Konsumstärkung für die Konjunktur aus und ersetzte sie mit der Stärkung der Anreizpolitik in freiheitlicherem Marktgeschehen mit hartem Wettbewerb. Dieser sorgte für Innovationen, Fleiß für Erfolg und so für mehr Steuern daraus. Erst diese wieder gewachsene Ertragskraft der deutschen

Volkswirtschaft ermöglichte das Stemmen der Kosten für die Wiedervereinigung Deutschlands. „Der Markt" hatte auf breiter Front gesiegt. Daraus zerbrach in der unmittelbaren Folge das Gesamtgebilde des COMECON, des Verbundes der wirtschaftlich verbundenen, aber mit geringem Erfolg beglückten Staaten des politischen ‚Ostblocks'. Alle Staatsziele wurden verfehlt.

Das Wichtigste dabei war der Verlust des Vertrauens in ein System der Nivellierung, der Gleichmacherei und des persönlichen Verlusts an Entscheidungsfreiheit bis zum Verlust der Reisefreiheit. Verloren gegangen war das dann im Mittelpunt stehende Wirtschaftsklima. Ein Klima, das unternehmerische Risiken nicht zusätzlich zum immer möglichen Verlust im Wettbewerb bestraft, sondern zu Risiken mit Sparkapital ermuntert, indem man Anreize dafür schuf. Wirtschafts-Klima war das zentrale Thema wie heute die „Klima-Rettung". Beides sind Themen der Wirtschaftssteuerung mit den Mitteln der Politik. Darin ist auch jetzt neu anzusetzen, will man nicht wieder in harte Mangel-Situationen mit drastischen Umsteuerungen geraten. Geschieht dies nicht schnell und gut durchdacht, geschieht es eben von einer anderen Regierung in Deutschland. Turbulenzen in der deutschen Politik aus abgekühltem Wirtschafts-Klima wirken heue noch nach. Manches blieb für lange unverstanden und bleibt unverdaut. Verstanden wurde nur, dass der Wind im Wirtschaften härter geworden war, aber auch die sozialen Ergebnisse in den neuen Bundesländern besser. Wo „Leistung" gefordert wurde, war nun Unmut gewachsen. „Benachteiligung" der neuen Länder war zum allgemeinen Narrativ erhoben als „Plattmache".

Dass statt dem Kollektiv jetzt das Individuum, jeder Einzelne um Verantwortung für seine gewonnene Freiheit sich zu kümmern hatte, überforderte zunächst viele Bewohner der hinzugekommenen Länder in Deutschland.

„Neues Leisten" meint aber nicht so sehr, etwas Neues zu leisten", was natürlich trotzdem zu begrüßen ist. sondern ein neues Leisten-Denken sich zuzumuten. Und damit erreicht die genannte „Zeitenwende" eine zusätzliche neue Dimension. Sich etwas zuzumuten, zeigt schon in die geforderte Richtung: Sich gründend auf die Urbedeutung eines „vorbildlichen Tuns" wird neues Leisten zum Dreh- und Angelpunkt eines völlig neuen Selbstverständnisses und zu einem tragfähigen Verständnis für eine neue Ordnung der Gesellschaft und der Völker. Ein Grundverständnis, in dem Vertrauen neu entstehen kann und Zukunft zu bewältigen keine Schimäre mehr sein muss. Sollte dies gelingen, kann dieses ‚neue Denken' durchaus reizvoll und dazu ‚nachahmenswert' sein: und danach zu einem allgemein angestrebten Kulturgut werden, weil gar freiwillig.

Dies könnte allen Menschen sehr wohl dienlich werden. Sich am Riemen-zu-reißen, Zurückhaltung üben zu wollen, füreinander zu sorgen und dafür Denk-Kapazitäten frei zu halten vor Geboten und harten Verboten, Richtlinien und Gesetzen das bessere Gute zu wollen und anzupacken, kann Zufriedenheit, Maß und Glück bedeuten. Sind das nicht wahrhaft edle Ziele für Tun, Unterlassen, Mitgestalten in freies Wollen? Zu etwas, was auch sehr persönlich zum Frieden mit sich selbst führt, somit ‚zufrieden' macht?

Zu sagen: „Selig ist, wem alles Gemeinschaftliche nichts bedeutet", kann niemand anderem helfen oder nützen, vergräbt und vergisst sich am Ende selber. Glücks-Theorien befassen sich eher mit Gerechtigkeit-Postulaten aus Umverteilung. Was von anderen fordert, fördert nirgends Glück und so Zufriedenheit. Verzicht und Sich-Zurücknehmen auf das füglich erreichbare Maß im Maßstab als Hilfsmittel für Glück und Frieden in gemeinschaftsfördernden Lebensweisen, ein fügliches Zurückschrauben von Ansprüchen nützt. Eine internationale Studie über die Zahl zufriedener Völker (März 2023) zeigt, dass dort die Leute am meisten zufrieden und glücklich sind, wo Umverteilung nicht auf der Gruppen-Agenda steht.

Gleichzeitig ist zu erkennen, dass in sozialistisch geführten Staaten, in denen straff organisierte Umverteilung Staatsprinzip bis zum VEB ist, dem volkseigenen Betrieb, mit dem volkseigenen Hammer mit Zirkeln (Fahne), den Oligarchien unter Funktionären, eine Funktionärs-Privilegierung unerträglichen Ausmaßes sowie Korruption nicht unbekannt sind. Dem entsprach und entspricht der fehlende Anreiz zum persönlichen Ehrgeiz im Kollektiv mit dem sich mindernden Ehrgeiz zu Sorgfalt und Effizienz des Leistens, sodass die Effektivität der Leistung mehr und mehr sank bzw. sinkt. Nicht wenige Denker in der Öffentlichkeit befürchten Solches trotzdem weiterhin.

Als eine Studentengruppe mit dem Bus durch die damalige DDR nach Westberlin 1957 die Felder neben der Autobahn sah, staunte man nicht schlecht. Einige spotteten: „Schon wieder können wir einen neuen Rekord des Sozialismus vermelden: Der Abstand von einer volkseigenen Rübe bis zur nächsten beträgt bis zu 8 Meter!"

Einstellung bewirkt Auswirkungen. Sind bestimmte Wirkungen erwünscht, müssen sie angereizt werden. In der DDR litt die Versorgung mehr und mehr; der Export mit Qualitätsgütern sank, die Devisen für Importe unisono. Beim Abgesang des Staates: „Wir sind das Volk!" besaß der Staat nicht einmal mehr Devisen für ein einziges Kilo Nägel zum Kauf im Westen und der Bundesrepublik. Die Ordnungspolitik ist System-Aufgabe.

Aber dafür braucht es Einfluss. Ein Einverständnis zum Verständnis für gemeinsames Tun und Wollen. Das geht nur durch einen Ruck, den sich möglichst Viele selber geben. Nicht nur Zurückhaltung und blanke Inaktivität, ein Sich-Raushalten kann Gemeinschaft fördern. Sich anzuhalten, sich zu halten, Vorsicht walten zu lassen, auch einmal zu schweigen, wo Zurückhaltung die bessere „Aussage" ist, führt in die richtige Richtung. ‚Selbstdisziplin' erinnert eher an Askese, verbindet gedanklich mit Militär und Drill, ist so ungnädig wie auch Selbstbeherrschung. Ich z. B. will mich von keiner Person richtiggehend beherrschen lassen, schon gar nicht von mir selber. So wenig ich Knecht meiner guten Personenwaage sein will. Ein neues besseres Tun muss man gerne wollen. Albert Schweitzer erklärte es: „Vorbild zu sein ist nicht das Wichtigste, um führend etwas zum Besseren zu wenden. Es ist die einzige Möglichkeit!" Die eigene Einstellung zu sich selber, sich einen neuen Verhaltenswert zuzumessen, so wie dem jeweiligen Anderen, mehr noch als Respekt, für den anderen mitzudenken wie eh im Straßenverkehr geübt, wird zum neuen Denken für Gemeinschaften. Denken wie in „Erfahrungsgruppen", aber ohne Nöte und bittere Notwendigkeit, leistet man in neuer Art mit neuem Anlauf.

„Neues Leisten" will gern unternommenes freiwilliges Sich- in- die- Pflicht- Nehmen mit dem Ziel, in mehr gemeinschaftlichem Tun Besseres zu bewirken: Zukunft aus erfolgter Qualifikation als kulturelles Schaffen.

WIRKT „NEUES LEISTEN"
KULTUR- FÖRDERND?

Diese Frage ist zunächst einfach zu beantworten: Wenn sich die Mehrheit einer Gemeinschaft damit gerne angesprochen empfindet und erkennt, dass sie daraus einen Mehrwert gewinnt an Ansehen, Lebensstil und Wohlstand. Und wenn diese Übung die Mehrheit überzeugt und mitnimmt, eine Teilnahme dem Miteinander guttut und für eine Gemeinschaft förderlich wirkt. Kulturell höherstehendes Tun wird dann zum Kulturgut.

Das ist im Grunde leicht nachzuvollziehen. Doch so einfach ist das nicht. Dahinter stehen viele Punkte mit Fragen und Antworten. Kurz: ein vor dem Einstieg in diese Thematik geschaffenes nötiges Basis-Wissen, Grundlagen für Entstehen von Kulturen. Weder die Pyramiden des antiken Ägyptens noch die Moderne mit der Digitalisierung der Lebensvorgänge führen zur Erklärung, schon eher die längst fehlende Streitkultur der Gegenwart eignet sich da als Wegweiser zu Begründungen für ein Kulturleben. Es braucht dafür Grundlagen. Doch das ist eh leichter gesagt als deutlich gemacht. Einen Versuch zur Erklärung ist es freilich allemal wert.

Den meisten Menschen erscheint das Geschenk des eigenen Lebens als pure Selbstverständlichkeit, im besten Falle als Glücksfall aus Zufall. Dementsprechend sehen sie einen Lebensweg als normalen Ablauf mit sicher nicht immer angenehmen Momenten, aber insgesamt wohl als eine normale „Karriere" mit einem gewissen Glücksanspruch. Alle guten Wünsche und Verheißungen deuten auf eine geordnete Fahrt bei eingehaltenen Vorgaben der ‚Straßenverkehrsordnung' des Lebens. Daraus schließen Menschen, dass jede Abweichung vom Glückspfad entweder ein besonderer – natürlich unverdienter – Unglücksfall oder ein echtes Unglück sei, natürlich unverschuldet, selbstverständlich immer von Umständen oder anderen Personen verursacht.

Weniger Nachdenkliche glauben an einen Anspruch auf Glück im Leben und sehen die Anspruchshaltung begründet in der Pflicht einer Gemeinschaft, beizutragen zu einem Wohlergehen jeden Individuums wie durch Eltern für ein Kleinkind, und Paten für alle Fälle von Unglück. Sie sehen im Ausbleiben von Wohlergehen eine Ungerechtigkeit des eigenen Schicksals. Andere glauben an sich selbst und die Fähigkeiten zur schieren Erzwingung eines Lebensglücks durch eigenen Einsatz. Auch sie sehen sich bei weniger Erfolg darin vom Leben vernachlässigt. Wieder anderen ist es ziemlich egal, was auf sie zukommt: Zukunft kommt, wie sie kommt. Ein Fatalismus, bekannt als Karnevals-Motto im Rheinland. Im Grunde aber will jedermann sein Dasein so gut wie möglich gestalten und dafür sorgen, dass es ihm und den Seinen mindestens erträglich gut geht. Von diesem Minimum des Ur-Motivs zur Lebensgestaltung ausgehend bleibt die „Weltanschauung" jedes Menschen dementsprechend unterschiedlich. Voraussetzungen wie Begabungen und Umstände, wie geografische und politische jeweilige Gegebenheiten, sogar klimatische, erst recht unterschiedliches Streben, Wünschen, Wollen und Kümmern mit Einsatz dafür: Keiner ist wie ein anderer. Jeder hat andere Ziele und Vorstellungen vom Sein und Werdenwollen. Und dann das unterschiedliche Durchhalten.

Die Gentechnik hat allen Menschen die Augen dafür geöffnet, dass alle jetzt acht Milliarden Menschen jeweils anders als alle anderen sind, allen Weissagungen und Verheißungen zum Trotz. Nur der Tod ist allen Menschen unwidersprochen gleich sicher.

Kann aber daraus nicht auch eine neue Grundlage für neuen Humanismus entstehen? Eine neue Kultur des Für-Denkens und Handelns im Eigen-Interesse aller zusammen? Ein neues Denken aller Individuen von Einzelpersönlichkeiten für ein neues ‚Wir-Denken'?

Tun wir das nicht schon gelegentlich? Zum Beispiel als vom Schicksal und Krieg geschlagene Opfer damals nach Kriegsende?

Oder regional von Naturkatastrophen Heimgesuchte. Oder als beschämte Täter-Nation einer 70 Jahre zurückliegenden Not?

Sind wir nicht erleichtert froh, wenn wir uns verlaufen haben in einer Wildnis und dann plötzlich ein anderer Mensch auftaucht? Oder bei einer Überschwemmung ein anderer Jemand einem einen Rettungsring zuwirft?

Wer sein Schicksal von weniger Gesundheit und schlimmen Umständen beeinträchtigt sieht, hätte wohl eher Anlass zur Klage über sein Leid. Da aber sind laute Klagen ganz erstaunlicherweise selten, eine fast schicksalsergebene Einstellung.

Aber jedermann weiß, dass er in einer menschlichen Gemeinschaft geboren ist und nur aus ihr lebt. Was er oder sie daraus folgert, mag wieder sehr unterschiedlich sein. Aber Menschen erkennen dabei, dass es ein Miteinander gibt und daraus Absprachen, Regeln und Anforderungen für Zusammenleben nötig sind: zur bloßen Verhinderung oder Abwendung von Not, also notwendig. Trotzdem ist jeder Mensch für sich eine extra Person, die ihr Leben irgendwann, am besten früh im Leben, verantwortlich in die Hand nehmen muss. Ein ‚Cocon' wie bei einer Raupe vor der Mutation zum bunten Schmetterling, hat Menschheitsentwicklung nicht vorgesehen. Ein ‚Cocooning' ist daher die Vorstellung von Leuten, die sich außerhalb der Gesellschaft eingeordnet zu sein wünschen.

Weil aber Menschen nur aus Gemeinschaften entstehen und leben können, der Mensch also ein soziales Wesen ist und Gemeinschaft ein „Verständnis von gemeinschaftlich" (von sozial = gemeinschaftlich), ist ein Menschenleben wirksam nur in einer Sozialgemeinschaft vorstellbar. Unter Gesellschaft verstand der griechische Staat des Altertums eine gut geordnete Siedlungsgemeinschaft wie der einer Stadt = polis, woraus die Erkenntnis wuchs, der Mensch sei ein zoon politikon = Gemeinschaftswesen. Innerhalb dieser Gemeinschaft sich abzusondern, hat zum Tadel geführt, zu einer Zuordnung als zu einem ‚Idiotes‘, wie oben ausgeführt.

Die große Bedeutung der geordneten Gemeinschaft zeigt sich im Fortbestehen der „polis" in Namensteilen von Städten bis heute. In Athen selbst die Oberstadt mit den Tempeln, der Akropolis. Aber auch in Neapel = Neapolis = Neustadt, Istanbul von Konstantinopel, (-pel von polis) von Konstantinopolis oder das Mariupol (Ukraine), viele Namensteile zeugen davon. Die Polis war weit mehr als eine Addition der auf einem Land lebenden Personen. Übergeordnet reifte da mit der Zeit ein Ordnungsdenken zur hohen Gemeinschaftskultur.

Diese gleichzeitig erkennbare Bedarfs- wie ebenso Unterscheidungsgemeinschaft erforderte eine wichtige Entscheidung. Füreinander in einem Miteinander oder eine Abgrenzung gegeneinander. Seit Kain und Abel im biblischen Paradies hat wohl das letztere den Ton der Menschheitsentwicklung vorgegeben. Bis heute. Die ausgerufene „Zeitenwende" ändert jedenfalls auch bis jetzt daran nichts.

Gibt es denn dann überhaupt eine Chance für eine Besserung für mehr Gemeinschaftlichkeit? „Kultur" mit „Kulturen" wird in allen Fällen nicht nur zum Gegensatz von „Unkultur", sondern zum Begriff eines höheren als gewöhnliche Standes einer Entwicklung. Anbau, Ausbau, Aufbau stehen für das lateinische Wort colere, von dem das Wort Kultur kommt, aber auch für Forschungs-Versuche und Ergebnisse daraus. Die Kulturen von Organismen werden zur Basis von Medikamenten. Kultur wird so zum Verhalten pfleglichen Umgangs mit Zielen auf höherstehendes Gemeinschaftswollen.

Eine Kultur des Leistens kann deshalb dann entstehen, wenn sich eine große Zahl damit identifiziert und sie freiwillig mitträgt. Das immer wieder neue Üben im Leistenwollen dieser Art des Leistens kann Kultur sein. Vielleicht tatsächlich werden.

Wenn wir so tun wie bei Begegnungen immer an Neujahr: „Nun ja, machen wir halt so weiter!", wird „es" todsicher nicht besser. Aus diesem wohligen Mantel wie dem eines Cocons, einer watteweichen warmen Hülle in ‚Denkarmut' müssen wir uns schon selber ‚mutieren'. Es wird die Aufgabe sein, aktiv darüber zu grübeln, wie neue Ziele zu erreichen und Methoden zu entwickeln sind, um aus dem ‚Straßengraben der verunfallten Menschheit' mühsam wieder herauszukrabbeln. Gutmeinende Menschen und Religionen haben das schon versucht. Es ist letztlich nichts besser geworden; die Welt um 2022/2023 ernüchtert. Ein neuer Anlauf sollte trotzdem unternommen sein. Neue geostrategische Macht-Verklumpungen stehen sich geografisch und ideologisch unversöhnlich gegenüber. Unentschiedene sind nicht einmal sicher vor sich selbst. Einen Halt zu finden ist schwierig. Unsicherheit in Entwicklungen beherrscht die Menschen überall. Geostrategie dominiert die Weltpolitik mit Wirkungsmacht auf jeden Menschen jeden Tag.

Denn Religionen sind ohne Ausnahme an ihrem Anspruch der allgemeinen Befriedung der Menschen öfter gescheitert. Ohne ein Gelingen wenigstens ansatzweise wird die Erde als Planet nicht die Heimat der bald wohl 10 Milliarden Menschen bleiben können. Wir haben nur uns und wir haben nur diese eine Heimat. Wir müssen uns also sputen für eine Kultur des Zusammenlebens und Überlebens. Neues Leisten will eine Kultur sein, die Überleben sichert und Weiterleben gemeinschaftlich bewaltigt. Das ist weder Religion noch elitär, weder Klima- noch Naturschutz, weder Ideologie noch Staaten-Theorie. Es wäre, wenn es gelänge, gar eine Kultur der Nützlichkeit für ein Weiterleben; für alle, die diese mittragen und miterleben wollen. Diese Kultur des neuen Leistens manifestierte sich weder in Bauten noch in literarischen Werken noch in Musik oder noch anderer Kunst. Sie wird, wenn sie Platz gegriffen haben würde, eine andere Sicht eines Miteinanders anbieten können. Unterschiedliche „Weltanschauungen" könnten dann neue Einsichten für völlig neue gutverträgliche ‚Gemeinschaftsansicht' vermitteln helfen.

Nicht nur eine Ideologie des Westens oder des Ostens, nicht nur eine geostrategische Verbindung in Bündnissen, nicht nur in früher und später wirtschaftlich entwickelter Staaten in Volkswirtschaften mit neuen technischen Entwicklungen, kann Zukunft bewältigen, sondern eine positiv gesehene und praktizierte partizipatorische Nutzung von Globalität des Gemeinschafssinns. Wissen, Können, Glauben, Technik, Lebensstile, Kunst und gesellschaftliche Ordnung und ihre Organisation haben sich global entwickelt. Weiterentwicklung tut not.

Warum nicht ebenso dazu ein gutverträglich umgänglicher Gemeinschaftssinn? Globalität hat mit Austausch den relativen Wohlstand auf dem gesamten Erdball mitwachsen lassen. Tritt aus diese Erkenntnis nicht auch etwas Forschendes, ein Suchen nach der Aufteilung und Absonderung? Streit um Vorteile und Macht, das zum Rückschritt führte, ein segmentiertes Startgefühl? Oder drehen wir uns dann wieder im Kreis zurück „auf Anfang"? Oder neues Aufatmen mit neuem Mitdenken? Könnte ein Management für Gemeinschaftlichkeit etwas erreichen, nicht nur für übliche Nothilfen ein Menschheitsziel sein? Und ein Ziel, das bereits Grundlagen in Gemeinschaft kennt und achtet in den Punkten des UNESCO- Weltkultur-Erbes? „Was du ererbt von deinen Vätern, erwirb es, um es zu besitzen" weiß ein Dichterwort richtig anzuleiten. Zu lernen, auf den Wissensstand und sich auf das Leistungskönnen der Vorfahren zu steigern und ‚emporzuklettern' –, was nötig ist, sollte Grundverständnis für Weiterentwickeln und –wachsen sein. Dass man in Techniken viel weiter ist als die Altvorderen, kann nicht verwundern. Die Informationsgesellschaft kann mehr Wissen abgreifen, aber häufig verwechselt sie die Fähigkeit des Zugriffs mit Fähigkeit zu Nutzungen aus dem Info-Zugriff. Es dürfte wohl kaum gelingen, digital zu essen und satt zu werden. Automatisch wird sich nur wenig drehen. Der Mensch selber ist neu im Fokus. Sogar den Schritt von der ‚analogen Praxis' in die Digitalisierung hat er noch lange nicht allgemein bewältigt.

Gewiss wird sich der Bedarf an Fähigkeiten ändern, manches Können nicht mehr gebraucht werden. Aber ein Bedarf an Kultur für Gemeinsamkeit ist unabdingbar dringend notwendig geworden. Es könnte dafür eine neue Stufe im Wissen und Werden entstehen. Vielleicht endlich etwas mehr Vernunft einkehren und Werte neue Prioritäten erfahren, die man gerne benennt, aber ebenso schnell vergisst, wenn sie als reales Wertesymbol im Wege stehen. Ehrenhaftigkeit ist schnell versteckt, wenn sie einer Nützlichkeit allzu nahe behinderlich wirkt. Das „neue Leisten" ist ein Angebot zur reizvollen eigenen Besserung.

Für ein solches, sehr hohes Ziel sollten viele Völker gewonnen werden. Kultur entsteht aus artverwandtem Zusammenhalt. Und Gemeinschaft braucht Kultur als eine elementare Bindekraft. Gesteckte Ziele sollten deshalb für sehr viele Menschen erstreb- und erreichbar sein. Gibt es solche überhaupt, die Mehrheiten für sich gewinnen könnten? Reicht nicht schon das Scheitern so vieler Versuche zur Besserung des Umgangs untereinander, um nicht frustriert aufzugeben, bevor man sich nun neuerdings dafür stärker einsetzen wollte?

Aktivität dafür, ehrenhaftes Wollen, Fügsamkeit im gegenseitigen Wollen, ohne Bestände erst zerstören zu müssen, könnten Kenntnisse von ‚Mechanismen' für Besserung dienlich sein, eine ideale Zielvorstellung annäherungsweise zu erreichen und zu einer Kultur aus gutem Willen werden lassen. Es wäre ein wahrhaft lohnendes Ziel. Dazu braucht es Ansätze für ‚Instrumente', Werkzeuge, oder ‚tools' wie man sie im digitalen Zeitalter nennt, die zu einem Mitmacher-Management für „neues Leisten" taugen. Passivität oder Inaktivität führt zu keiner Kultur.

Abgelegt werden müssen dafür viele gewohnte Seiten selbstgefälligen Verhaltens, ein Nischendenken und –fühlen, für einen Rückzug von den ‚Eroberungszügen' der irrend Strebenden nach Verbesserungen, vom Abstandhalten von einem Bemühen, das man zu gerne ‚den Anderen' überlässt. Selbstzufriedenheit kann dabei nur das leere Gefühl einer schöpferischen Pause sein, der Platz für eine ‚Übernachtung im Basislager einer steilen ‚Kletterwand' zu weit Höherem'. Selbstgenügsamkeit oder gar Selbstgefälligkeit haben dort droben nichts verloren. Es liegt in der Steilwand aller Karrieren an der sorgsamen Abwägung jedes Schritts, ob man am Ende das Gipfelkreuz oder das auf einem Sarg erreicht. Da sind wir mehrfach noch viel zu wenig ‚steilwanderfahren' und oft viel zu leichtsinnig im Berufsleben. Und in der eigenen Lebensplanung.

In meinen jungen Jahren habe ich gerne Brieffreundschaften mit ausländischen Briefpartnern gepflegt. Unter anderem mit einem Japaner, der mir nach seinem Abitur schrieb, dass er jetzt aufhören sollte, mit mir zu schreiben, weil er sich unheimlich stark auf ein Auswahlverfahren vorbereiten müsste. Er wollte studieren, was aber nur ginge, wenn er von 300 Bewerbern unter die ersten 30 käme. Schon die Mitgliedschaft unter die 300 Bewerber zu kommen, würde das Bestehen einer harten Vorprüfung erfordern. Wir beendeten unser Schreiben mit Verständnis und den besten gegenseitigen Wünschen für die Zukunft. Da streifte mich ein Hauch harten Wettbewerbs. Sind wir da noch verwundert über die hochintelligenten Leistungen mancher Firmen im ‚Land der aufgehenden Sonne', wo man noch viel weiter östlich liegt als das Land, dem man im Ursprungssinn für den Ort oder auch nur die Ausrichtung, die Orientierung am „oriens", wo man die ‚aufgehende' Sonne wähnt? Mit solchen Menschen sind wir im weltweiten Wettbewerb. Auch gerüstet?

Sind wir daher nicht in der Gefahr, dass wir der Gegenrichtung, einer Occidentierung an der untergehenden Sonne des Abendlandes näherkommen? Einer Occidentierung am ‚Abtauchen' unserer bislang strahlenden Kulturleistungen? Besinnung darauf könnte eine wichtige „Zeitenwende" für Zukunftsbewältigung bringen.

Ist es nicht erschreckend, wenn in Professorenkonferenzen festgestellt wird, dass die Lernfähigkeit, ja selbst die Lernbereitschaft der Studienanfänger – jedenfalls bis vor acht Jahren –
jährlich ständig abgenommen hat? Dass bei der Vorstellung zu
einer einfachen Beschäftigung immer öfter ein Abbruch dessen
Bildungsweges dargelegt wird, ja nicht einmal die Erfüllung der
Schulpflicht eingehalten worden war? Dass sogar Politiker in
den Bundestag ohne qualifizierte Abschlüsse gewählt werden,
überrascht da schon nicht mehr. Wenn die Rede ist von Streben nach oben mit Können und Sorgfalt, darf nicht übersehen
werden, dass eine realistische Option auch in entwickelten Ländern durchaus auch nach unten im Bereich des Möglichen liegt.
Diesen Trend aufzufangen und zu wenden, könnte ebenso eine
nötige ‚Zeitenwende' sein, die sich verabschiedet von allzu lange währenden sogenannten guten ‚alten' Zeiten. Schon weisen
Wissenschaftler der Ökonomie, wie die Vorsitzende der sogenannten Wirtschaftsweisen, Frau Prof. Dr. Schnitzer, auf dringend nötige Änderungen im politischen Wollen hin, wie am
2.1.2023, als sie vor den CEOs der ausgewählten Firmen-Elite
nicht nur Feststellungen traf, sondern dringend mahnte, Vorstellungen von Zukunfts-Perspektiven nicht ohne veränderte
Voraussetzungen zu ‚konstruieren', sondern dafür starke Veränderungen auch unangenehmer Dimension anzupacken? Denn
der Sozialstaat könne sonst pleitegehen. Faulheit ist nicht länger eine lässliche Privatsache! Denn schlechte Beispiele machen
schneller Schule als gute.

Defizite an Ausbildung und Berufserfahrung sind nicht länger in der Legislative des demokratischen Staates zu dulden. Die
Zeitenwende wird somit für die westliche Welt mindestens so
schwierig zu bewältigen sein wie für Länder der sogenannten
Dritten Welt und für ärmere Entwicklungsländer. Kulturschaffen
wird damit auch zu einer wichtigen Spielart von wirksamer Entwicklungshilfe und so zur Rettungskultur. Nicht nur in Museen.

Kurz und bündig: „Neues Leisten" führt wohl dann zu einem Kulturschaffen, wenn Menschen sich immerzu darüber klar sind,

dass es im alten Trott nicht weitergehen darf. Wenn sie sich innerlich „umgezogen" haben, um für eine gemeinsame „Mannschaft Mensch" in ein neues Mannschafts-Trikot geschlüpft sind, was für eine andere Form von sportlichem Wettstreit mit den unsäglichen Defiziten des menschlichen, persönlichen und politischen Alltags beizutragen angetreten ist. Wenn dafür hinreichend viele Menschen und Völker ihre entsprechende gewendete Einstellung zu diesem geistig-sportlichen Wettstreit einbringen wollen, hat die Welt kulturell ihre gute neue Chance! Dazu könnten auch Völker unter einer Gewaltherrschaft ermuntert sein. Sie müssten niemanden vertreiben.

Die Spaßgesellschaft, die Rentnerdenken im Zielfernrohr hat, der ein Durchschnitt im eigenen Beitrag für die Gesellschaft reicht, eine Generation, der Ansprüche an die Gesellschaft das tägliche Morgengebet ersetzen, in der selbst solche Personen in den Bundestag gewählt werden, die keinen beruflichen Ausbildungsabschluss in der Tasche haben, wo eine Lohnerhöhung von 15 % als „gerechte Forderung" in Notzeiten anderer Leute auftritt, in der Blumen aus Südafrika mitten im europäischen Winter verbrauchten Treibstoff vergessen lassen; in der die Schulpflicht nicht einmal immer eigefordert wird, hat keine Probleme mit Ineffizienz der Arbeit und mit dem Abstieg einer Volkswirtschaft, die für die Gesellschaft sorgt. Diese wird um ihre guten Chancen noch betteln müssen. Die „Zeitenwende" erfordert eine „Anspruchswende" mit Ansprüchen aller Personen an sich selbst statt immer nur an Andere und an den Staat oder an beliebige Reiche heranzutreten. Sonst verblasst Zukunft im Nebel dessen, was kommen wird, ohne Chancen für sichere Wegebefahrung. Und ruhige Be- und Erfahrungen. Sich gleich auf den Weg zu kleben, gibt wenigstens eigene geistige Defizite öffentlich zu. Ob man sich aktuell darin klargeworden ist, dass man in einzelnen Wirtschaft-Segmenten mit der Durchsetzung von extrem hohen Gehaltsforderungen, „mindestens jedoch..." selber zum Motor der Inflation wird, die man damit eigentlich bekämpfen oder auffangen wollte, bleibt offen. Erkenntnisse solcher Art sind jedenfalls unbekannt, jedenfalls nicht erkennbar.

Ist es so unverständlich hoch gedacht, wenn man darauf hinweist, dass den höheren Einkommen auch höhere Leistungen vorhergegangen sein müssten, wenn ein Mehr an Einkommen die Preise und damit die Inflation nicht wie ‚Brandbeschleuniger' nach oben offen entfachen sollen? Wenn den höheren Einkommen nicht auch höhere Leistungen gegenüberstehen, also volkswirtschaftlich gesagt der Geldschöpfung einer Wertschöpfung entspricht, zieht das nicht mit höheren Leistungen erzielte Geld die Preise eklatant nach oben. Das geschieht dann, wenn die Marktmacht der Arbeitnehmerseite deutlich überwiegt, unterstützt von angeblicher sozialer Politik und öffentlicher Hand, die davon aber mit profitieren. Wenn eine Volkswirtschaft gesund wachsen soll, wird Produktivität der Arbeit den Einkommenserhöhungen vorausgehen. Effizienz der Bildungs-Rendite des Staates durch höhere Qualifizierung der in den Arbeitsprozess Eintretenden, effizientere Abläufe in aktuellen Arbeitsprozessen, neue Erfindungen oder neu verfügbare Materialien, die Effektivität der Kapital-Investition, die Produktivität des wirtschaftlichen Geschehens allgemein, bessere Maschinen und Geräte oder mehr an gefragter Güterproduktion und Dienstleistungen oder Verbesserungen darin, durch mehr Arbeitskräfte oder längere Arbeitszeiten. Und durch ein Wirtschafts-Klima, das unternehmerische Risiken nicht zum reinen Abenteuer macht. Das würde Verlässlichkeit der politischen Rahmenbedingungen voraussetzen, nicht aber jeweils die politische Verbeugung vor jeder prekären populären Wunscherfülllung sogenannter ‚pragmatischer Politik'. In den Unternehmen sind Lohn- und Gehaltssteigerungen zuvor Kostensteigerungen, die mit marktfähigen Produkten zu meistern sind. Dienstleistung der öffentlichen Hand lassen oft auf sich warten- trotz Lohnerhöhung.

Dass die Staatsquote in Deutschland nun auch noch auf 52 % gestiegen ist, wird zu keiner „Meisterleistung" einer Regierung in einem freien demokratischen Staat, der eigentlich Rahmenvorgeber sein sollte. Öffentliche Aufgabenbewältigung sank zuletzt sogar noch ab. Man muss dazu nur einen Monat Tageszeitungen lesen. Rigorosität treibt Steuern ein und Wähler weg.

Kleinere Unternehmen werden ebenfalls ihre Preise anheben, andere aufgeben und so die Zahl der bisherigen Arbeitsplätze reduzieren. Die Steuereinnahmen daraus sinken. Es kommt zu Ausfällen in den Haushalten von Kommunen. Aber dort hält man sich schadlos, indem man die hohen neuen Einkommen eh mitbezahlt, dafür Gebühren erhöht oder die Infrastruktur über Schulden stabil hält oder einfach zu modernisieren unterlässt.

Wer dabei verliert, ist der Selbständige, der kleine gewerbliche Mittelstand und der Sparer mit festgelegten Investitionen, meist zur Alterssicherung. Derweil wird für alle Möglichen die Inflation ‚ausgeglichen‘, wohin man sieht. Die Wahlen werden erstaunliche Rückschlüsse auf die Gemütsverfassung der Abgehängten für zu spätes Nachdenken zulassen. Inflation ‚auszugleichen‘, ist ein Irrweg. Inflation mit mehr Zuwendungen und Kostenmehrung für einige Volksteile „auszugleichen", ist wie Feuer mit Benzin zu löschen: kontraproduktiv! Inflation entsteht aus dem Missverhältnis zwischen Leistung und Gegenleistung, also von Leisten und Bezahltwerden.

Eine ‚Hauptstraße‘ der Entwicklung wird zur engen Sackgasse mit einem Prellbock am Ende einer langen Wegstrecke: Wenn die Digitalisierung den Hirnen einflößt, sie würden durch die Möglichkeit, sich leichter über das Internet zu informieren, schon zur besseren Informationsgesellschaft und damit auch zu den Könnern in der Verwertung besserer Informationen, dann ‚surfen‘ ‚Digital-Könner‘ auf seichtem Wildwasser und nehmen sich selbst viele Chancen für Perspektiven. ‚Zeitenwende‘! wäre zuerst die Aufforderung jedes Menschen an sich selbst zum Drehen und Wenden aus manchem verharrenden erstarrten Verhalten.

Ist es nicht schon ‚tragikomisch‘, wenn am 20. März 2023 bei einer Fachkonferenz zu KI (der künstlichen Intelligenz) aufgefordert werden musste, dass die KI den Menschen nicht ersetzen dürfe, sondern Menschen sie zur Nutzung in die Hand nehmen müssten? Die Algorithmen des Weiterdenkens bleiben einiges schuldig.

KULTURSCHAFFEN MIT MUT UND NEUER HOFFNUNG?

Mut und Hoffnung machen kaum einmal die Führungskräfte dieses Zeitalters, also allgemein die Politiker, Kirchenvertreter und Gewerkschaftsführer; nicht die teils ‚unfertigen' Anführer großer Protestbewegungen. Anlass für positive Sicht in die Zukunft geben die Pioniere in Forschung und Wissen, die Unternehmer im Umsetzen von Erkenntnissen, die Start-ups, Neugründer mit hochinteressanten Geschäfts-Ideen, die besten Erfinder, denen das jeweils Bisherige nicht reichte, sondern die weitergedacht haben; Kulturschaffende mit neu erdachten Angeboten, und sehr wohl die wirklich strebsamen jungen Leute, denen ein Mehrwissen ein inneres Anliegen ist –, sie alle geben Anlass zur Hoffnung und machen Mut, neue Wege in die Zukunft mit Zuversicht anzugehen und beherzt zu beschreiten. Auf die sich zu fokussieren, wird letztlich weiterhelfen. Das bedeutet aber auch, auf deren Leistung mit Respekt zuzugehen. Sie nicht nur als „Melkkühe" zu begrüßen und zu nutzen, sondern als die Motoren des Geschehens.

Die Geschichte der Menschheit bietet kaum Anlässe für Mut zum Erzeugen ‚besserer Zeiten'. Das bekannte Dichterwort: „Edel sei der Mensch, hilfreich und gut!", war sicher ein ehrenvoller Wunsch für ein Ideal, das entfernt wohl auch hell aufleuchtet, aber unerreichbar bleibt. Vielleicht noch als ‚Ruck' angestoßen, wie ihn Bundespräsident Roman Herzog gewollt hatte. Innehalten, Nachdenken und neu starten in Gebiete, die nicht auf Irrwege führen, wie so viele schon erfahrene. Gewiss ist Irren ein Teil des ehrlichen Strebens. Aber die Erfahrung lehrt, dass ehrliches Streben den Irrweg erkennt und neue Wege einschlagen lässt. So wünschte der Präsident der Hochschule für Wirtschafts- und Sozialwissenschaften in Nürnberg, Professor

Dr. Wilhelm Schoberth, vor einem großen Kreis der Studentenverbindungen Nürnbergs am Ende einer bedeutsamen Rede:

„Erfolgreiches Irren im ehrlichen Streben des Studiums!" Man sei verpflichtet, die Vorgabe des Dichters zur Geltung zu bringen, wonach der Mensch „Edel sein solle, hilfreich und gut!" Das wäre das spätere berufliche Hauptfach im Leben. Auf dem Weg dahin sei Irren ein Bestandteil von Erfahrung im echten Studieren-Wollen.

Als Zustandsbeschreibung scheidet dieses berühmte Mantra völlig aus. Geschichte und Gegenwart beschämen unsere Spezies Lebewesen auf diesem Planeten. Das Schlimmste: Es hat sich nichts gebessert. Seit ‚Kain und Abel' rein gar nichts! Regierende verfolgen eigene Ziele, Bevölkerungen teilen sich in Unterstützer, in Mitläufer und viele Zweifler. Die Gegner formieren sich gleichzeitig vehement immer öfter gegen ihre ‚Oberen'. Eine Opposition wendet sich gegen einzelne Gesetze, Praktiken aktueller Politik oder gegen das „System". Je weniger unterschieden wird, desto trüber angeblich geforderte Transparenz.

Wenn jemand gegen bestimmte Verwaltungspraxis bei Immigration ist, wird er nicht zum Ausländerfeind. Wenn er gegen pure Faulheit ist, wird er nicht zum Feind der Demokratie.

„Mit Nachbarn baut man" zwar, aber man streitet auch oft am heftigsten mit ihnen. Unter Völkern mit Krieg und Waffen zur Vernichtung von Leben, Hab und Gut, Gesundheit und Verträglichkeit. Sind Menschen also grundsätzlich abgrundtief schlecht statt im Idealfall ‚edel'? Oder ‚nur' unfähig oder zeitweilig unwillig träge?

Nach seiner selbst gewählten ‚Quarantäne' durch den 40-tägigen Rückzug in sich selbst auf das Bergmassiv des Sinai am Roten Meer brachte nach der Darstellung aus der Bibel Moses die 10 Gebote zu seinem Volk, über das er bei seiner Rückkunft Anlass zu großem Ärger hatte. Ein Anlass, der ihn mit den Geboten erst so richtig bestätigte. Im Prinzip bildeten diese Gebote eher göttliche Verbote, die die Grenzen geordnet guten Verhaltens in allen Lebensbereichen aufzeigten und zu beachten geboten. „Du sollst nicht...!" Eine – wie mir scheint – originäre Regelung allgemein verbindlicher Art nicht nur für sein Volk Israel. Man kann es drehen und wenden, wie man will: Diese ‚10 Gebote' sind mehr als nur ein Einhegen ausufernden Verhaltens für jede Person. Sie sind für jegliche Führung eines Volkes eine helfende Leitlinie. Die angesprochenen Fälle von eklatantem Fehlverhalten betreffen fast alle Lebensformen. Da außer ihm selbst sonst keine weiteren Führungskräfte benannt sind, kann deren Beteiligung am Gemeinschaftsfehlverhalten samt sträflichem Tun eingeschlossen werden. Moses trat an sein Volk mit dem Anspruch, das ‚im Auftrag Gottes' zu ändern. Eine Anspruchshaltung von höchster Warte wurde Pflicht.

Aber Verhaltensregeln zwischen Völkerführungen mit vielschichtiger Volksgemeinschaft und zwischen den Nachbargemeinschaften hätten wohl zwei Gebote mehr gebraucht, also statt der bekannten 10 dann 12. Diese Tafeln mit schriftlicher Aufzeichnung sind nach meiner Überzeugung die allerersten Grundregeln für geordnetes Gemeinschaftsleben mit Wirkungskraft für Bestand und auf einer Strecke in eine neue Zukunft. Man hatte ‚damals' keinen aktuellen Anlass zu weiteren 2 Geboten. Das Volk Israel stand ohne Nachbarn vor Moses in dem Moment, bald aber Feinden gegenüber. Dafür nun im Jahre 2023 n. Chr. in umso größeren Konflikten. Wir stehen heute deshalb weltweit vor der Aufgabe, die zwei fehlenden Gebote in allgemein verbindliche Verhaltensregeln zu ‚gießen', die Aussicht auf Akzeptanz haben. Das Konstrukt des ‚Neuen Leistens' könnte so ein kleines Angebot sein.

Kulturen und Kultur verbinden sich mit Kult in aktivem Wollen für Besonderes. Edles und Gutes musste da nicht immer als Motiv dafür dienen. Kult reichte bis zu gemeinschaftlich gewollten Menschenopfern, wie sie auch – unabhängig voneinander – im Kult von Kulturen in Mittelamerika belegt sind. Eigensucht als Kult wie für die Pyramidenbauten im heutigen Ägypten und die Burgentempel in Mexiko überwog wohl. Die großen Weltwunder wurden zwar ganz wunderbar, aber nicht immer ohne wunderliche Gründe errichtet. Wundersam blieb so Manches bis heute. Unerforschte Geltungssucht der Geehrten einerseits und Erbauer ohne Geltung, weil ohne Namen der bis heute unbekannten Schöpfer. Oder wurden bleibende bauliche Zeugnisse doch als Ausdrucksform einer geistigen gemeinsamen Kultur errichtet, mit Kulten im Einverständnis einer großen Volksmehrheit? Waren die Menschen leichter zu führen, wenn sie wie bei den Maya durch ihren Tod aus einem Kult zu einem Vorzug nach dem Tod gelangten?? Viel ist dazu erforscht, doch bleibt noch viel zu tun.

Wir kennen große „Welterbe" der UNESCO, oft aber keinen Erblasser: Die Werke, aber noch kaum einen der genialen schöpferischen Architekten – und noch viel zu wenig die Motive für Bauten und die mit dem Bau verbundenen Kulte der historischen Kulturen. Kulte selbst konnten wohl ebenfalls zum Anlass für einen Untergang der Reiche großer Kulturen geführt haben. Wer weiß es!

Heute liegen Mächte im Bestreben um Erhalt von Strukturen im Wettstreit, die sich nicht scheuen, Kriege anzuzetteln zwischen und um Religionen, Ideologien und Naturnutzung, Weltanschauung und wohl eitler Selbstgerechtigkeit, zwischen träge machender Sattheit und wild machender Not, zwischen Schaffen und Verteilen, zwischen hart erzeugtem Bestand in wohlgefälligem Zustand und neu konstruierter Gerechtigkeit; Konflikte um Generationengerechtigkeit und Chancengleichheit, Erzeugen und Verbrauchen, Naturnutz und Naturschutz, Rücksicht auf Klimaveränderung und rücksichtslosem Generieren von Wohlstand für relativ angenehme Gegenwart, zwischen Resilienz des Bewährten und Unrast der Ungeduldigen einer propagierten „letzten Generation", auch zwischen Bewahrung und Bewährung. Die Wahl der Mittel für ihre Ziele könnte Manche zur

‚allerletzten' Generation abstempeln. Wenn die Grundlage des Existierens der Erhalt der Natur bleiben soll, kann De-Industrialisierung nicht das Mittel zum Zweck für den Erhalt des Klimas werden wie beschlossen. Denn sonst wird wohl das Klima zu retten sein, aber die Retter nicht mehr. Da würde „das Kind mit dem Badewasser ausgeschüttet" werden. Aktuelles, Primäres und maßvoll Gefügtes wird die Intelligenz der Führenden beanspruchen. Aber sie alle bauen auf den Mitteln der Geschichte einschließlich Industrie und Globalität. Das alles mit Hau-Ruck zu stoppen, wäre der Abbruch gerade der Zukunft der „Letzen", eine sich selbst erfüllende Prophezeiung. „Letzte" würden absolut sicher zur „allerletzten Generation". Ein Anspruch aus Jugend, die aus dem „Bisher" gut lebt, kann da schizophren sein. Ein Narrativ des Untergangs rettet nichts. Es bewahrheitet, bewahrt nicht einmal vor anderen Irrwegen. Die Wegefindungen der „letzten Generation" könnten am ‚letzten Ende' hart auf einen Prellbock schmettern.

Andererseits kann Beharren auf Beständen der Wohlfahrtsgesellschaft aus einem reiferen Alter nicht reichen, der Nachwelt gerecht zu werden. Führung und Entwicklung brauchen eine neue Einstellung zum Überleben, zum Gemeinschaftlichen, zur Generationen-Aufgabe des Bewältigens der Existenz mit Zukunftsgrundlagen.

Der Ökonom Thomas Staubhaar hat in der WELT- online vom 27.12.22 von einem „Trilemma" geschrieben, in das sich in Europa Regierungen „gequetscht" sehen: Im Zwang zur Lösung des harten Konflikts zwischen Freiheit, Sicherheit und Gerechtigkeit. Er schrieb von der „Binse des Kanons" der Alltagsweisheiten, wonach keine Sicherheit ohne Freiheit, und ohne Sicherheit keine Gerechtigkeit möglich sei. Er fragte, ob man eine individuelle Freiheit für ein höheres Maß an Sicherheit, auch bei Pandemien – einschränken darf und ob eine Gerechtigkeits-Debatte mit der Diskriminierung des Systems der freiheitlichen Marktwirtschaft begleitend damit zusammenhängen müsse, die auf

Eigenverantwortlichkeit setzt und aus „Schwarmintelligenz" vieler in Verantwortung Stehender die richtigen Entscheidungen besser treffen könnten als durch „Maßnahmen des Staates". Das erinnert an die Thesen des Ludwig von Mises, dem österreichischen Ökonomen, der dem Staat als additivem Wissenssammler vernahm, aber ihn wegen mangelnder individueller Verantwortlichkeit eine Qualität absprach. Diese fehle für die Dynamik der Vorgänge, sodass sich für Eingriffe in das Räderwerk des Wirtschaftens eine „Arroganz des Wissens" ergebe. Im Grunde verwarf er die These von der „Qualität aus großer Quantität". Friedrich August Hayek sprach einem Individuum in Eigenverantwortung mehr Sorgfalt und somit mehr Erfolg für die Allgemeinheit zu als einem Konstrukt ohne persönliche Risiken. Machbarkeit von volkswirtschaftlichen Abläufen setze auf Automatismen. Aber in der Wirtschaft liefe nichts automatisch (Ökonom Erich Hoppmann). Daraus ergäbe sich die Wirkungsmacht des Marktes selbst: Als verantworteter Findungsprozess nach der bestmöglichen Lösung, quantitativ und qualitativ. Und daraus folgte logisch, dass aus freiem Herstellen einer Einigung auf einem freien Markt über Wert und Preis die gerechtesten Lösungen von Problemen mit gegenüberstehenden Positionen möglich sei; unter der Voraussetzung, dass alle Parteien im Marktgeschehen sich an vereinbarte Regeln halten – und wenn nicht, die „Rote Karte" erhalten würden. Nur ein Markt ohne die „rote Karte" der Regelverletzungen wird ungerecht und „marktradikal". Nicht also ein oder der Markt, sondern die ständige Nichteinhaltung und die Eingriffe mit Regulierungen verändern den Markt und verhindern die „Marktgerechtigkeit" der bestmöglichen Lösung von Problemen und Bewertungen.

Da der Wettbewerb auf diese Weise an Härte nichts zu wünschen übriglässt, ist es fast natürlich logisch, dass man auch aus dessen Härte Auswege sucht. Doch das sind die Wege „hinten herum", diese korrumpierenden Schleichwege, die zu Absprachen führen und die Härte des Wettbewerbs anderen überlassen. Doch wenn in Summa marktliche Härten auf diese Weise vermieden werden könnten, würden die Absprachen zuerst dem Wettbewerb Abtrag an Ruf eintragen; den Verbrauchern Nachteile, weil nur der harte Wettbewerb die besten Angebote zu den günstigsten Preisen hervorbringt. Und daraus hätte die Wettbewerbswirtschaft. also diese freiheitliche Marktwirtschaft, ihren volkswirtschaftlichen Sinn verloren. Sie wäre als Ordo dann verzichtbar.

Daraus folgt dann weiter, dass der Markt zwar Härten kennt, auch Sieger und Verlierer im Wettbewerb, dass er aber zu den gerechtesten Ergebnissen führt. Und zu der optimalen Möglichkeit, Verlierer in einen vitalen Wirtschaftsprozess wieder einzugliedern, weil aus seiner Effizienz, der Effizienz des harten Wettbewerbs, die Mittel für Hilfen in sozialen Härtefällen erzielt worden sind.

Aber weit mehr erzeugt ein Markt auch neue Ideen, neue Sieger; es entsteht Dynamik, die dazu Mitwirkende braucht. Wo sich was rührt, kann man auch Verlierer in ein Marktgeschehen wieder „einrühren". Und man braucht Kapital, das nach Erfolg, sprich Rendite strebt. Dass deshalb auch die Allokation des Kapitals die richtigen Wege findet, weil dies dorthin strebt, wo am effizientesten gewirtschaftet wird, verortet die „Hilfs-Subventionen" und sonstigen Hilfen des Staates auf Nebengleise, weil arg suspekt im Wettbewerb für eine effektive Volkswirtschaft. Wer Wettbewerb nicht besteht, ist nur auf Kosten der Allgemeinheit zu „retten", macht aber den Wettbewerb der verbleibenden Marktteilnehmer unecht und ungerecht. Das Wort „markt-radikal" ist daher bloße Schmährede von Seiten des Unverstands. Niemand käme auf die Idee, im Sport bei Niederlagen von „sport-radikal" zu sprechen. Und ein Buchhalter, der richtig bucht, wird auch kein radikaler Buchhalter sein. Entscheidend ist die Einhaltung der Marktregeln, also der Mittel zur Zielerreichung im Findungsprozess um den besten Preis für das beste Angebot, was einen Eingriff mit staatlichem Mitteleinsatz ausschließen sollte. Damit ist wohl eher der oder die radikal, der den gerechten Findungsprozess am Markt torpediert und die Auswahl der Mittel immer für sich selber reklamiert, also sich die Mittel jeweils nach dem Gutdünken seines Ermessens zumisst und fordert. Damit ist klar, dass Radikalität nichts für „Gerechtigkeit" taugt, sondern für Bremsen von Vorgängen, die sich zum Nutzen der Allgemeinheit im Versorgungs-System einer starken Volkswirtschaft gebildet haben. Niemand wird behaupten wollen, dass jemand, der mit einem Balken in eine laufende große Maschine wirft, für Gerechtigkeit sorgt. Er sorgt damit für Klarheit eigener Zuordnung zur marktfremden Radikalität.

Denn das Motto aller Radikalen heißt immer: „Der Zweck heiligt die Mittel!" Das zeigt, wer der „Radikale" ist: entlarvt aus diesem Motto. Denn nichts wird heilig durch einen Zweck, der vielgestaltig sein kann und mit mancherlei verbrecherischen Zielen befördert wird. Mit diesem Motto könnte man jedes Verbrechen „heiligen", weil es für jedes Wollen und Tun irgendein fadenscheiniges Ziel-Motiv (Zweck) gibt. Der pure Eingriff in den „Friedensprozess der Einigungsfindung im Marktgeschehen" Nutzen, Nutzung, Wert und Preis, wenn es regelgerecht abläuft, ist daher selbst ein Element der Radikalität, mit welcher die vorgeblich sozialen Ziele „pragmatisch", also mit Eingriff (vom Staat in den Markt) man einfach ‚heiligen' möchte.

Die Sozialverpflichtung des Marktgeschehens bleibt erfüllt, wenn kein Verlierer im Marktgeschehen hängen gelassen wird. Für Abfedern und Hilfen zur Wiedereingliederung müssen Gesetze und Institutionen sorgen. Das ist der soziale Staat, der sehr wohl harten Wettbewerb will, aber Verlierer nicht allein ‚im Regen' lässt. Der Wettbewerb nützt zunächst allen in der Sozialgemeinschaft, weil die Härte tendenziell die Preise senkt.

Ein grausames Beispiel für Irrung liefert eine sehr ‚hehre' Partei, die nun auch- unter dem Vorwand hoher Inflationsraten – in bestehende Mietverträge eingreifen will. Allein diese Forderung in einer aktuellen Regierungspartei wird verheerende Wirkungswirkungen auslösen. Mieter insgesamt werden die Verlierer daraus sein, weil der Druck der Wohnungsknappheit daraus wächst und damit tendenziell eine Steigerung der Mieten. Wer als möglicher Vermieter noch seinen Verstand beisammen hat, wird keine Wohnungen bauen. Würde daraus Pflicht zum Bauen konstruiert, läge der Zugriff des Staates auf die Mittelverwendung vor wie im Kommunismus. Da dies zum Abstieg eines Staates führte, weil alle Investoren zögerten, hätte der Staat bald auch nicht mehr die Mittel für Soziales. Selbst die Mieter würden dann über Steuern der Vermieter indirekt neu mit herangezogen.

Andererseits wird „Gerechtigkeit" im Wirtschaftsgeschehen deutlicher. Was ist wohl gerechter als der aus hartem Wettbewerb für den Verbraucher entstandene günstigste Preis mit der besten Qualität eines Angebots, weil daraus die Kaufkraft des Verbrauchers erhöht wird. Denn mit demselben Geld kann er mehr einkaufen. Es ist also der Wettkampf der Anbieter an Märkten, der jedem Verbraucher nützt. Wenn der harte Wettkampf am Markt in der freiheitlichen Wettbewerbswirtschaft nicht bestünde, würden Preise tendenziell nicht sinken.

Daraus wird auch der Gewinn gerecht, weil er dem zufließt, der eben die besten Angebote erzeugt, die am meisten Zuspruch erhalten. Wird aber in einer Branche sehr gut verdient, drängen neue Anbieter auf diesen Teilmarkt, der dann die Margen wieder sinken lässt. Dann entsteht in offenen überschaubaren Märken wieder Gerechtigkeit durch den Markt: Gewinne reduzieren sich so.

Daraus wird der Satz: „Der Zweck heiligt die Mittel" zum Missverständnis des Menschseins generell, weil nicht vereinbarte Regeln, nicht ein gemeinschaftliches Verständnis von Umgangsregeln untereinander zum gültigen Maßstab wird, sondern ein jeweiliger selbst ausgewählter Zweck von Interessen zur Regel erhoben wird.

So entsteht nicht ein friedlicher Findungsprozess, sondern die Bestimmung eines „Zwecks", dem das „Finden" von Lösungen zu unterwerfen wäre. Die Radikalität ergibt sich aus der willkürlichen Umdrehung: Nicht die Regel bestimmt die Mittel zur Problemlösung, sondern der jeweils am Machthebel Sitzende selber. Er bestimmt das Ziel als Zweck eines Vorgehens. Die Suche nach den richtigen Mitteln und Wegen wird dem untergeordnet. Da der Ziel-Bestimmende somit auch der Herr über Mittel und Wege des Zielerreichens wird, ist der Markt ausgeschaltet und die Teilnehmer am Marktgeschehen einschließlich allen Verbrauchern kurz und bündig nur noch die Marionetten des Staates. Das reicht dann bis zu Eingriffen in Bedarfsdeckung und Reise-Unfreiheit. Die Staatsmacht von Personengruppen wird zum Volks- „Verräter" der Volks-Interessen.

Die Erkenntnis, dass die Menschen per se eine Gemeinschaft sind, die Zukunft bewältigen oder gemeinsam untergehen können, kann auch zu spät kommen. Konflikte ufern in Unruhen aus und Bürgerkrieg wird nicht mehr ausgeschlossen. Wenn Begegnungen nicht mehr friedlich ablaufen, weil der Markt als virtueller „Platz" für Einigung ,ausgesetzt' ist, wird es für eine Gemeinschaft gefährlich. Und das wird dann zu spät bemerkt. Eine angebliche „Marktradikalität" verlagert sich dann auf die Gesellschaft außerhalb des Wirtschaftsmarkts. Radikal sind, weil unnatürlich, die Eingriffe in das Marktgeschehen.

So sehe ich eine Weigerung der Bahnmitarbeiter- Gewerkschaft, an den Verhandlungstisch zu kommen und erst mal über die Situation und die Höhe der Forderungen zu reden, als viel gefährlicher als allgemein in der Öffentlichkeit wahrgenommen. Man fordert ein Vor-Angebot der Arbeitgeber, schaltet den Markt vorher aus. So wird der Einigungsprozess vernichtet, bevor er begonnen hat. Das ist KOMMUNISMUS pur und damit grundgesetzwidrig. Die im GG der Bundesrepublik Deutschland garantierte Tariffreiheit schließt aus, dass man für den Missbrauch durch Zerstören der Regeln für Tarife ebenfalls Anspruch auf freies Schalten hätte.

Wirtschaftswissen wird zum Elementarwissen gehören müssen, um Zukunft bewältigen zu können. „Neues Leisten" braucht mehr Grundlagenwissen. Forderungen an andere aufzustellen, sagt überhaupt nichts über Berechtigung der gestellten Forderungen und noch viel weniger über eine Orientierung an Zukunftsfähigkeit. So liegt Bedarf an Orientierung an einer Grundordnung für Gemeinschaftsleben auf der Hand. Das deutsche Grundgesetz, das GG der Bunderepublik Deutschland, ist noch nicht festgelegt auf die freiheitlich gewählte Wettbewerbswirtschaft. Die Zukunft wird zeigen, ob dieses Fehlen an der Orientierung der sonst sehr wohl hochgehaltenen Freiheit in vielen grundgesetzlich verankerten Artikeln ein riesengroßer Fehler bleiben kann.

Mut und Hoffnung für eine neue Kultur aus einem „Leisten" kann aus bisherigem Verhalten der Parteien und aus dem bisherigen Stand des Grundgesetzes nicht abgelesen werden. Die Urteile des darüber entscheidenden Bundesverfassungsgerichts z. b. bei Eingriffen über die Investitionsentscheidung bei Heizungen werden mehr Klarheit bringen müssen.

Die Weltbevölkerung teilt sich heute in Hoffende und Hoffnungsträger, in Mächtige und Verängstigte, in heimlich Glückliche und vom Schicksal Geschlagene, in unheimlich Benachteiligte und in Wüstlinge und Menschen geistlosen Treibens, in Getriebene wie ‚Treibholz' und Ertrinkende, Betrachter und Trachtende. Aktive und passiv Abwartende, in Sichergestellte und verunsicherte Menschen, die Risiken tragen müssen; in solche, die die Sonne des Lebens genießen und die, die von der Sonne geschädigt wurden, in Flüchtende und Aufnehmende. Eine Besinnung und In-sich-Gehen täte freilich überall gut. Über seinen Tellerrand zu sehen, innerhalb dessen man seine Macht ‚auslöffelt', wäre schon kulturelles Tun. So wie indessen augenblicklich ‚gefuhrwerkt' wird, entstehen Blöcke der Unvernunft und Zerstrittenheit. Das muss so nicht stehen bleiben. Ein achtbares Suchen und Streben allerhöchster Klasse, was doch auch oft zu finden ist, könnte Mut machen.

Dazu bedarf es einer Hinwendung auf Wissen und Erfahrung, auf Ansinnen auf neues Zielen und auf sich selbst Eingehen, auf Öffnen des Blickes für die Entwicklung des ruhelosen Zeitgeistes, dem Irren Leben ist.

Nicht nur brauchen wir, wie das Handelsblatt am 21. März 2023 schreibt, eine „Veränderungskompetenz" bei den Führenden. Auf dem Weg zu einer Persönlichkeit im Gemeinschaftsleben ist jeder für sich selber veränderungspflichtig.

Ein Leisten mit dem Anspruch eines „vorbildhaften Tuns" geht bei jedem anzusetzen. Jede Person kann eine Kultur, der die Zukunft der Gemeinschaften gehört, mittragen helfen. Dafür braucht es weder Blöcke noch Blockierer. Wer diese Mitfahrt aufnimmt, sollte geprüfte Ziele und Wege kennen – und einen Fahrplan haben.

ZIEL-ORIENTIERUNG NACH
ANALYSEN VON ERFAHRUNG

Jede Fahrt in die Zukunft birgt Unsicherheiten. Zukunftsfähigkeit zu erlangen, braucht deshalb Orientierung und Orientierungshilfen. Wer sich dabei das Bild einer Eisenbahnfahrt vorstellt, kommt an Bahngleisen, dem Bahndamm und Stellwerken nicht vorbei. Er denkt also mit der Erfahrung guten Gelingens auf der Basis der Leistung von Vorgängern. Schwieriger wird es schon, wenn die Fahrt in die Zukunft" nicht wie vorgeschient ablaufen kann. Auf Straßen muss ein Fahrer selber schalten, lenken, bremsen und anhalten, selber tanken und sein Ziel suchen und ansteuern. Sein Stellwerk ist sein Gehirn, seine Navigation aus seiner Orientierung. Neu sind Navigationshilfen technischer Art. ‚Navis' ersetzen aber nicht die Gesamt-Orientierung an Reiseplanung und Fahrbedingungen sowie Zielvorstellung. Bei einer Bahnfahrt bleibt nur, für den Zielzweck vorzudenken. Die Fahrt selber ist zeitlich und streckenmäßig wohl ‚geschient' vorgegeben.

Zur Orientierung zählt deshalb auch die Sicht des Zeitablaufs der die Eingriffe in das Marktgeschehen, auch von anderen Leistenden als Mitmacher für ein aktuelles Geschehen. Zur Orientierung gehört, was der Fahrende bei der Fahrt hört, vielleicht im Auto-Radio, oder sieht beim Blick aus dem Waggonfenster, auf Dachlandschaften oder Schönheit der Natur. Das mag langweilen oder erbauen. Es verdrängt nicht die existenziell wichtige Aufgabe zur Vorsorge und Sorge um die Existenzsicherung jedes Einzelnen. Spätestens beim Aussteigen aus einem Fahrzeug – vielleicht mit angenehmen Träumereien – wirft der Existenzkampf dem ‚Erfahrenden' auf den Boden der Tatsachen zurück. Die Ankunft nach einer Fahrt ist zunächst Erlebnis des Fahrens, die gerade zu Ende gegangene

Erfahrung der Strecke. Aber die Ankunft ist auch Start zum Angehen des Fahrtzweckes.

Und da ist wenig ‚geschient‘ oder geschont. Da ist Vitalität bei Animosität, Rivalität, Anti-Autorität und oft nicht vorhandene Seriosität. Alles das wird zwar nicht erwartet, muss aber eh aus Erfahrung mitbedacht sein.

Die Berufsfahrt wird zur ‚Erfahrung‘, und Strecken zum Erfahrungsweg. Orientierung an Wegepflöcken oder Bahnsignale dienen sicherem Fahren. Abfahrt, Strecke und Ankunft auf Schienen oder Straßen halten immer wieder Unvorhergesehenes bereit. Man freut sich, gut angekommen zu sein. Dann aber wartet immer Neues.

Ob man will oder es leugnet: Menschen befinden sich überall in einem beeinflussenden und nicht gesicherten Umfeld, werden beobachtet, bewertet, für schwere Aufgaben geholt oder nicht. Selbst der gut bestallte Lehrer wird täglich „benotet" und beurteilt. Er dient also in seinem Status – wie auch jeder andere im öffentlichen Dienst; er dient sich aber auch an. Jeder muss um Anerkennung und Ansehen ringen und dafür oft werben. Selbst das hoch gestellte und sehr gut bezahlte Personal des Fernsehens wirkt oft wie Händeringende um Anerkennung. Verkünder oder Interpreten sind vom Ringen um die beste Eigenwerbung nicht verschont.

Die Härte des Wettbewerbs, also das Ringen um Aufträge und Kunden durch eigene Verbesserungen eines Erzeugnisses oder einer Dienstleistung, aus höherem Nutzen oder Verbilligung, führt zum Prinzip der freien Marktwirtschaft einer ständigen Behauptung auf Teilmärkten, die dem Verbraucher, also allen, einen Nutzen einbringt. Aber auf freiheitlichen Märkten gibt es Gewinner und Verlierer. Um Verlierer aus einer freien Gemeinschaft nicht zu ‚verlieren‘, braucht es deshalb die Chancen der Wiedereingliederung. In einem dynamischen freiheitlichen, nicht gegängelten und eingeengten Marktgeschehen ist diese notwendige Wiedereingliederung von Verlierern in Teilmärkten leichter als in fast versulzten statischen Gebilden.

Die Dynamik der Vorgänge im Wettbewerb führt den Verlierern schneller neue Chancen zu. Sie sind schneller wieder „drin" im Geschehen und können sich neu bewähren. Verfügbarkeit aber benötigt auch Verwendbarkeit. Und da liegt Bringschuld. Der Einzelne muss sehen, ob und wie man ihn „brauchen" kann.

„Wo sich nichts rührt, kann man nichts einrühren", um „Substanzen", eben die vorhandenen Kräfte, wieder als brauchbaren Gemeinschaftswert an anderer Stelle wieder mit Umschulung in Beschäftigung zu gliedern.

Erkennen kann man daraus, dass Märkte sich ständig verändernde bewegte Gebilde sind, fortlaufend ein Findungs-Prozess auf der Suche nach den jeweils besten Lösungen für Nutznießer, also die Anbieter und Abnehmer von Produkten und Dienstleistungen. Weil im Wettbewerb ständig dynamische Unruhe den Blick auch über den „Tellerrand" schärft, erkennt der Marktteilnehmer mit Verantwortung die Risiken und Chancen schneller als aus seitlicher Beobachtung. Für alle Marktteilnehmer wird persönliche Verantwortung und Einsatzbereitschaf existenziell bedeutsam. Besonders, wenn Einsatz auch von eigenem Kapital – auch durch Schuldenaufnahme – erforderlich wird, dürfte klarwerden, dass im Marktgeschehen alles irgendwie organisch gewachsen zusammenhängt. Und daraus weiter, dass alle Teilnehmer „am Markt" so in jeweils höchstem Maße mit ihrem Beitrag gefordert sind. Die Rolle des Unternehmers oder der Unternehmung wird damit deutlicher als die eines Haftungsverpflichteten mit dem Auftrag zur Gewinnerzielung, damit nicht nur die Unternehmung selbst davon Nutzen hat. Die Sozialverpflichtung des (Unternehmungs-) Kapitals im Eigentum beginnt also mit der Pflicht zur Gewinn-Erzielung. Manches Irren hat seinen Ursprung in der Unkenntnis darin. Denn nur aus dem Unternehmensgewinn kann die Gesellschaft selbst Anteile erhalten.

Genau deshalb befassen wir uns mit einem Leisten, mit Leistungen und Fehlleistungen. Und um ‚Irrlichtern' die Gefährlichkeit eines Irrwegbefahrens zu nehmen. Manches politische Ziel irrt aus Defiziten im Wissen um Zusammenhänge. So geistert ein Narrativ von vermeintlich wohl erreichbarer Gerechtigkeit über ein Verteilen von Reichtum aus Produktionskapital durch Parteien und Gemeinschaften, durch Völkerschaften und Staaten. Religionen kümmern sich meistens gar nicht um wirkliches Geschehen, nur um die Ergebnisse.

„Eher wird ein Kamel durch ein Nadelöhr gehen, als dass ein Reicher in das Himmelreich kommt!". Mir schien schon als kleiner Junge dieser Satz ein ziemlich harter Schlag gegen Erfolgreiche zu sein. Bemühen um Erfolg mit sichtbarem Vermögen wäre da wohl der falsche Weg zum Streben im Leben. Interessant ist allerdings die andere Sicht der Kalvinisten im christlichen Spektrum: Da ist der redlich Erfolgreiche ein von Gott gerecht belohnter guter Mensch. Damit tritt die „Gerechtigkeit" ein Anspruchs-Potenzial auf mehr an.

„Gerecht" ist daraus derjenige, der dem Anspruch eines Dienstes an eine Gemeinschaft „gerecht" wird. Das wäre also zuerst Beitrag und Mittun bei Gemeinschaftsleistung. Der Begriff der „Gerechtsame", einem Besitz mit Verpflichtung, der der Besitzende gerecht werden musste (spätes Mittelalter), führte auf diesen Terminus der Gerechtigkeit mit Pflicht aus der Gerechtsame. Ein Besitzender musste seinem Besitz und seinen Rechten „gerecht" werden, die er „steuerte". Wer also etwas „steuerte", hatte etwas – sein Hab und Gut = Eigentum und Einkommen – zu versteuern: Es galt die Besteuerungspflicht als eine daraus einzulösende Gerechtigkeit.

Eine Forderung nach „Gerechtigkeit" ist so zuerst Aufforderung zur Erfüllung einer Steuerpflicht aus Besitz. Aber auch an sich selber. Er oder sie hätte dafür zu sorgen, dass man der Gemeinschaft nicht „auf der Tasche liegt", sondern Besitz erschaffen sollte, um selber zu steuern und zu versteuern zum Nutzen aller in einer Gemeinschaft. Anders als heute, wo nur noch Abtrag von Hab und Gut (Einkommen und Vermögen) in Kategorien einer „Umverteilungs-Gerechtigkeit" gedacht wird. Auch da wäre tiefere Einsicht nicht nutzlos.

Gerechtigkeit in Gleichstellung zu sehen, führt in die bekannten Irrtümer und auf Holzwege. Diese Meinung fußt auf dem Glauben, dass irdische Reichtümer irgendwann irgendwie zugeteilt worden sein müssen. Sonst wäre ‚Umverteilung' schon als Raub erkennbar. Das Entstehen von Eigentum wird dabei gerne ausgeblendet: Dass angespartes Gut zuerst Sparkapital ist, oft über Generationen für den Zweck einer verantwortungsvollen Zukunftsplanung, auch für Nachkommen, wird ‚betont' übersehen. Wenn jemand Unternehmer wird und dann auch erfolgreich, entsteht Unternehmenskapital, das dem Unternehmenszweck dient und damit der Beschäftigung mit dem Erstellen von Leistungen und Produkten. Bei Inanspruchnahme von bezahlten Helfern und Mitarbeitern, die daraus Verdienst haben, kann Sparkapital zum Investiv-Kapital werden, das selbst wieder verdienen hilft: Den Mitarbeitern, dem Unternehmen und der Gemeinschaft, Erweiterung des Unternehmens, Sicherung seiner Existenz und Verbesserung seiner Produktion und seiner Angebote als Ziel.

Eine Gerechtigkeit anzumahnen mit Umverteilung von erspartem und versteuertem Teil des Unternehmer-Einkommens, übersieht also den Entstehungs-Vorgang oder missdeutet ihn als „Zuteilung" durch die Gunst des Schicksals. So wird Gleichstellung in Verbindung gebracht mit Gerechtigkeit zu einer Denk-Fehlleistung.

Der Irrtum fußt in der Annahme, dass jede Person mit gleichen Anlagen ausgestattet sei, von gleichem Wollen beseelt sei und je einen ähnlichen Bezug zu Besitz und Eigentum aufbaue. Und den gleich großen zähen Willen zur Bildung von Sparkapital aufbringe, öfter Entbehrung mit existenziellen Risiken. Da nun eingesehen wird, dass dies kaum der Fall sei, weicht man in der allgemeinen Gerechtigkeits-Debatte auf die „Chancengleichheit" aus. Und die sieht man gestört durch einseitig großes Erbe. Die Start-Chancen seien ungleich, dass vorher angehäufte Vermögen schüfe schon sicheres, vom Erben als Steuerbürger nicht selbst geschaffenes, also „unverdientes Einkommen". Selbst die Bildungs-Chancen seien durch ein reicheres Zuhause nicht gleich „verteilt". Abtrag von Erbkapital mittels höherer Erbschaftssteuern macht dann die Forderungs-Runde zugunsten von weniger oder keinem Erbe. Das hält man dann für gerecht. Erblasser mit versteuertem gesparten Kapital, oft in Produktivkapital für die Beschäftigung investiert, hält diese Art von Gerechtigkeit für höchst ungerecht. Die Erben sind von solch einer „Gemeinschaft" überhaupt nicht angetan. Man wundert sich dann noch, dass sie von Gemeinschaften nicht mehr erreichbar sind. Sie ziehen sich von ständig nagendem politischen Neid zurück. Und oh Wunder:

Verbrauchen können sie schon auch selber. Dann eben zurückgezogen.

Man kann vielleicht beim Lose-Kaufen eine Chancen-Gleichheit veranstalten. In allen weltweit anderen Denkmodellen bleibt Ungleichheit bestehen. Man muss dabei gar nicht nur auf die Oligarchen aus dem Funktionärs-Milieu in autoritär geführten Staaten zurückgreifen. Diese finden sich unbehelligt, ja gefördert, besonders in sozialistischen Staaten wieder, ob im kommunistischen, nationalistischen, religionistischen oder ökologistischen Sozialismus. Privatvermögen wird zum „volkseigenem Vermögen", Verantwortung von den selbstverantwortlichen Individuen genommen und einem Kollektiv übertragen. Dort darf dann niemand eine Umverteilung einfordern, vor allem keine Re-Privatisierung. Dem Volksvermögen steht freilich nicht das „Volk", sondern fast zwangsläufig (meist nur) eine Partei vor. Die Reichen sind wie in Ostberlin im Stadtteil Pankow ‚eingehegt' und privilegiert. Sie gelten als unangreifbare „verdiente Mitglieder" der Staatsführung.

Die Ungleichheit aller Menschen, aller Umstände und natürlicher Gegebenheiten sorgen letztlich dafür, dass ein Fordern von pekuniärer Gerechtigkeit durch „Umverteilung" Träumerei bleibt und nur Konflikte erzeugt: Sozialismus wird danach entlarvt als das Gegenteil eines Friedens-Theorems. Reichtum, auch relativer, wird erst ‚suspektiert', dann seine Berechtigung minimiert, die Verdienste dafür bagatellisiert und kriminalisiert, und eine „Umverteilung", die eigentlich Raub für Besitzlose oder Ärmere bedeutet, justifiziert. Während für Beschäftigte bei den Institutionen des öffentlichen Rechts und des öffentlichen Dienstes bei jeder passenden Gelegenheit darauf gepocht wird, dass es sich bei diesen Einkommen um eigentumsgleiche Rechte handele, wird dieses „Eigentum" gedanklich für die doch geforderte Umverteilung nicht behelligt und herangezogen. Wer im Verfassungsschutz interessiert sich aber für die revolutionären Fehlentwicklungen, wenn in Parteien Umverteilung sogar per „Enteignung" gefordert wird? Oder ist man im Verfassungsschutz schon Schützender von Umstürzlern gegen die Verfassung? Wer aber stellt dann Personen oder Parteien „unter Beobachtung", die „Enteignungen" öffentlich fordern? Es scheint, als ob das Amt des Verfassungsschutzes sehr gut schlafe.

Der Artikel 14 des Grundgesetzes der Bundesrepublik Deutschland ist zuvorderst die Garantie des Eigentums und daraus die Grundlage der gesellschaftlichen Freiheit im Verfassungsstaat. Eigentum ist zudem Grundlage für Demokratie mit Eigenverantwortung des Individuums. So wird nicht der Kapitalismus zum Gegenpart des Kommunismus, sondern der Individualismus. Erst nach der Eigentumsgarantie kommt in einem Absatz die Verpflichtung des Eigentums auf Rücksichten auf die Gemeinschaft des Staates. Dass daraus Forderungen nach Umverteilung und sogar Enteignung abgeleitet werden, enthebt Deutschland seines Anspruchs, ein Volk von Denkern zu bleiben. Wenn Deutschland abstürzt, dann von dieser Leiter wegen fehlerhafter „Ableitung". Denn freiheitliche Demokratie ist bedingungslos an Eigentumsbildung gebunden. Wo dies möglich ist und nicht geschieht, wird Konsum, also Verbrauch und ‚Aufbrauch' zum Fetisch, die Verantwortung für Eigentum und

Selbstverantwortung zum Narrativ einer künftig ‚historischen‘ Gesellschaft. Wohlstand ohne eine Eigentumsbildung bleibt ein Irrweg, weil Eigentum mit Sorgfalt dafür auch mehr Verantwortlichkeit gebiert. Denken ohne diese Kausalität: Fehlanzeige. Der Schlachtruf nach mehr Gerechtigkeit könnte zum Gegenteil führen. Dann nämlich, wenn ‚Gleichmacherei‘ zu Funktionärsherrschaft und Oligarchen-Reichtum führte.

Das Streben nach Gerechtigkeit wird wohl letztlich nicht einmal durch Urteile in der Rechtsprechung ganz gelingen. Es als menschliches originäres Anspruchsrecht, also Menschenrecht einzuklagen, könnte einer so genannten Glücksforschung den Rest versetzen. Glück zu erreichen durch Umverteilungsraub, versäumt den Weg zum Glück schon beim Aufbruch. Denn nicht nur Fähigkeiten und Streben sind unterschiedlich, nicht nur in unterschiedliche Familien und Zeiten hineingeboren zu sein, auch der unbedingte Wille zum eigenen Aufbau einer glücklich machenden Sprungrampe zum Aufstieg macht den imaginären Anspruch ambivalent.

Wenn einem Anbieter auf einem Markt ein Angebot gelingt, das besser und günstiger ist als das anderer Anbieter am Markt oder Teilmarkt, hat er einen höheren Umsatz und auch einen höheren Gewinn. Wenn Angebote aber auch zum Vorteil der Verbraucher werden und daraus der höhere Gewinn erzielt wird, dürfte Einigkeit darin bestehen, dass Gewinne daraus wirklich verdient sind. Das bessere Angebot hat dazu geführt, dass es gern angenommen wird. Damit steigt auch der Gewinn eines Anbieters. Der Gewinn daraus kann also nur „gerecht“ und „verdient“ sein. Das Gewinnstreben nützt also dem Verbraucher, weil im Wettbewerb das Beste zum günstigsten Preis auf dem Markt zu Gewinnen führt und den Markt zum Veranstaltungsplatz nicht nur ständig neubelebter Preisfindung, sondern ihn auch einigend für gesellschaftliche Gerechtigkeit kürt. Der Markt in geordneten Regeln wird so zum Veranstaltungsort für friedliche Einigung.

Die in Österreich führenden Ökonomen um die Jahrhundertwende zum 20- Jahrhundert um Ludwig von Mises und Friedrich August Hayek sprachen daher bei Volkswirtschaften mit Staatsverwaltungswirtschaft von der „Anmaßung des Wissens" (Friedrich August Hayek) beim Staat, der es angeblich besser könne als der Markt mit seinem ständigen Findungsprozess, der gleichzeitig auf der Suche nach Innovationen einen Fortschritt beflügle. Der harte Wettbewerb unter den Anbietern zwinge gerade dazu. „Die Anmaßung des Wissens" bei staatlichen Stellen wurde von der Realität bestätigt. Sie hat versagt. Markt hat nicht „versagt", sondern der Eingriff von staatlicher Seite in den Markt hat geregelte Marktvorgänge gestört, also genau daraus „Marktversagen" erzeugt. Die Bau- und Wohnungswirtschaft hält beredte Beispiele dafür bereit.

Gleichzeitig sehen marktfremde Anbieter oder Gegner, die innerhalb des Anbieterkreises sind, dass sie noch nicht im Besitz dieses oder eines ähnlichen gewinnbringenden Angebots sind, womit der Wettbewerber gutes Geld verdient. Da man auch verdienen will, strebt man auf einem Teilmarkt im Wettbewerb ebenso auf neu verbessertes Angebot. Daraus erhöht sich der Druck auf den ersten Anbieter und es kommt zum Preiskampf. Und der reduziert wieder die Gewinn-Margen. Das kommt wieder dem Verbraucher zugute. „Der Markt" wird also zum ‚Paten für Gerechtigkeit' im täglichen pulsierenden Wirtschaftsgeschehen für privates Leben.

Entscheidend dafür ist die Freiheit in Entscheidungen des Individuums, die Wahlfreiheit als Kern jeglicher Freiheit. Das funktioniert aber nur dann, wenn der Markt offen ist für neue Anbieter. Es kommt also darauf an, dass freier Wettbewerb herrscht, was durch Gewerbefreiheit als Prinzip im System der freiheitlichen Marktwirtschaft vorliegt. Wo hohe Gewinne locken, regt sich immer wieder neue Konkurrenz. Der Markt wirkt so. Logisch zu folgern wäre danach, dass so viel wie möglich freier Markt erzeugt wird, und zwar durch die Ordnungsmacht des Staates als Rahmensetzender. Viele Sozialisten haben das schon begriffen.

Dass es Marktzugangshürden gibt, weil nicht jeder Schmied das Geld hat für ein Hüttenwerk, also Kapital erst organisiert oder zusammengespart werden muss, bleibt davon unberührt. Auch Panzer oder Kanonen kann – auf der Seite der Nachfrage – nicht jeder kaufen. Und für den Import durch Einkaufsmärkte braucht es mehr als nur Geld. Jede wirtschaftlich verpflichtete Organisation muss erst geschaffen werden, kostet Geld.

Woher also eine Gegnerschaft gegen hohe Gewinne kommt, muss besonderen „Fehlleistungen" im Denken zugerechnet werden. Ganz anders ist es bei Ausnutzung von Marktmacht bei Nachfrage oder Angebot oder bei Monopolen oder Oligopolen durch Monopolisten oder Oligarchen. Dort bestimmt ein Anbieter oder nur wenige die Angebotsmengen und Preise, weil die Wettbewerber für harten Preiskampf im Wettbewerb dort fehlen, die Margen mindern könnten. Um „beherrschende Marktmacht" zu verhindern, wurde in Deutschland das Kartellamt installiert. Damit sollen Erleichterungen in der Härte des Wettbewerbs durch „Absprachen" oder kartell-ähnliche Verbindungen von Firmen verhindert werden. Auch Fusion von sonst konkurrierenden Unternehmen zur Verringerung von Wettbewerb unterliegt dort einer Überprüfung und Genehmigung. Aber neben ‚Marktvergehen' stehen auch Korruption zur Minderung der Härten im Wettbewerb sowie lupenreiner Betrug im Lichte der Öffentlichkeit –, solange Pressefreiheit zugelassen ist. So wird in den unfreien Ländern wohl am meisten „geschoben", um in Märkten zum Zuge zu kommen. Man kann sich leicht vorstellen, woher die superreichen Oligarchen (Kreise marktbeherrschender Anbieter) gerade in autoritären Staaten kommen. Dort ist ja auch die Pressefreiheit eingeschränkt oder schon komplett obsolet.

Aktuelles Beispiel am Anfang des Jahres 2023: Die Mullahs im Iran wurden nach Angaben von Weltraum-Beobachtern verdächtigt, beteiligt zu sein: vier Düsenflugzeuge wurden wiederentdeckt, die auf dem Weg nach Usbekistan als „verschwunden" und als ‚Versicherungsfall' gemeldet waren. Die Ermittlungen „liefen" noch am 21. Januar 2023 (lt. FAZ-online). Aber auch da gilt im Recht bis zum Beweis des Gegenteils eine Unschuldsvermutung. Wenn freie Journalisten plötzlich nicht mehr leben, ‚ist was faul im Staate Dänemark'.

Die EU hat eine Organisation zur Aufdeckung und Bekämpfung von Subventionsbetrug geschaffen (OLAF), weil die Effizienz mancher EU-Hilfen besonders dürftig wäre. Das installierte Amt wurde aber öfter sehr effizient getäuscht oder Nachforschende in Amtshandlungen bedroht, sodass auch im freien Westen viel zu verbessern wäre. Gleichzeitig wird daraus klar, dass jede „Abweichung" vom Regelwerk des (hier des europäischen Gemeinschafts-) Markts viel Gemeinschaftsgeld eines Staates oder eines Staatenverbundes kostet. Es liegt also im Interesse des Staates wie der Bürger, dass Korruption unterbunden bleibt, was in freien Ländern mit „investigativer Presse" geht. Aber natürlich kann sich auch freie Presse gewaltig irren.

Überblickt man die Zusammenhänge, wird schnell deutlich, dass eine freiheitliche Wirtschaft nur in einer freiheitlichen Demokratie entstehen oder auch erhalten werden kann, und eine Demokratie nur mit einer Wettbewerbswirtschaft mit freien Märkten. Sozialistische Marktwirtschaft oder marktwirtschaftlicher Sozialismus sind daher schon aus theoretischer Betrachtung Unsinn oder wurden überall als untauglich entlarvt. Staaten oder Völker, die sich darauf einlassen, vertun viel zu viel gute Zeit in ihrer Geschichte.

Brücken zwischen ‚hoch' und ‚unten' sind zugegebenermaßen schwieriger zu bauen als zwischen in etwa gleichen Ebenen, vulgo: „auf Augenhöhe". Aber weil Brücken zwischen ungleichen Ebenen zu bauen auf Vertrauen gründet, das vom Staat oft zu schnell verspielt wird und kaum wiederaufzubauen ist ohne sehr deutliche Veränderung wie z. B. durch Neuwahlen, braucht es andere Wege zur Überbrückung größerer gesellschaftlicher Differenzen. Einen Verzicht zu predigen, um Wasser statt Wein zu empfehlen, während man selber andersherum verfährt, schaffe kein Vertrauen. Gerechtigkeit zu proklamieren und Gesetze sogar bewusst ungerecht – im Sinne eigenen Wähler-Klientel – zu gestalten, stößt Gutwillige völlig zurück. Das Bundesland Bayern muss erst das Bundesverfassungsgericht bemühen, um Klärung zur Gerechtigkeit bei der Neuregelung der Erbschaftssteuer herbeiführen zu lassen, wo sich Konfliktstoff auch gegen die staatliche Rechtsordnung auftürmt. Wenn Eigentümer von Grundbesitz zu Zweiflern an ihrem Staat werden, verliert der Staat an Bodenhalt und Verankerung in der Bevölkerung. Derzeit hat man Anlass zu zweifeln.

Siehe Grundsteuer, Erbschaftssteuer und einseitige Vermieterpflichten. Wie einseitig „Klimaschutz" belastet, wird gesellschaftspolitisch noch gar nicht untersucht.

Auf ähnlichem Feld liegt das Vorhaben, eine Klage gegen den bestehenden „Länderfinanzausgleich" zu erheben. Wenn einige Bundesländer sich gütlich tun mit „Wohltaten" für alle Möglichen, und diese als die Empfängerländer der Ausgleichszahlungen profitieren, ist Ungleichheit in der Mittelverwendung ungerecht, der Ausgleich durch sparsamere oder besser wirtschaftende Bundesländer eine Bestrafung ihrer Solidität. Solidarität ohne richtig verstandene soziale Solidität ist keine Basis für solide und für gleichmäßig gerechte Gemeinschaften.

Ausgleichsregeln basieren auf der Annahme gleicher politischer Aktivitäten mit – leider – unterschiedlichen Ergebnissen. Wo diese aber trotz vergleichbarer Politik zu ungleichen Ergebnissen geführt haben, wären die Ausgleichszahlungen gerechter. Unterschiedliche Volksbeglückung macht Neu-Justierung der Regel freilich nötig.

Der Staat muss nicht nur für sich sorgen, sondern Schaden vom Bürger abwehren und abwenden, was aber vielfache Defizite aufweist, nicht nur bei der unbewältigten Immigration. "Wumms" werden proklamiert und staatlich hoch finanziert, „Vermögen" wird für die Bundeswehr geschaffen, wo es um Verbrauchsgüter geht. Finanzierung geschieht nicht durch den Staat, sondern mittelbar immer durch die Steuerzahler. Denen wird vor jeder Bundestagswahl von Parteien Besserung gelobt, aber kaum eingehalten. Die Zahl der Nichtwähler müsste aufhorchen lassen. Straubhaar schließt seine Beurteilung der Lage Ende 2022 mit der Forderung; dass „ein Fortschritt für eine gemeinsame Lösung" (der Probleme des Trilemmas) der „einzige wirkungsmächtige Weg" sei. Wenn Ideologien behinderten, wie Atom-Angst, müsse das auch so transparent gemacht werden. Entstandener „Schaden" müsse beim Bürger abgefedert werden". Damit verbündet er (Straubhaar) sich mit Ludwig Erhards Thesen.

Ganz abgesehen davon, dass dies eine speziell deutsche Sicht ist, die rücksichtslos das Industrieland mit seinen deswegen hervorragenden Ergebnissen im Vergleich zu anderen in eine De-Industrialisierung ‚fuhrwerkt', wird auf solchem Irrweg zu noch größeren Problemen führen. Wer sollte diese dann noch lösen? Für die Ideologie des „Klimaschutzes" die De-Industrialisierung Deutschlands zu fordern oder herbeizuführen, bedeutet den Ast abzusägen, auf dem wir alle sitzen. „Die letzte Generation" macht das.

Schon werden auch von der Europäischen Kommission „Klima-Forderungen" ‚eingewoben', die sich gegen deutsche Autoproduktion richten könnte. Wer richtet sich darauf ein, dass z. B. in Frankreich durch das viel niedrigere Renteneintrittsalter erheblich weniger- auch für die Finanzierung der EU erwirtschaftet wird,- auch nach der so umstrittenen „Erhöhung" auf 64 Jahre zum Renteneintritt? Erwirtschaftungsgerechtigkeit? Es rächt sich, dass man der Forderung nicht nachkam, die Wirtschafts- und die Sozialpolitiken doch zuerst zu vereinheitlichen, mindestens zu ‚harmonisieren', bevor man gemeinsame Finanzpolitik zu betreiben begann.

Schließlich hatte die so gern geschmähte Industrie den Wohlstand im Lande und die Möglichkeiten für Soziales sowie die Entwicklungshilfe erst wesentlich geschaffen. „Revolution" will immer alles sofort haben.

In Deutschland wird sich zeigen, dass wir neben „Klimaschutz" für Zukunftsbewältigung auch Schutz des „Wirtschaftsklimas" dringend nötig brauchen. Vertrauen in den Staat schwindet nicht nur, es geht auf null.

Wenn ein Gesetz beschlossen werden soll, wonach ein Vermieter die Verbrauchskosten seiner Mieter mit zu tragen hat, wenn sein Mietobjekt nicht den Maximalforderungen der Allgemeinheit entspricht, abgestuft je nach Wärmedämmungsstand des Miet-Objektes, gehen mehrere Logiken in die Brüche. Verbrauch kommt ursächlich vom Verbraucher. Die Miethöhe ist bei Mietbeginn am ‚Bestand wie er liegt und steht' bestimmt worden. Der Mieter kann nicht –außer notwendigen Reparaturen – die Investitionen bestimmen, was nach Gesetz bei Eigentumswohnungen nur die Eigentümergemeinschaft per Beschluss nach vorhandenen Mitteln für Umbau tun kann. Und drittens wird das Bauen von Mietwohnungen für fremde Mieter in nicht wenigen Fällen zur Vernichtung von Eigentümer- Existenzen führen, weil das Geld nicht da ist für manchmal sehr hohe Investitionen für Wärmedämmung oder Heizungsmodernisierungen. Die aber bestimmten schon die günstigere Höhe der Miete bei Abschluss des Mietvertrages. Wenn dann verkauft werden muss, weil keine Rechnung mehr aufgeht, sind mittelständische Alterssicherungen gleich per Gesetz mit zerstört.

Die im Grundgesetz der Bundesrepublik Deutschland verankerte Eigentumsgarantie mit Entscheidungsfreiheit des Vermieters wird entgegen dem Artikel 14 des Grundgesetzes eingeschränkt von der Auswahlfreiheit bei Mieterbewerbungen bis zur Nötigung, wodurch konfiskatorische Gesetzgebung (Wegnahme) durch eine Überforderung des Vermieters mit der Folge eines Zwangsverkaufs erst geschaffen würde. Letztlich haben solche Perspektiven Fernwirkungen, die schon jetzt bestehende Bremswirkung beim Wohnungsbau (wie bei Materialmangel) verstärken. Nicht die Lenkungswirkung zum „Klimaschutz" wird dann mehr Klima schützen, sondern die potenziellen Vermieter werden sich vor dem Staat und solchem Wollen und vor Mietern durch Verweigerung schützen.- und zwar durch Unterlassen von neuem Wohnbau zur eigenen Vermögensanlage und Sicherung ihrer durch dieses Gesetz gefährdeten Altersversorgung. Zur Deckung des Bedarfs an Wohnraum führt solche Gesetzgebung nicht, auch nicht zur Akzeptanz von Klimaschutz. Verbrauchen können die Vermieter schon auch selber –, ohne Mieter und Ärger. Woher nimmt der Staat sich ein Recht zum Angriff auf die Gesundheit der Vermieter? Schon regt sich starker Protest (Presse am 22.4.23) über die Maßnahmen von Wirtschaftsminister Habeck, der mit Eingriffen in die Dispositionen innerhalb der Wohnhäuser neue Maßstäbe setzen will. Der wirklich neue Maßstab ist die Abkehr von der relativierten Dispositionsfreiheit über Eigentum im privaten und im Bereich des Verhältnisses zwischen Vermietern und Mietern. Weil die Masse der Bevölkerung nicht ordnungspolitische Gefahren erkennt, wird der Protest nach Gefühl eskalieren, weil der Ton zwischen den Mietsparteien härter wird und die Bevölkerung Änderungen in der Entwicklung im Laufe der Zeit zunehmend spürt.

Längst sind „Wärmedämmungen" eine Schädigung von Substanz bei älteren Häusern geworden. Sie mussten gar entfernt werden, weil sich zwischen Dämmplatten und Wänden Schimmel gebildet hatte und Feuchtigkeit zum Schaden der Wände selbst geführt hatte. Dass bei Hausbränden die Dämmungen zu gefährlichen Verpuffungen geführt haben, wurde öffentlich noch verschwiegen.

Beruflich sind mir Objektveräußerungen aus finanziellem Engpass und Verzweiflung bekannt. Vermieter sind nicht ‚sowieso reich'. Politik und Interessierte an solchen Gesetzen nützen damit nur der Verschärfung von Wohnraumknappheit und tendenziell der Mietpreissteigerung. Irrwege führen meistens ins Dickicht.

Wenn Gemeinschaft mit Kultur für eine tragfähige gute Zukunft Mut und Zuversicht braucht: von Irrwegen kommt sie nicht! Die Wohnungsknappheit kann so nicht bewältigt werden. „In der Beschränkung zeigt sich erst der Meister", so haben wir es aus der klassischen deutschen Literatur gelernt. Zu ergänzen wäre noch, wie schon erwähnt: „Doch im ‚beschränkten' Tun leider dann der Kleister!"

Die Lenkungswirkung trifft dann den Staat selbst, dem jedes Vermieter-Vertrauen entzogen werden dürfte. Nicht nur werden Milliarden mehr für Sozialen Wohnungsbau und Mietbeihilfen notwendig, um Not zu wenden, der Aufwand an Mietbeihilfen wird exorbitant steigen. Auch hiervon wird Wahlverweigerung die Folge, weil sachdienliche Logik beim Gesetzgeber nicht mehr erkennbar ist, andererseits auf große Mieter-Mehrheit gegen viel weniger mittelständische Vermieter spekuliert wird. Gemeinschaftlichkeit fremdelt da. Leider wird vor der nächsten Bundestagswahl das Bundesverfassungsgericht kein Urteil dazu beschließen.

Es ist nicht nur ein Beleg für nicht verstandene Zusammenhänge, sondern auch ein erbärmlich großes Defizit bei Allgemeinbildung, Wenn eine Verweigerung von Wirtschaftsbildung noch hinzukommt, wird es für eine Gemeinschaft und ihren Staat gefährlich. Wo ist anzusetzen, wenn nicht im gesellschaftskulturellen Bereich?

Auf einer publizierten Seite fand ich u. a. meinen eigenen Satz zitiert: „Wenn sinkende Anerkennung in Ablehnung dieser Rahmenordnung der Sozialen Marktwirtschaft Ausdruck findet, ist das so, als ob stumme Fische sich gegen ihr tragendes Element Wasser ‚aussprächen'; Johann Friedrich Frischeisen, deutscher Ökonom, Privat-Dozent". Diesen Satz würde ich gerne öfter wiederholen, sind doch diejenigen, die sich gegen libera-lere Ordnung wehren, dieselben, die von deren Früchten billig leben. Ein anderer Spruch fand sich dort ebenfalls, von Arnold Weissman, den ich kenne und sehr schätze: „In der freiheitli-chen Wirtschaft gibt es Gewinner und Verlierer; der Gewinner hat immer einen Plan bereit, der Verlierer immer Ausreden". Weiter Arnold Weissman: „Strategie ist der Weg in die Chan-cen von morgen". Helmut Schmidt, damals der Bundeskanzler, weiter: „Märkte sind wie Fallschirme, sie funktionieren, wenn sie sich öffnen". Wohlan! Ein Plädoyer eines Sozialdemokraten für freie Märkte!

Aus der Erkenntnis: Märkte sind Phasen in Menschen verbin-denden Aktivitäten, Treffpunkte freiwilliger Zusammenkunft und damit Friedensstifter, weil die Einigung auf einen Preis für ein zufriedenstellendes Ergebnis sorgt, ergibt sich die Pflicht zur Einhaltung von Marktregeln. Die Nichteinhaltung dieser Regeln erzeugt einseitige Marktmacht und führt zum missver-ständlichen „Marktversagen". Dies ist also die Folge von feh-lerhaftem Verhalten der Partner im Markt oder von Eingriffen einer Staatsmacht in den Markt von außerhalb des Marktge-schehens. Wie wenn in eine Industriemaschine jemand ,regulie-rend' eingreifen wollte. Das ändert sich nur dann, wenn größere Marktmacht eine Preisbildung (Einigung) einseitig gewichtet wie bei Angeboten von Monopolen oder Nachfragemacht von Großeinkäufern gegenüber kleinen Anbietern. Wenn die Poli-tik in Märkte eingreift oder öfter eingegriffen hat, sind Preise festgelegt worden und der Markt damit ausgehebelt worden. Die dynamischen Vorgänge in der Wirtschaft haben dann aber im Hintergrund trotzdem „gebrodelt" und Vorgänge in falsche Richtungen gelenkt oder zeitlich verschoben. Freiheit schafft sich Bahn.

Alle „Maßnahmen" zogen „Schwarzmärkte" nach sich oder „Ab-warten", was die wirtschaftliche Dynamik zum Schaden der Volks-wirtschaft ,verbremste'. Die aktuelle (März 2023) Horrormeldung, wonach die für den Hausbau zuständige Bauwirtschaft vor einem Absturz der Aufträge stünde, müsste aufhorchen lassen.

Auch in der EU mit Festreispolitik in der europäischen Landwirtschaft in den Jahren 1960 bis 1980. Damals mit dem verheerenden Ergebnis der Butterberge, der Milchseen, der Schweineberge, der Oma-Butter und der Russland-Butter. Als Bilanz gezogen wurde, waren „festgezurrte" Weizenpreise, um die es zentral ging, entgegen den angeblichen Erhaltungszielen trotzdem niedriger geworden, aber inzwischen Bauernhöfe zuhauf aufgegeben und viel Vermögen in der Landwirtschaft in summa in Milliardenhöhe bei den kleinen Höfen verloren. Das hätte man alternativ mit Marktvorgängen weniger schmerzhaft in ruhigerem Verlauf haben können, aber man hätte mit diesen „Festpreisen" für Weizen keine Existenzen zu Tode „gerettet". Die „Festpreispolitik" war staatliches ‚Verbrechen' gegen den freien Wettbewerb in Marktwirtschaft, der dem Europa-Gedanken mit dem größeren gemeinsamen Markt zugrunde liegt. Übergangsregelungen, Nothilfen, Flächenstilllegungen und die riesigen Depots kosteten den europäischen Steuerzahler enormes Geld, das danach für Zukunftsmaßnahmen seit langem fehlt. Mut und Zuversicht für Zukunft muss einen anderen Weg suchen und finden. Noch sind Orientierungen an weiterführende Regeln Seltenheiten. Noch wird ‚gestolpert'.

Es wird zu beobachten sein, wie sich Mindestlöhne und „gedeckelte" Energiepreise entwickeln und was sie dann an Neben- und Fernwirkungen hinterlassen. Muss es nicht auffallen, dass trotz Mindestlöhnen es auch besonders an einfachen Hilfskräften fehlt, während die Zahl der Arbeitslosen kaum sinkt? Und Anmeldungen für Weiterbildung nicht wirklich steigen?

Kurzfristig sind solche „Maßnahmen" immer Schaustücke einer kurzsichtigen pragmatischen Politik. Aber es gibt Folgerungen in der Wirtschaft und Folgen daraus, wie in Landwirtschaftspolitik deutlich genug gesehen. Dass dazwischen die EU die falsch erzeugten Mehrmengen kaufen musste – aus falschen Signalen ihrer Politik – Depots, bis man das gelagerte Gut dann nach Russland verscherbelte, bevor es vergammelte, alles für sehr teures Geld der Europäer dorthin noch subventioniert, trieb alles auf die Spitze. Als man dann Bestände an hungernde Bevölkerung in Entwicklungsländern billig abgab, konnten die dort anbietenden Bauern ihr eigenes Gut nicht mehr verkaufen, weil vergleichsweise zu teuer. Die Menschen verhungerten dort trotz der billigen Einfuhren, weil Bauern aufgegeben hatten. Das ist alles bekannt. Eingriffe sind nur kurzlebig richtig, wenn überhaupt. Aber wo sind die Lehren aus den Analysen der Erfahrungen?

Wenn der Markt Verlierer generiert, wird die Allokation von Arbeitskräften an effizientere andere Arbeitsplätze zu mehr Einkommen führen. Denn auch Kapital zieht sich dorthin, wo gute Leistungen erwartet werden können. Der volkswirtschaftliche Hintergrund für einen Irrweg liegt in einer gar nicht so schwer verständlichen Erkenntnis, dass eine Preisgarantie für Erzeuger nur dann einen Sinn gibt, wenn die auf dem Markt zum Garantiepreis angebotenen Mengen auch abgenommen werden. Wenn aber eine Abnahme-Garantie gegeben wurde, können Anbieter sich fragen, ob ihre Kosten so liegen, dass sie zu diesem Preis anbieten können. Dann wird der Marktführer, der hinsichtlich seiner Kosten besser wirtschaftet, noch mehr produzieren, weil Abnahme-Garantie seiner Mehrproduktion belohnt wird. Schwächere ‚Kostenhänger‘ sehen dann die Chance, durch Mehrproduktion die Kosten zu senken und über mehr Flächenpacht eine höhere Menge an Angeboten zu verkaufen. So steigern Kostenführer und Kostenhänger gleichermaßen die Produktion und vermehren das Angebot, dem genauen Gegenteil des Ziels der Festpreispolitik. Ein deutlich schlagender Beweis für Irrwege von staatlichen Markteingriffen. Fehlleistungen potenzieren sich zu Schäden.

Marktwirtschaftliche Wirtschaftspolitik ist nicht „Ideologie", sondern geprüfte rationale Ordnungspolitik, die in Mehrfrontenkämpfen von Ideologien bekriegt wird.

Schon fordert „Die Linke" im Juni 2023 die Erhöhung des Mindestlohns von 12.- auf 14 Euro die Stunde. Sie spiegelt damit vor, wovor gewarnt war, dass die Politik die Löhne über den Schleichweg des Mindestlohns bestimmen, zumindest mitbestimmen könne, ein ordnungspolitischer schwerer Sündenfall, der ein Vertrauen in den Staat als verlässlichen Rahmengeber zerstört.

Als mich mein erster Arbeitgeber nach meinem Examen aufforderte, ein Grobkonzept für Entwicklungshilfe zu erstellen und ich zuerst die Förderung von handwerklichem Können und den Umgang mit Produktion zu lernen, vorschlug, allmählich auch in Fabrikation vorzustoßen, machte mir der Geschäftsführer eines Industrieverbandes klar, dass man damit keine Freunde gewönne. Man wollte dort die neuen Fabriken gleich gebaut bekommen. Wo man glaubt, dass Verdienen vor Lernen und Aufbauen kommt, kann nichts wachsen.

Die Eingriffe in Marktvorgänge sind grundsätzlich Fehlgriffe, wenn sie nicht mit viel Bedacht und in guter Kenntnis der Ordnungspolitik, die eine Wirtschaftspolitik eigentlich ist, vorgenommen werden. „Der Markt hat versagt!" ist eine so dumme Rede, dass man auf sie nicht eingehen müsste. Versagt hat dabei beweisbar immer der Eingriff in den Markt, der mit Pfuschen ‚regulieren' will, wo ein Staat eingreift oder Parteien nichts verloren haben. Der Markt ist ein Findungs-Prozess, in dem Akteure in einem Einigungsvorgang miteinander um Lösungen und Preise ringen. Diese Akteure ringen in eigener Verantwortung auch für Arbeitsplätze und um Investitionskapital. Daraus ist Sorgfalt und Vorsicht zu unterstellen. Versagen kann da nur eine Seite, oder beide, wenn man von außen „hinein-fuhrwerkt". Wo die Seite, die im Fall von aktuellen Unternehmensproblemen immer sofort von „Management-Versagen" ruft, selber die Hauptverantwortung trägt, wie bei NEUE HEIMAT oder COOP, waren Defizite nicht kleiner. Und das Gesetz zur partiellen Mitbestimmung in Großbetrieben hat die direkte Beteiligung an Fehlverhalten in Führungsfragen gezeigt.

Auch am Beispiel Wohnungsbaupolitik lässt sich das eindrücklich belegen, auch heute wieder. Und eine Kindergrundsicherung und ein Bürgergeld haben ihre Bewährungsprobe noch längst nicht bestanden. Wann immer neue Hilfen gesetzlich verankert werden, sind Ziele mindestens teilweise verfehlt worden. Weniger in der P.-Studie, als die Beobachtung in den Schulen und Hochschulen, wo die Hochschulreife ankommt, sind die ankommenden „reifen" Leistungsfähigkeiten nach Aussagen von Konferenzteilnehmern gesunken.

Am meisten sichtbar ist das aktuell in der Politik gegen die Corona-Pandemie. Millionen Masken sind übrig. Produktionen von Medikamenten trotz Höchstpreisen nicht hoch genug, kaum rechtzeitig verfügbar und trotz Mindestlohn nicht genug Leute für Produktion verfügbar. Irgendwas muss schiefgelaufen sein. Wohin sind die vielen Mindestlohnempfänger gegangen, wenn in Hotels und Gaststätten nun Mangel an teurer und per Mindestlohn zu Mehrverdienern Gewordenen herrscht? Wobei in diesem Fall des Gastgewerbes dieser Mindestlohn vom Reallohn meist lägst übertroffen worden war. War der jetzt festgelegte Mindestlohn nicht gezahlt, war die Leistung dafür nicht ausreichend. Lohn als Kosten von der Leistung für Entlohnung zu trennen, scheint im Mainstream der politischen Agenden zu liegen. Damit verabschiedet man sich schon grundsätzlich von wirtschaftlichem Sachverstand.

In der Energiepolitik ist der Winter 2022/2023 bei der Versorgung überstanden. Aber die Frage bleibt, ob man nicht doch noch den Stopp der AKWs hinausschieben hätte müssen, schon aus Gründen der Sicherheit vor dem fertigen Ausbau der ‚regenerativen' Energien. Und um den Energiepreis aus höherem Angebot niedrig zu halten. Der Preis für Energien steigt mit dem Preis der Opfergaben für grüne Ideologien. Die Industrie zahlt.

Bei Corona setzt man jetzt auf die Selbstverantwortung der Bürger: Das hätte man von Anfang an machen können – um damit die Existenzen unzähliger Kleinunternehmer und Selbstständiger nicht anzuschlagen oder zu zerschlagen. Auch dafür sind die Aufräumarbeiten noch nicht gemacht worden. Eine Folge ist allerdings leider schon klar – und die Folgerung daraus ebenso. Die Gesellschaft wurde durch so viele mutwillig harte Maßnahmen auseinanderdividiert, die staatlichen kleinen Hilfen nur zu Trostpflastern geworden. Nachfolger für mittelständische gewerbliche Existenzen werden noch schwerer gefunden, und Ausbildungsplätze fehlen.

Der Gesellschaft fällt noch nicht auf, dass der benachteiligte Teil sich zurückzieht, vielleicht sogar bei den Wahlen, und ein Miteinander nicht mehr mit anstrebt. Er will, von seinem Staat vernichtet, ihn nicht mehr durch seine Wahl stützen. Für einen größeren Beitrag zu neuem Aufschwung fehlt ihm Geld und Vertrauen. Man hatte alle verordneten Maßnahmen getroffen, wurde trotzdem im Beruf oft an den Rand des Aufgebens oder zur Aufgabe gezwungen. Schwung für Aufschwung mit ihm, dem vom Staat Vergessenen. Woher soll denn dann der dringend nötige Unternehmermut kommen? Worauf Vertrauen bauen? Die Gesellschaft wurde durch Stümper nicht gespalten, sondern zerrissen. Eben: „In der Beschränkung (des Trilemmas) zeigt sich erst der Meister", aber nach Selbstbeschränkung dann der Kleister!".

Wenn gleichzeitig Unsinn gefordert wird, wie Mithaftung der Vermieter für Verbrauchkosten ihrer Mieter, wird Bauen für familienfremde Mieter nicht mehr sinnvoll. Am 2. Januar 2023 stand schon in den Medien, dass die Bautätigkeit im Wohnbau signifikant zurückgefahren wird. Den hier vorgestellten Grund ziert man sich offen zu benennen. Andere Gründe für den Rückzug der Investoren nennt man freilich gerne.

Der zweite Mut verringernde Punkt ist das schiere „Wurstgefühl" der Politik und des öffentlichen Dienstes, auch in großen Unternehmen, über Nöte des kleinen gewerblichen Mittelstandes und Freiberufs zu reden. Es tut weh, wenn in ihrer täglich geübten harten Arbeit für ihre Existenz die ‚Herrlichkeit' der Nichtbedrängten in so mancher Amtsaussage zutage tritt. Und dabei noch horrende Lohnerhöhungen gefordert werden. Diese Gesellschaft ist nicht gespalten; sie wird zerfetzt und wird als solche völlig verschlissen. Wer soll für welche Gemeinschaft sein und eintreten? Da wird eines klar: Es fehlt der Gesellschaft an Grundsatz-Orientierung. Und der Staat reiht eine Maßnahme an die andere nach dem Motto: „Und als wir die Orientierung verloren hatten, verdoppelten wir unsere Geschwindigkeit".

Wohin soll das aber führen? Eine notwendige neue Ausrichtung könnte sich in einer anspruchsvolleren Herangehensweise an Aufgaben für ein zukunftsfähiges Gemeinschaftsleben in der enger werden Welt für Personen, Institutionen und auch für Nationen anbieten. Eine Zielsetzung mit dem Ziel, proaktiv für eine reizvolle Einigungskultur zu sorgen.

MITTEL UND WEGE FÜR NEUES LEISTEN

Danach ist zu fragen, ob Menschen unterschiedlicher Kulturen, mannigfacher geographischer Nachteile und Schicksale graduell unterscheidbaren Wissens- und Kenntnisstands in wirtschaftlichen Aufgaben imstande sind, sich mit solchen Themen eher wirtschaftsphilosophischer Art zu befassen. Ob man da und dort denn überhaupt die Zeit neben der täglichen Sorge um die eigene Existenz aufbringe, sich darin seriös zu vertiefen.

Aber die Erkenntnis, dass im ganz Persönlichen anzusetzen sei, führt zu der Frage nach den Wegen dorthin. Dieser Weg ist oft unterschätzt ziemlich lang. Wege werden immer dort gesucht, wo eher ein arg holpriges Gelände befahrbar gemacht werden muss und Wege darüber gebraucht werden. Ist erst Bedarf zu sehen oder zu erspüren, also ökonomisch gesehen zu ermitteln, machen sich Menschen Gedanken über das Vorhandene und über bessere Möglichkeiten. Wird aber Bedarf nicht erkannt, ändert sich auch nichts, Bedarf bestimmt Motiv. Wird Notwendigkeit zu Besserungen wahrgenommen, aber Mittel und Wege dafür als geeignet nicht vorhanden sind, kann niemand etwas ändern. Wenn also die Einsicht wächst, dass die feindselige Einstellung von Menschen aus Nöten, Egoismen, Neid, Wut und Hass auf Besseres Andere irrezuleiten sei, muss man genau da ansetzen. Eine neue Gemeinschafsordnung, die diesen Namen verdient, hat also nicht über Gebote und Verbote, über Abgrenzung und Barrikaden, über Macht und Übermacht nachzudenken, sondern erst über einen Weg jedes Einzelnen zu sich selbst. Griechische Philosophen des Altertums waren an diesem Stand der Überlegungen schon viel weiter: „Gnoti sauton = Erkenne dich selbst!" als Voraussetzung für Wollen und Tun im Leben innerhalb einer Gemeinschaft. Wenn es nun gelingen sollte, sich freizumachen von Neid und Hass, von Niedertracht und Missgunst, von Machtgier und Rachsucht, von Habgier und Sattheitslust, vom Wunsch nach Realisierung von maßlosen Träumereien, vom Anspruch über ein gefügtes Maß von Anrecht hinaus, in der Einsicht, dass alle Menschen von Natur aus ungleich sind, ihre Voraussetzungen und Umstände ihres Lebensumfelds, ihre Anlagen und ihr Wollen, dann kann ein Weg durch ,Menschheitsdickichte' hindurch zwischen Untugenden gefunden werden.

Das bisherige schlingernde Treiben hat immer auf arge Holzwege geführt und tut es noch, zum Schaden Aller und auch für den Erhalt des Planeten Erde. Wenn Solches gelänge --- freiwilliger Verzicht auf die unheile Art menschlichen Wollens, dann wäre schon vieles Gute für Zukunftsfähigkeit erreicht. Es ist viel Schönes gelungen, was die Bewohner dieses bewohnten großen runden Stückes Substanz im Weltall gewollt haben. Um etwas zu verhindern, was man nicht wollte, aber stets läuft und noch ungewollt ,passieren' könnte, sollte freilich ein neues Wollen der Menschen sichtbar werden: Eine Verständigung auf eine Reinigung von Unarten aller Individuen bei sich selbst. Befassen ohne Wut und ohne Übereifer: "Sine ira et studio" sagten dazu die Römer. Wozu freilich auch die Unart zählt, ständig belehren zu wollen: Freiwilliges Verständigen auf eine Art Oberhoheit menschlicher Vernunft, Ethik, Logik und von abgewogenen Regeln im Miteinander, auf ein Zueinander der Existenzen-Sicherungen, wäre dafür die beste Wegbereitung. Ohne sich in Regulierungen in kleinsten Details zu verlieren, würde eine Akzeptanz unter den Leuten reifen. Da dies keinen Dominanz-Anspruch von Personen über die Persönlichkeit jeder einzelnen anderen Person auslöst, wo die Würde des jeweils Andersdenkenden und Andersgläubigen in seiner Religion somit unbeschadet bleibt, könnte ein erster Anschub für neues Verhalten gelingen.

Wenn über „zivilisierten" Umgang untereinander Einverständnis erzielt werden könnte oder wird, kann ein gutes Gefühl entstehen und ein Anreiz zum besseren Mittun erzeugt werden. Gibt es denn nicht so viel Schönes und Gutes, Angenehmes und Erbauliches, Kulturschaffen zur Freude, so viel für eine innere Befriedigung von Neugier über die lange Entwicklung des Planeten und über seine Bewohner, seine Geologie und die Chancen und Möglichkeiten, die Schönheiten, die es zu bewundern gibt, dass man daraus im Leben nicht vollends erfüllt sein könnte? Muss es immer das pure Gegenteil sein, das mehr anspornt? Haben uns nicht schon frühere Kulturen gelehrt, was im Leben hochzuhalten ist? Und was in den Abgrund führt und die Menschen ins Nichts stürzt, wenn böswillig auf Unterwerfung und Unterdrückung sinniert wurde? Brauchen wir wirklich erst wieder ein Menetekel an irgendeiner (Palast-) Wand zu sehen?

„Trinkt oh Augen, was die Wimper hält, von dem schönen Überfluss der Welt" heißt ein Dichterwort und wies einen weisen Weg für Erfüllung im Leben mit Erlebnissen im Ethischen, Ästhetischen und Aktiv-Sein.

Können wir nicht einfach einmal wirklich zufrieden sein, um Frieden zu fördern? Dankbar sein für so viel an schönem und wohltuend Erfahrenem? Mit der Kraft auszublenden ausgestattet zu sein, wie wirklich hartes Schicksal uns getroffen haben mag; menschlich Unerträgliches zu vergessen? Gemeinheiten zu vergeben? Sind es darin nicht die in vieler Hinsicht am meisten Benachteiligten, die uns darin Respekt abverlangen?

Wie oft wir die Würde eines Gegenübers jeweils angreifen, merken wir nur zu oft gar nicht. Wir sehen uns viel zu sehr in der Rolle des Beobachters, des am Geschehen unbeteiligten Zuschauers, des Bewertenden und Verurteilenden. Die hohe Position ‚auf der Tribüne' messen wir uns selbst zu, wohl aus Erziehung und der erlernten Pflicht zur kritischen Würdigung von Vorgängen. Dem ist nicht zu widersprechen, wohl aber dem Anspruch daraus, sich selbst darin erhöhter zu positionieren. Was vielfach verloren gegangen ist, sollte doch wieder einholbar sein: Ein gerütteltes Maß an Selbstkritik und verlorengegangener Kritikfähigkeit, an Lust auf Verzicht, was zum

Genuss werden kann; an etwas, was wir kaum mehr zu üben imstande sind: Demut.

Die Chance zu einer Beteiligung an gemeinsamem schönen Erleben ist Freude am Leben. Die öfter so gern beschworene ‚gute alte Zeit‘ hatte neben Entbehrungen einen großen Lebensanteil an einfach ‚gestrickter‘ Freude. Die Europa-Hymne des „Freude, schöner Götterfunken!“ will uns diesen Reichtum menschlicher Gefühlswelt wiedergeben, wieder den Funken zu einem neuen Feuer emporlodern lassen im Empfinden von Lebenswertgefühl und Denken an das Schöne und Wertvolle im Leben. So könnte die Erkenntnis wachsen, dass es nicht der Gebote und Verbote, der Regulierung und Schranken bedarf, um über mehr Vernunft und Logik zu einem erfüllteren Leben zu gelangen, sondern über Anreize zum Anteil am Reize-reichen Erleben. Dabei werden unverschuldete Nöte nicht ausgeblendet. Helfen und Danken sind hohe Werte, so wie Bitten keine Schande wird, sondern Gemeinschaftsleben erst erlebbar macht. ‚Neues Leisten‘ nimmt da Fahrt auf.

Die wichtigste Frage jedes verantwortlichen Managers in der Wirtschaft heißt: „Was wird sein, wenn nicht?“ Wenn also nicht eintritt, was wir unternehmen und gerade neu anpacken? Gibt es einen Plan 2.0 oder Plan B?

Den gibt es immer, nur nicht immer bereit und nicht immer besser als das neu im Raum Stehende. Also sind wir aufgerufen zur Selbstprüfung, ob wir uns freimachen können von menschlichen Unzulänglichkeiten, die uns unvernünftig erscheinen, und Besserungen deswegen öfter unerreichbar bleiben. Süchte und Sehnsüchte beherrschen unser Tun mehr als wir zugeben wollen. Wenn Menschen bereit sind, in Ansätzen Anfänge zu machen, zu starten auf dem Weg zu sich selbst als Ziel, ist schon viel gewonnen. Gelänge dies, wäre es eine Art Kultur-Epochen-Gewinn gleich zum Beginn aller Bemühungen. Eine geistige „Zeitenwende“. Die gute Manager-Ausbildung kennt das schon. Die innere Führung will den Menschen mit Firmen-Seele hochhalten.

Die Mittel dazu sind vorhanden. Verstand einzusetzen für Vernunft und die Zeit, im Leben darüber auch nachzudenken, was besser werden muss oder kann, bei sich und daneben unter unserer Mitverantwortung. Vorhanden ist die Fähigkeit, einen eigenen Willen zu bilden, der Ziele erreichen will und sich dafür Mittel und Wege ausdenkt. Was fehlt, ist aber häufig die Bereitschaft, sich über die Ausganglage mehr Klarheit zu verschaffen. Wir erfahren aus allen Fährnissen unseres Lebens endlich, dass alles Wollen, alles Können, alles Schädigen oder Versagen, sowie alles am Ende erfolgreiche Anpacken auf einem ‚Dreifuß' sitzt und aufbaut.

Versagen oder Erfolg haben immer diese drei ‚Stuhlfüße'. So erkennen wir das „Dreipunkt-Friedens-Modell" aus einer Forschung im Kleinen – zum Nutzen für viel Größeres. Das Ergebnis kann überraschen:

Das Dreipunkt- Modell besagt, dass alle Probleme und alle Lösungen von Problemen auf friedlichen Wegen über dieses Modell beherrschbar sind. Die drei Punkte sind: Ausgangslage, Mittel und Wege und Zielfinden, die untereinander verbunden das Modell ergeben. Zeichnerisch untereinander oder auch im Dreieck gesehen, verbinden Linien diese Punkte. Denn es gibt kein Ziel ohne Ausganglage und keine Wege ohne Start und Ziel. Weder gibt es ein Ziel ohne eine Ausgangslage oder einen Startpunkt, noch gibt es ein Ziel ohne einen Weg und die Mittel auf dem Weg dorthin. Um das Modell zu verstehen und es nützlich zu machen, muss es als Modell vorgestellt werden, das wie ein Dreifuß mit Sitz drauf als oberer Abschluss drei gleich lange Stuhlbeine hat. Wäre nur ein Bein kürzer, würde der Stuhl Dreifuß kippen. Die gleiche Länge betont die gleich große Wichtigkeit im übertragenen Sinne des Denkmodells.

Dann muss vorgearbeitet werden. Jeder der drei Stuhlbeine ist auf seine Tauglichkeit abzuprüfen. Wenn eines der Stuhlbeine nicht gleichwertig mit den anderen beiden ist, gleich stabil und aus gleichem Material, hält der Stuhl nicht lange oder überhaupt nicht. Wäre ein Bein kürzer, könnte man nicht einmal darauf sitzen. Ein stabiler Sitz verlangt Gleichwertigkeit der ‚Beine' also der „Unterlage", der Basis der Untersuchungen. Ziel unserer Untersuchung ist die Analyse eines Befriedungsvorgangs. Schließlich gilt das Modell für die Ermittlung von Ursachen von Problemen und auch deren Lösung gleichermaßen. Wir nannten es Problem-Ermittlungs- und Problemlösungs- oder auch Friedensmodell. Dabei ist für den Erkenntnisgewinn Schritt für Schritt vorzugehen.

Im zeichnerischen Modell sind die ‚Stuhlfüße' die Punkte, die wie ein Dreieck gleich weit voneinander entfernt sind. Die gleiche Entfernung untereinander entspricht im Beispiel der Füße die gleichgroße Länge. Die drei Füße oder drei Punkte haben jeder einen Namen, der ihre Substanz und ihre Funktion aufzeigt:

a. Ausgangslage, Basis, Ursprung, Beginnen Start
b. Mittel und Wege, Maßnahmen, Vorgehen Weg
c. Ankunft, Erstrebtes Ziel, Ergebnis, Erfolg Ziel

Wie festgehalten, ist jedem der drei Punkte das gleich große Gewicht zugemessen. Daraus ist nun zu prüfen, bevor man sich auf eine Aufgabe einlässt, einen Konflikt auflöst oder ein neues Ziel anstrebt: Wie passen die Punkte nebeneinander und wie zusammen? Wie kann ermittelt werden, dass keine Ungleichheit entsteht, die Vorhaben scheitern lässt? Wie kam ein Konflikt zustande, der zunächst alles verhakte? Wie geht die Lösung.

So sind bei der Klärung von Streit zur letztlichen Beilegung zunächst die Ausgangslagen zu prüfen. Sind die klar und passen sie zu den Mitteln für das Erreichen eines Ziels wie geplant? Passen Basislage und Können für ein Ziel und reichen die Mittel mit den eingeschlagenen Wegen dafür? Sind die Wege richtig gewählt?

Auch ein Ziel braucht penible Prüfung der Sinnhaftigkeit. Ist eine Prüfung erfolgt, ob Voraussetzungen für die Wege und die

Handhabung der Mittel in geeignete Hände zur Zielerreichung gelegt? Schließlich sind auch die Ziele mit den Wegen auf eine gleich hohe Schiene zu bringen, also ob sie zusammenpassen, wenn zwischen Start und Ziel kein Bruch entstehen soll.

Das Dreipunkt-Modell erfordert also zuerst die Analyse der jeweiligen Problematik, dann die Erkennung des Schwachpunkts unter den drei Punkten, danach die Klärung, ob die drei Punkte gleichgewichtig erfasst sind, dann das Ausmerzen der Schwäche und danach die ‚Einigung auf Augenhöhe‘. Sind daraus die drei Punkte gleichgewichtig und gleichwertig, ist Einigung kein größeres Problem mehr. Die jeweilige Geeignetheit ist ja geprüft.

Wenn z. B. die Anlagen eines Menschen für ein Studium nicht reichen, ist jede Zielsetzung sowie die Mühen dafür sinnlos. Wäre ein Ziel richtig, aber der Weg dahin z. B. zu wenig Anstrengung aufgewendet, wird das Ziel nicht erreicht. Wenn jemand hochbegabt ist, sich beim Lernen nichts schenkt, aber für ihn oder sie ein völlig unpassendes Ziel wählt, z. B. den falschen Berufswunsch, kann jede gute Basis als verloren gelten.

Es kommt also darauf an, dass eine Ausgangslage mit einem Ziel in etwa kompatibel ist und „Werkzeuge" dafür tauglich und angemessen sind. Wenn die Ausgangslage nicht zum Ziel passt, so wie die persönlichen Begabungen nicht zum Berufsziel, nützen die besten freigemachten Wege wie mit Beziehungen nichts: Das Ziel wird verfehlt. Wenn das Ziel nur mit unangemessenen Mitteln erreicht werden kann, wie bei Korruption oder mit Krieg, nützen die besten Voraussetzungen für friedliches Wollen nichts Es entsteht keine Einigung auf Dauer. Zu prüfen sind daher die drei Punkte Ausgangslage, Mittel und Wege sowie angestrebte Ziele auf ihre Sinnhaftigkeit selbst, auf ihre Geeignetheit jeweils im Verfahren untereinander, auf die gleiche Ebene zueinander und die Passgenauigkeit im Zusammenspiel. Passt einer der drei Punkte nicht dazu, ist zu sehen, ob das hinzubekommen ist. Wenn ja, kann weitergemacht werden. Ist einer der drei Punkte selbst ein echtes Problem, ist daran zuerst zu arbeiten. Eine oft diplomatische Aufgabe höchster Ansprüche. Denn Wahrheiten stören eine Einsicht oft sehr empfindlich. Sind von den drei Punkten zwei problematisch beladen, empfiehlt sich ein Rückzug vom Vorhaben, so wie wenn die Ebene der Verbindungslinien nicht ungefähr gleich hoch aufliegen. Veranlagung –, um im Bild zu bleiben – Lernbereitschaft und Lernfähigkeit müssen in etwa zum Berufsziel passen. Und zwischen den Menschen sollte die Chemie, Funktion und der Bildungsstand stimmen.

Leider unterliegen manche Staats-Theorien dem Irrtum einer „Machbarkeit von Staats wegen". Die Völker werden dann falsch regiert und in dann oft verheerende Abenteuer gestürzt. Das könnte vermieden werden. Es fehlt eine Staatenberatung.

Eine Einigung kann nicht erzwungen werden, soll sie dauerhaft, also nachhaltig gelingen. Frieden braucht die friedliche freiwillige Einigung ‚auf Augenhöhe'. Es war der große Irrtum am Ende der ersten Weltkrieges, dass man einen Frieden mit der faktischen Unterwerfung Deutschlands erzwungen hat. Der Keim des nächsten Krieges, des 2. Weltkriegs, war mit den Unterschriften gelegt. Frieden braucht Vertrauen. Wird Frieden militärisch garantiert, ist Vertrauen in Frieden obsolet. Innerstaatlich braucht ein Staat hohes Vertrauen, wenn er Verordnungen und Verfügungen erlässt. Nicht nur müssen Maßnahmen erklärt werden, es muss auch der logisch richtige Sinn überzeugen. Die Bevölkerung muss mitgenommen werden, wenn der Staat damit erfolgreich sein will. Wenn dem Volk Verstand fehlt oder Vernunft zur einer Einsicht, kann das beste Ziel und die richtigste Maßnahme keine Ruhe im Staat erzeugen. Bis zu Bürgerkrieg können Unruhen schaden.

Das ergibt die Notwendigkeit einer Abstimmung des Drei-Punkt- Modells auch in Außenbeziehungen. Wo Bündnispflichten eingegangen sind, wo Menschenrechte und Bürgerrechte in einer Völkergemeinschaft eine Rolle spielen sollen, kann innerhalb eines Staates nicht darüber hinweggegangen werden. Außenbezug bleibt. Doch: Auch Bürger sind Menschen mit Rechten.

Vielfach steht einer Verständigung die ungleiche Auffassung von Begriffsinhalten im Wege. Dabei spielen Definitionen eine große Rolle. Die Schludrigkeit im Umgang mit Begriffen ist häufig genug schon im ganz Kleinen der Anlaß für Differenzen. Um wieviel mehr, wenn unsaubere Abklärungen ganz bewusst irritieren.

Was eine schludrige Behandlung von Begriffen mit teils entgegengesetzten Inhalten macht, haben wir oben gesehen. Zur Vertiefung: „Sozial" ist nicht die harmlose Vorstufe von „sozialistisch", sondern das absolute Gegenteil. Wenn „sozial" = „gemeinschaftlich" bedeutet, verändert „sozialistisch" die Gemeinsamkeit mit politischen Forderungen nach „Enteignung", „Mietenstopp", „Vermögens-Umverteilung", „Enterbung wegen unverdientem Einkommen", „höhere Besteuerung der hohen Einkünfte", „Begrenzung von Provisionen" u. ä. den gesellschaftlichen Zusammenhalt. Alle diese Forderungen revolutionieren Bestandsregeln, Ergebnisse des Aufbaus bisherige Erfolge und die Basis für Weiteres. Wird daran gesägt, ist der Ast bald ab, auf dem wir sitzen. Wird dann die Gesellschaft in die Tiefe gestürzt, wie nach 40 Jahren DDR, ist durch Sozialismus das Soziale verloren gegangen. Und offenkundig begann es mit der Vereinnahmung der Sozialdemokraten von der sozialistischen SED. Es sollte endlich gelingen, in der Bevölkerung mehr Verständnis für Klarstellungen zu erreichen. Darin könnten sich besonders auch die Funkmedien hohe Verdienste erwerben. Schließlich befindet sich Einiges auf dem falschen Wege. Die freiheitliche demokratische Bundesrepublik gerät in arge Schieflage, wie die erwähnten geplanten Mietrechtsänderungen unter dem Deckmantel eines Klimaschutzes zeigen. Ein Absturz der Volkswirtschaft im Bereich Automobilbau, Kraftwerksbau, Maschinenbau und Wohnungsbau kann da nur noch mit einer anderen Regierung nach Neuwahlen besser verhindert werden.

Ist es nicht ein Widersinn hoch 15, wenn einerseits Mietenstopp gefordert wird, andererseits aber bis zu 15 % höhere Einkommen in Tarifverhandlungen gefordert werden?

Statt sozialer Einstellung stellt sich Sozialismus auf konfiskatorische Besteuerung ein, was Wegnahme durch Besteuerung bedeutet. Die Regelung der neuen Grundsteuer könnte eine solche Maßnahme im Einzelfalle sein. Die Mietgesetzänderung mit der Pflicht für Vermieter, den Verbrauchsanteil der Mieter teilweise mit zu bezahlen, ist ein solcher Missgriff ohne Logik. Vermieter dazu zu bringen, dafür mehr am Mietobjekt für Klimaschutz zu tun, ist ein Vorwand für die eigentlich gewollte „Transformation der Wirtschaft", die eine Schwächung der Eigentumsrechte aus der Garantie des Eigentums nach dem Grundgesetz der Bundesrepublik Deutschland bedeutet.

Die beabsichtigte Steuerung hinsichtlich Verpflichtung zur energetischen Verbesserung der Mietsache übersieht, dass der ursprüngliche Mietvertrag unter der Voraussetzung der bestehenden Qualität der Wohnung abgeschlossen wurde. Um dem die Krone aufzusetzen, werden Mieterhöhungen nach riesigen energetischen Verbesserungen ausgeschlossen oder begrenzt. Wenn Verbraucher ihren Verbrauch tatsächlich vom Vermieter bezahlt bekommen sollen, stecken wir schon mitten im kommunistischen Sozialismus. Dann baut nur noch der „Unerfahrene" Wohnungen für Unbekannte. Ein Dauerzwist ist programmiert. Mieterrechte reichen so weit, dass Vermieter nach gemachten Erfahrungen lieber nicht mehr vermieten, als sich Ärger, Streit, Kosten für Rechtsstreit und Nervenbelastung anzutun. Leben ist wertvoller als Eingänge von Mieten. Selbst das Verbot, sich Mieter bestimmter Gruppen vom Hals zu halten, auch nach drastischen negativen Erfahrungen –, nicht einmal einem Nachvermieter entsprechende Erfahrungen mitzuteilen –, ist vom Bundesverfassungsgericht noch nicht als nicht ganz verfassungsgemäß erkannt.

Unter dem fragilen Schutz der Verfassungsorgane – auch des Verfassungsschutzes – triftet dieses Land in den Abgrund einer stark zerrissenen Gemeinschaft, die man als Einheit nicht mehr bezeichnen kann. Dass damit auch die Lust zum Bauen von Wohnungen verpufft wie Wohlgeruch im Sturmwind, merkt sozialistische Wohnungsbaupolitik nicht. Die Ideologie des Sozialismus schadet daher auch den Bedürftigen, die nicht mehr finden, was sie bezahlen können („bezahlbare Wohnungen"). Verschwommene Begriffsfassungen zwischen „sozial" und „sozialistisch" sind daher keine Spielerei. Die Inhalte der Theoreme erst recht nicht. Leistungen der Gesellschaft für die Sozial-Gemeinschaft müssen daher auf eine neue Stufe des Leistens gestellt werden. Das Drei-Punkt- Modell könnte Anleitung dafür sein.

Dass das Eigentum, verantwortlich geschaffene Verfügbarkeit und Dispositionsrecht die Grundlage der Demokratie sind, tritt schon lange in den Hintergrund politischer Vorstellungen. Stattdessen wird ein Recht auf Wohnen proklamiert. Ein Recht auf Nutzung fremden Eigentums ist die Schnittstelle zum Irritierenden.

Dann machen wir uns mal auf, im Garten des Nachbarn unser Gemüse anzubauen und unsere Schafe weiden zu lassen. Den Stall für die Schafe bauen wir auch gleich vor das Küchenfenster dieses Nachbarn. Irrsinn? Nein, sondern logische Konsequenz aus irrendem politischen Fordern. Offenbar ist noch nicht genug davon.

Die Unterscheidung von Arbeit und Leistung wurde oben schon angesprochen. Wenn aber davon geredet wird, dass jemand eine „Arbeit geleistet" hätte, wird wieder geschludert. Arbeit ist das Tätigwerden nach Vorgaben anderer oder aus eigenem Antrieb, Leistung ist ganzheits-orientiert und bewältigt eine Aufgabe.

Dass Leistung nicht unbedingt „elitär" sein muss, zeigte das Beispiel des Hofkehrers oder ähnlich einfacher Arbeiter. Wer sich bückt und Würzelchen zwischen den Pflastersteinen herauszieht, um die Beschädigung des Pflasters durch Wachsen der Pflanzen vermeiden zu helfen, bringt Leistung für den Auftraggeber, weil er weiterdenkt und nicht nur über das Pflaster hinweg die Steine abbürstet. Arbeit allein würde in diesem Fall sogar schaden. Eine Firma, die Leute zu Kunden schickt, denen Leistung egal ist, die nur „nach Vorschrift tun", was gerade handwerklich nötig ist, ist entbehrlich.

Der Ruf eines Handwerkers ermisst sich nicht am Drehen und Schrauben, sondern an Problemlösungsfähigkeiten, evtl. mit nötigen Hinweishilfen zum Vorteil seines Kunden. Wenn bei einer Regierungs-Blamage von „handwerklichen Fehlern" geredet wird, kommt dies einer Geringschätzung des Handwerks gleich. Denn diesem ist sehr wohl an der Zufriedenheit jedes seiner Kunden gelegen. Er sieht sich seinem Ruf verpflichtet. Wer kennt nicht den Ausruf der Schmach: „Der blamiert doch die ganze Innung!".

Behörden, Ministerien, staatliche oder halbstaatliche Institutionen werden trotz ‚handwerklicher Fehler' bezahlt. Der Handwerker bleibt bei „handwerklichen Fehlern" auf seiner Rechnung sitzen. Er kann oder muss nachbessern. Handwerk sollte man nicht durch solche Redensarten geringer oder missachten! Wenn eine Regierung viel Geld „verbrennt", erhält sie leider trotzdem Steuern.

Wie soll man so junge Leute zu schweren Berufen ermutigen? Auch diese Schludrigkeit hat Konsequenzen.

In WELT- online vom 20.2.23 wird über ein Fazit der Münchner Sicherheits-Konferenz" berichtet. Da stellt einer fest, dass sich Russland und China im feindlichen Gegensatz zu den USA befänden. Auch das fällt im TV glatt durch. Man nutzt gängige Vorbehalte gegen die Vereinigten Staaten, um Stimmung zu machen gegen diese USA, die den sogenannten Westen dominiere, aber auch militärisch mit schützen. In Wirklichkeit geht es den Gegnern der USA nicht einmal nur um einen Keil zwischen den Europäern und den USA, den man sich auch auf die Fahnen geschrieben hat. Den Leuten mit dem Treiben „gegen die USA" und gegen „den Wesen" geht es um die freiheitliche Gesellschafsordnung, die man zugunsten des Sozialismus sozialistisch-kommunistischer Prägung abschaffen will. Putin Ende Februar 2022 zu seinem Kriegsziel im Überfallkrieg gegen die Ukraine: „Wir werden die Amerikaner aus ganz Europa hinauswerfen bis in den Atlantik". Wer das nicht gelesen hat oder sich leistete, das zu vergessen, hat den Ernst der Lage noch immer nicht begriffen, obwohl dieser hässliche Krieg nun schon ein Jahr dauert. Den Feinden der USA oder ‚des Westens' geht es um ihre Ideologie des so verderblichen Staatssozialismus, dem das Individuum der Person herzlich egal ist, wenn etwas nur einem Funktionärswesen des kommunistischen Sozialismus diene. Kurz: Man strebt nach der Abschaffung dieser Freiheit der demokratischen Staaten, deren Wirtschaft und Gesellschaft auf dem freien Zusammenhalt statt Kumpanei setzt und deren freiheitlich ausgerichtete Wirtschaft der Staatsplanwirtschaft an Effizienz hoch überlegen ist. Und damit auch mehr für Soziales erwirtschaftet, was bei autoritären Staaten mit Regierungswirtschaft fehlt. Behüten und Versorgen nach Art des Sozialismus bewirkt Bevormundungen.

Wem es am ordnungspolitischen Kompass mangelt, sollte sich aus politischer Verantwortung verabschieden.

„Freiheit oder Sozialismus" wird nicht am Biertisch entschieden nach dem bekannten Motto: „Freibier oder Sozialismus!" Der „Westen" erhält seine Werte der freiheitlichen Gesellschaft und Wirtschaft, die freien Wahlen, die Entscheidungsfreiheit, die Meinungsfreiheit, Bewegungsfreiheit, Pressefreiheit, Berufsfreiheit und der gern übersehenen Garantie des Eigentums als Grundlage dafür nur durch Wachsamkeit, in Kenntnis der komplexen Zusammenhänge mit Abwehr von geistlosen Verschmelzungen in täglich geübten Begriffen.

Es ist eben nicht nebensächlich, sich medial vorsetzen zu lassen, man wäre unsozial, weil man sich gegen sozialistische Tendenzen einsetze. Es ist nicht einerlei, wenn man sich vom Gendern in der Sprache absetzt und eben nicht jeder arroganten Modeerscheinung nachläuft. Und es muss ärgern, wenn Wirtschaftspolitik als eine Politik „für die Wirtschaft" und gegen die Gesellschaft gerichtet dargestellt wird. Staatsgläubigkeit muss nicht noch öfter als schädlich und von Selbstverantwortung „befreit" bewiesen werden, um sie einer Nähe zur gesellschaftlichen Schädigung zu zeihen. Wenn vom „Ende her gedacht" worden sein soll, muss das Ergebnis mancher allzusehr auf Schielen nach Wählerstimmen ausgerichteter Politik neu beurteilt sein.

Die Schädigung dieser deutschen Gesellschaft hat einen langen Schatten. Defizite in Ordnungspolitik sind Legion. Auf diesem Gebiet der Ordo, der Staatsordnungspolitik muss auch die Bildung neu mehr leisten.
Fehlerbehaftete Politik aus dieser Warte wird auch nicht durch noch so hohen Orden nachträglich besser.

So bleibt es ein gut gehütetes Geheimnis der Bildungspolitik, dass Grenzüberschreitungen in jeglicher Form zwar benannt werden, aber Kritikunfähigkeit geübt wird auch dann, wenn Übertretungen von Ordnungsrecht Vorsicht gebieten würden. Nicht nur können Karrieren früh im Leben verderblich werden, wenn man sich zu viel leistet; man übersieht dabei ganz wesentliche Veränderungen, die von interessierter Seite eingeflochten werden, aber nicht erkannt werden sollen. Fehlschlüsse werden da öfter mit fake-news bewusst ‚influencert'.

So haben die Demonstrationen am 3. März 2023 in mehreren Städten nur bei Moderator Zamparoni in den „Tagesthemen" zur Andeutung eines rechtswidrigen Tuns geführt. Denn Streik für mehr Einkommen wurde unterstützt von fff- Aktivsten, den Friday-for future-Warnern, die für Klima-Schaden-Vermeidung eintreten, und von Gruppen, die für Wohnraum-Enteignungen plakatieren. Man gibt sich erfreut über die gebündelte Unterstützung und übergeht das Verbot eines Streikrechts für politische Ziele, wofür nicht demonstriert werden darf. So kann man das garantierte Streikrecht mit Unrecht sabotieren oder suspektiv konterkarieren.

Was den Blick in eine tragfähige Zukunft aus aktuellem Geschehen völlig vernebeln kann, wird überhaupt nicht öffentlich angesprochen. Alle teils exorbitanten Lohn- und Gehaltsforderungen werden inzwischen vom Wert der Arbeit im Kostengefüge losgelöst behandelt und aus hohen Bedarfen begründet. Wer bei Löhnen und Gehältern an Kosten denke, mache die Menschen zu reinen Kostenfaktoren, heißt es dann öfter. Aber das ist so falsch wie bösartig. Denn Löhne sind betriebswirtschaftliche Kosten. Nicht für den Wert meiner Arbeit oder Leistung will man mehr Entlohnung erhalten, sondern „weil ich mehr brauche für Lebensunterhalt oder Lebensstil, der natürlich dann so, wie er ist, als „menschenunwürdig" dargestellt wird: Nicht zu schmälern.

Daraus erlebt Deutschland, auch manch anderer Staat in Europa, nicht nur eine „Zeitenwende" im lange Zeit geübtem Verständnis von wirtschaftlichem Zusammenhang und Nachwirken dieses Verständnisses zwischen Lohn für Arbeit. Das Drehen an dieser Verständnisschraube kann zur ‚Kernschmelze' unserer bewährten deutschen Volkswirtschaft führen, deren Modellcharakter weltweit lange Jahre unwidersprochene Geltung besaß. Das Gesellschafts-Modell der „Sozialen Marktwirtschaft" erlangte den Rang eines Exportschlagers.

Es ist bezeichnend, dass gerade im Öffentlichen Dienst dieses Missverstehen zum Fanal proklamiert wird: „Weil wir das Geld brauchen, um Inflationswirkung aufzufangen" Weil dort kein Kosten-Ertrags-Konnex zu kaschieren ist und zu Konsequenzen führe, erklärt man sich selbst als für ein Übermaß an Lohnforderungen als Nachholbedarf berechtigt. Wie viele Berufe sich nicht beim Publikum oder Kunden refinanzieren und so bedienen können, interessiert im Öffentlichen Dienst niemanden. Öffentlicher Dienst für die Öffentlichkeit?

Die ‚Kernschmelze' der deutschen Volkswirtschaft besteht im Fusionsreaktor zwischen Nichtsdenken und dem Mangel an Denkfähigkeit über sein Schulheft hinaus, in der ‚Denkwende', die an Heuwenden erinnert: Mehrfaches Wenden bis zur vollständigen Trocknung der Wiesenmahd zur Bevorratung für die Ernte-armen Jahreszeiten.

Ob viele Selbstständige, Kleingewerbe und Freiberufler sich alles das nicht leisten können, was bei Anderen zum Minimum an Lebensgestaltung zählt, enthebt das öffentliche Verdienen der ernsthaften Beachtung, sich darüber Gedanken zu machen. Wer in diesen nichtöffentlichen Berufen mehr verdienen will, bei gleicher Inflation und Belastung, muss zuerst mehr leisten, bevor er mehr Einkommen erzielt. Ich kenne keinen Handwerker oder Berater, der sich vor seinen Kunden hinstellt mit einer Tafel: „Lieber Kunde, ich brauch' mehr Geld!"

Leisten, Arbeiten und ganzheitliche Leistung als Voraussetzung für Einkommen zu sehen, und Einkommenssteigerungen aus gestiegener Leistung, ist aus dem Blickfeld geraten. Man stellt sich ein Einkommen als Fixum für sich und seine Lebensplanung vor und überlässt operativen Berufen die harte Lösung der Kosten-, der Absatz- und Marktprobleme daraus – und eh Probleme eines perspektivischen Zurechtkommens. Wo Wert vom Preis getrennt wird, Lohn von Leistung, der Wert einer Arbeit oder einer Leistung für Vergütungen keine Rolle mehr spielt, ist gefährliche Inflation nicht nur für Preissteigerungen, die Denke, -oder das Nichtdenken – vom Kommunismus nicht mehr weit entfernt., sondern Gefahr für die ganze Währung im Verzuge. Absturz aus fehlender „Denkwende" ist dann programmiert.

In diesem Falle ‚zerbröselt' die Gesellschaft in ihre kleinsten Atome, sie löst sich auf: eine „Kernschmelze", die keine Energie und keine Zukunft verspricht, nicht einmal eine schlechte. Es ist schlimm, dass diese „Denkwende" bisher ohne die nötige Beachtung geblieben ist. Auch die Presse kann etwas dafür leisten, wenn man da eben nicht nur ein Spiegel der Gesellschaft sein will, sondern durch gute Information guter Berater.

Und die Institutionen der Bildung? Ist Bildung nur Angebot? Oder Angebot bei gleichzeitiger Wahlfreiheit Bildungsbedürftiger, ob man das Angebot überhaupt in Betracht ziehen soll und wenn ja, in welchen Umfang man es annehmen möchte? Auch die Freiheit erfordert ein reales Leisten, um sie als Kulturgut zu bewahren. Bildung bleibt sonst ein multipel missbräuchliches Hülsenwort und ziemlich unbestimmt. Bildung kommt hohl daher, wenn gute Wirkung sich nicht zeigt. Dagegen ist der Unterschied zwischen Klima-Rettung und eine Rettung per Hubschrauber, die „Luftrettung" des ADAC, nur ein Wortspiel wert. „Klima-Rettung" meint das Objekt Klima, „Luftrettung" das Mittel und die Wege zur Rettung von Personen. Bei Bildung bleibt alles ganz offen. Das Produktions-Ergebnis wird aus der Schule entlassen, wie gebildet auch immer.

Die erste negative Wirkung der Art und Weise der Politik für den „Mindestlohn" zeigt sich bereits. Man hat zwar nominell ein Gremium für die Festlegung der Höhe des Mindestlohns ‚eingerichtet', aber Parteien haben die Höhe neu bestimmt und das Gremium aus bestimmten Positionen ‚gebeten' oder ermuntert, die Höhe zu sanktionieren. Noch schlimmer: Parteien haben sich sogar gerühmt, sie hätten den Mindestlohn zu steigern ‚durchgesetzt'. Man müsse „mit dem Geld auskömmlich leben können" war der Grund für neue Höhe. Es ist zwar immer richtig, dass man arbeitet für sein Auskommen aus Einkommen. Dass aber das Auskommen die Höhe der von außerhalb der operativen Anstrengungen festgelegt wird, also über Parteien sogar wählbar sei, ‚wendet' wirtschaftliches Verständnis hin bis zum Unverstand.

Darauf ist keine Zukunft einer Gesellschaft zu bauen. Aus dem Nichtbeachten dieses Irrweges, der aus Unverstand geboren ist und zu Missverständnissen viel größerer Dimension führen wird, aber intransparent gehalten wird, entsteht leicht ‚Untergangs-Sozialismus‘, der durchaus auch einmal von „Staatstragenden" gekommen sein könnte. Wenn Mindestlohn wählbar wird, herrscht für die operative Wirtschaft Kommunismus. Denn dann wird die Verantwortung nicht nur für ‚Mindestlöhner‘ eintreten müssen, sondern auch für die Kosten in Betrieben, die Betriebsergebnisse und die Effizienz der Arbeit für alle Leistungen. Aus der gedanklichen Auflösung des ja bestehenden Zusammenhangs zwischen Kosten für Lohn und Gehalt und der Entlohnung genauso wie der Zusammenhang zwischen Entlohnung und dem Wert einer Arbeit oder Leistung noch bekannt sein sollte, wird ein Nichtbeachten zur wirtschaftlichen Katastrophe, ja zur Auflösung in nichts von Denken überhaupt.

Hubertus Heil Bundesarbeitsminister in der Regierung Scholz, geht noch weiter. Er prognostiziert aus höherer Höhe des Mindestlohns sogar höhere Bereitschaft bei Empfängern, sich weiterzubilden. Auf der Suche nach dieser Logik bin ich noch nicht fündig geworden. Stattdessen ‚verspricht‘ er bereits neue Mindesthöhen. So wie am 24. Juni 2023 Die Linke mit Herrn Bartsch. Man „verspricht", das Gremium nickt ab und Andere sollen dann nur noch bezahlen. Ob eine Arbeit diese Lohnhöhe wert ist, spielt dann keine Rolle mehr. Deutschland, gute Nacht.

Überhaupt nicht selten sind Unkenntnisse bei der Unterscheidung bei Logiken, ja einer Logik als Basis für Vernunft-geleitetes Tätigwerden. Viel zu oft fehlt die Beurteilung von Versagen und Not aus persönlich zu verantwortender Unvernunft. So wenig Reichtum aus Verdienen durch Leistungen einen negativen Anstrich verdient, so wenig ist Armut an sich eine Schuld der Gesellschaft oder Mitschuld aus freiheitlichem System.

Die Vollkasko-Mentalität, die von Parteien ‚gezüchtet' wurde, um Abhängigkeiten zu erzeugen und Hilfen des Staates für Wahlergebnisse zu nutzen, beherrscht heute Denken und Fordern bis zur Unmäßigkeit bei Lohnforderungen. Da ist Rücksichtslosigkeit nicht nur aus dem Streikgeschehen einfach hinzunehmen. Die Unterschiede zu den Berufen, die sich nicht von der Allgemeinheit „diese oder jene Lohn-/Gehaltserhöhung, (mindestens aber XXX € mehr...") besorgen können, lassen Gemeinschaftsgefühl und –denken selber ganz schrumpfen.

Die Bevölkerungsstruktur der Nichtmehrwähler sollte aufhorchen lassen. Früher waren sie öfter Träger des Staates oder von Gemeinschaften gewesen, die sich heutzutage nicht einmal mehr die Schuhe für den Gang zur Wahlurne schmutzig machen. „Mindestens jedoch € 500.- mehr" –, das spaltet die Einkommen endgültig. Niemand stellt sich die Leute vor, denen man die Einkommen per Gesetz zurückbildet (Vermieter) oder beschränkt (Makler) oder die sich so auch mal im Jahr zusätzlich 6.000.- € mehr Verdienst wünschen möchten. Wenn Leisten und Leistung Lohn bringt, muss ein Mehr an Lohn auch von mehr Leisten kommen.

Würde man, wie oft gehört, die Berechtigung von so hohen Lohnforderungen an den Bedarf koppeln – weil die Inflation immer weniger Einkommen werthaltig belässt, wären wir schnell beim Versorgungsstaat, dessen einzige Aufgabe es bliebe, die Leute vor Hunger zu bewahren, Essen in ausreichendem Maße wie nach dem Weltkrieg die Schulspeisung an eine anstehende Schülerreihe der Bedürftigen auszureichen. Der Staat würde sich endgültig vom Zusammenhang zwischen Erwirtschaften und Verdienen verabschieden, Seine Bürger würden im internationalen Vergleich zu darben beginnen, Bananen und andere Südfrüchte zugeteilt. Absturz über ‚Brot und Spiele' ist bekannt.

Wenn ein Staat beginnt, das Denken in Versorgung zuzulassen oder gar zu fördern, ist er schon am Ende. Man merkt dann nicht mehr, dass je mehr die Forderungen nach Inflationsausgleich erfüllt werden, von wem auch immer, desto schneller sich die Preisspirale drehen wird. Wenn nur der öffentliche Dienst mehr verdienen kann, ist die Gesellschaft kaputt. Jeder, der sich außerhalb des mit € 3.000.- Einmalausgleich und zusätzlich 6.000.- oder 7.500.- € im Jahr mehr gestellt sieht, wird sich fragen, welche neuen Schichten unter der Bevölkerung eingeführt werden sollen. Hat niemand auf dem Schirm, dass auch der Metzgermeister, der Bäckermeister, der Schuhhändler, der private ambulante Pfleger, der Kleiderreiniger gerne so viel mehr haben möchte? Oder trifft diese Berufe und viele andere die Inflation überhaupt nicht?

Leistungsverweigerung kann ein sehr konsequentes ‚Armseligkeitswunder' werden, wenn wie in mancher Stadt z. B. ein Taxi nach 18 Uhr am Abend eh nicht mehr zu bekommen ist. Schon beginnen Gaststätten nur noch an drei oder 5 Tagen zu öffnen. Auch Wirte würden gerne soviel Geld mehr verdienen. Man erkennt, dass Zusammenhänge nicht so einfach ‚weggefordert' werden können. Und am Ende leidet die Steuerkraft, die wiederum für den „Sozial-Etat" von hoher Bedeutung ist. Was würde man sagen, wenn der Getränkehändler seine Ansprüche auf dieses Niveau" anheben würde? Volkswirtschaftlich bedeutet mehr Konsum eine Verringerung der Hilfsmöglichkeit oder eine Senkung der Zuschüsse für gemeinschaftliche Aktivitäten, geringere Ersatzinvestitionen, die mit „Kaputtsparen" verrotten bis zu Feuerwehrgeräten, oder zu neuen Schulden, die in die gleiche Richtung führten. Eine Logik, wonach ein imaginärer Erfolg dennoch zu verteilen sei, macht fassungslos.

Niemand denkt dabei an seinen Blumenhändler, seinen Buchhändler, seinen Schuhmacher oder den Gärtner. Oder an Pfleger in ambulanter häuslicher Betreuung. Die Vielforderer denken am besten gar nichts, weil sonst als Spalter der verbliebenen Zusammenhaltskräfte beschuldigt. Würden alle so versorgt, wäre der mit der Forderung gewünschte Erst-Effekt schon wieder obsolet. Aber darf die Frau am Marktstand es nicht fordern?

Es ist äußerst ärgerlich, dass die hohe Wissenschaft sowohl im Fach Jus als auch in der Ökonomie sich des Dilemmas nicht annimmt, sondern den Widerpart gegen den Missbrauch politischen Einflusses auf diese Institution der Lohnforderungen den Verbänden der Arbeitgeber überlässt. Weder Recht noch Ordnungspolitik haben sich öffentlich eingemischt, sondern haben dabei so getan, als ob dieser ordnungspolitische Sündenfall eine Frage unterer Dimension mit kleiner Hakelei zwischen Tarifpartnern sei. Der Wissenschaft steht eine Stellungnahme nicht nur zu, der Presse ebenso.

Nun wurden ja am 15. April 2023 die letzten drei Atommeiler für die Erzeugung von Strom in Deutschland abgeschaltet. Bei den sichersten der Welt sollte künftig jeder Unfall ausgeschlossen werden. Doch ein solcher Störfall lag offenbar schon vor, wenn eine Schraube an einem Flansch nachgezogen werden musste oder ein Leck zwischen zwei Kühlrohren geschlossen werden musste Das wurde jeweils als „Atomunfall" deklariert. Um wieviel mehr müsste bei solcher Logik eine Messerstecherei oder Schießerei in Friedenszeiten als ein „Religionsunfall" eingestuft werden, das Gendern in der deutschen Sprache als „Literaturunfall", Defizite in Regierungsaufgaben als „Staatsunfälle" und Abbrüche in normalen logischen öffentlichen Abläufen nun als „Politikunfälle" gelten, die Wahl von Überforderten im Bildungsstand in den Bundestag als doch horrenden „Bildungsunfall"? Definition ist Glückssache. „Ein Löwe ist, wenn man brüllt!"

Wenn Leute am Ruder sind, deren Ausbildungsnachweis oder/und Berufsweg erschaudern lassen, weil da nur wenig oder fast nichts belegbar ist, die aber nun über Milliarden und Politikrichtungen mitbestimmen, hat zu großes Desinteresse der Wähler die Axt an die Wurzeln des Staates gelegt. Wenn per Gesetz die politisch benachteiligten Berufe, Corona-Politik-geschädigte Teile des Wirtschaftens und Kulturschaffens sich bei der mit Recht geforderten „Verteidigung der Demokratie" frustriert heraushalten, sind solche Personen gerne als „Benachteiligte" bezeichnet, aber im Gegensatz zu Prekären ist ihnen keine Politik zur Hilfe geeilt. Wenn diese nun für sich das Wählen meiden, haben staatsgläubige Sozialisten gut spekuliert. Wahlen werden ohne diese früher bürgerlichen Wähler entschieden. „Steuerentlastungen" sind für Wähler, die sowieso niemals Steuern zahlen, kein Thema. Für Parteien dieser Couleurs sind Entlastungen „Geschenke" des Staates. Dass das nur vermindert hohe Abschöpfung ist, aber als „Geschenke" des Staates an Steuerbürger ‚verkauft' wird, verdeutlicht die Umverteilungsmentalität einer ganzen Generation. Umverteilen und konfiskatorische Steuergesetzgebung richten einen Schaden nur einmal an. Eine Substanz kann man nur einmal ‚umverteilen'. Verlorenes Vertrauen ist keine regenerativ wieder einholbare Energie. Investieren aber braucht Vertrauen.

Vertrauen nur zu fordern ist abwegig. Man muss sich Vertrauen erarbeiten mit Leistung, die bei Politik oft fehlt. Immer öfter heißt es dann: „Aber wir sind auf dem Weg dahin"/"wir haben schon im Koalitionsvertrag festgelegt!" Aber erstens ist dieser Vertrag keine demokratische Entscheidungsfindung im Bundestag, und zweitens hat diese Aussage einen großen Haken. Zum Zeitpunkt der Absprache ist sie lediglich ein leeres Versprechen.
„Man kann nicht jeden bevorzugen" hat Finanzminister Hans Eichel (SPD) in einer Rede vor dem deutschen Bundestag gesagt. Offenkundiger kann eine selektive Steuerpolitik zugunsten von Wähler-Klientel nicht sein. Das ist zwar auch gegen Recht und Gesetz, auch gegen das Grundgesetz, interessiert aber oft nicht überall. Wachsamkeit wäre also auch im Innern der Gesellschaft nötiger denn je. Auch das wäre ein gutes Leisten.

„Ein Grundübel unserer Zeit ist es, dass die Menschen in Deutschland zu wenig über die Grundsatzpolitik wissen", so ein Kommentar in der Frankfurter Allgemeinen. Das gipfelt in der Feststellung, dass in der Pädagogen-Ausbildung nichts dabei ist, was Verständnis fördern könnte. So kommen Leute zum Studium und in Berufe, die sich mit Fehleinschätzungen die ganze Karriere verderben. Als Dozent für Wirtschafts- mit Ordnungspolitik musste ich mir viel Unausgegorenes, manchen blanken Unsinn entgegenhalten lassen, aus den weiterführenden Schulen von Studierenden mitgebracht. Da mussten Meinung und Wissen erst noch sortiert werden. Immerhin hat man am 23.3. 2023 bei der Kultusministerkonferenz verkündet, dass man sich im Lehrplan auf Finanzwissen als zusätzliches Fach verständigt habe. Die Schüler sollten lernen, mit Geld umzugehen und Verständnis für Anlagen erwerben. Geht es noch billiger? Und wer soll das lehren? Die Sparkassen, die Volksbanken oder die Anlageberater von großen Fondsgesellschaften? Und was hat das mit Finanzwirtschaft zu tun oder mit Wissen um Wirtschaft und Wirtschaftspolitik sowie Wirtschafsordnung, die die ganze Gesellschaft grundsätzlich immer angeht? Dem ‚Grundübel' vom Kommentar der Frankfurter Allgemeinen Zeitung F.A. Z. kommt man mit Sparer- und Anlageberatung nicht bei. Da fehlt es gewaltig.

Wichtiger als das wäre schon einmal die Unterscheidung zu kennen zwischen der kausalen und der kausalen Logik, was ohne zusätzliches Schulfach möglich ist und hier eingefügt wird. Dass ein Fach Wirtschaft sehr wichtig ist und mehr zu bieten hätte, siehe die oben vorgetragenen Teil-Aspekte – wurde vom Autor dieser Zeilen schon einem Ministerium für die Lehrerausbildung vorgetragen. Eine Antwort? Natürlich nur Luft!

Kausale Logik bezieht sich auf Vorhergehendes, Begründung mit Bezug auf Fakten und Vorgänge, Vorlage und Ziel. Lateinische Basis: causa= Ursache, Grund, Begründung. Kasuale Logik stellt die Punkte mit Logik im Zusammenhang nebeneinander. Lateinisch: Casus = Fall, Zufall, Sachpunkt. Die Punkte, die hier logisch zusammenhängen, stellen einen Konnex dar wie Fall1, Fall2, Fall 3 usw., also zwar zusammengehörig, aber nicht ursächlich aufeinander bezugnehmend, sondern nur aufeinander folgend. Was kasual logisch ist, folgt. Was kausal logisch ist, folgert. Das berühmte Beispiel dafür ist für Lernbegierige leicht einleuchtend.

Kasual: „Er wurde geboren, heiratete und starb". Die innere Logik besteht darin, dass diese Logik-Kette nicht in der Mitte beginnen oder rückwärts ablaufen kann.

Am selben Beispiel bei Anwendung der Kausalen Logik wird auch deutlich, dass beide Logiken nicht gleich gut passen für denselben Gedanken. Es besteht daher ein essenzieller, oft arg vernachlässigter Unterschied.

Also das Beispiel wieder, aber nun kausale Logik: „Er wurde geboren, heiratete deswegen und starb daran".

Im Wirtschaftlichen sind es die kausalen Fälle, die Wirkungswirkungen zu beachten erzwingen. Es sind nicht die additiven Zähl- und Rechnungsvorgänge meist betriebswirtschaftlicher Art, sondern die bewussten Mittel zur Steuerung einer ganzen Volkswirtschaft, um den Wettbewerb zu sichern und aus der Effizienz Soziales dann zu finanzieren. Die Unterscheidung ist also weit mehr als nur eine unwesentliche Definitions-Spielerei.

Wenn auf ungeordnete Ordnungspolitik Gesetze erlassen und Vorordnungen korrigiert werden müssen, hatte man da keine Kenntnisse oder man hat im Bewusstsein der Unkenntnis der Bevölkerung bewusst ‚gesündigt'. Der Unterschied liegt zwischen ‚folgen' und ‚folgern' oder zwischen Sequenzen und Konsequenzen.

Ob etwas „danach" oder „deswegen" geschah oder geschieht, erreicht nicht nur Historikerstreit oder Kriminalfälle. Es hat die umfängliche Dimension im Persönlichen, Gesellschaftlichen und Internationalen.

Leistung ist immer kausal argumentiert. Wenn ein Verkäufer einen sehr guten Auftrag einbringt, wird er immer auf seine Fähigkeit verweisen, nie einen schönen Zufall einräumen. Wer Kriegsverursacher eines Krieges ist, wird immer hintergründig erforscht. Ursache = causa. Doch immer kommen nur rudimentäre Veranlassungen ans Tageslicht, wenn die Kriege nicht aus längeren Verwicklungen Fall für Fall lange zu erwarten waren. Die Häufung der Fälle waren noch casuale Additionen, aus denen causal Krieg entstand.

Leisten im beschriebenen Sinne wird so zur abstrakten Einheit. Die Abstraktion des Leistens, losgelöst von klar bestimmbaren Leistungen, führt endgültig auf die Spur einer neuen Kultur.

Neues Leisten als akzeptierte Kultur könnte ein gern angereiztes Tun und Streben werden und Gemeinsinn und Zusammenwirken aller Menschen fördern. Befinden wir uns alle nicht schon in einer Schicksalsgemeinschaft um die Verantwortung für die Erde? Haben uns Kriege und Erdbeben nicht genau jetzt aufgezeigt, was Leisten als vorbildliches Tun zur Nachahmung für Gemeinschaften bringen könnte? Haben wir uns nicht nur einmal vorgestellt, wie es wäre, wenn wir selber unter Trümmern wieder neu ans Tageslicht gebracht würden? Von anderen als guten Helfern? Menschen sollten sich daran erinnern, dass auch die „Mutter Erde" nicht nur Freundlichkeiten bereithält. Was Menschen beitragen können, muss bei ihnen selber beginnen, bevor sie für andere Signale geben können. Ein Zweck muss direkt nicht verbunden sein. Ein Leuchtturm steht und leuchtet auch, wenn länger keine Schiffe vorüberziehen. Aber die Warnhilfe zeigt doch wenigstens die Hilfsbereitschaft an. Ist das nicht schon neues Leisten jenseits gängiger Abstinenz von Leistungsbeitrag für Gemeinschaften? In Summa die freiwillige, ohne unmittelbaren Anlass erfolgte Hilfsbereitschaft nicht schon hohes Kulturgut?

Es könnte nämlich sein, dass ohne Zweckbestimmung ein Leisten kulturell wirksam würde. Der Anreiz zum Mitmachen bei einer Zukunftkultur des harmonischeren Zusammenfindens aller Menschen im nachhaltigen Streben könnte seinen Reiz in sich tragen, weil kein Gewinnstreben noch eine Vergesellschaftungs-Ideologie im Hintergrund lauerte, noch eine Partei oder Organisation davon profitieren möchte. Das Mittun und Wollen verdrängte abwegiges Treiben als Fahren in tiefe Gräben. Man kann seine Lebenszeit so nützlicher einsetzen.

WURZELN VON UNKULTUR UND ‚ZUTATEN' FÜR KULTUR

Wenn jemand gern in ein Konzert geht oder zu einer Opern-Aufführung, gilt er als kulturell hochstehend. Man sagt das auch generell von Akademikern, Literaten und Künstlern aller Art. Die Vorstellung eines Kulturmenschen reicht vom Vielbelesenen bis zum Kunstbesessenen, vom Könner in seinen Kenntnissen bis zum Erkenner des Wissens anderer. Dem ist im Grunde unbesehen zuzustimmen, wären da nicht Merkmale von Abtrag. Interesse, Befassen und Mitdabeisein in der Runde der Höherstehenden reicht bei genauem Hinsehen leider nicht. Da trügt der Schein oft und noch öfter soll er wohl trügen.

Dennoch ist allein schon die Achtung und Befassung mit Kulturgut, was zu ergänzen ist, ein höherer Grad an Beteiligung von unverzichtbaren Gütern, die der Menschheit Glücksgefühle bescheren. Wozu dann aber noch viel mehr dazukommen muss. Wenn sich Glück nur dann ergibt, wenn man sich selber wohlfühlt, sein Verhalten aber nicht dazu passt und sein Streben erst recht nicht, bleibt Zufriedenheit, Sattsein im Taumel von Zufälligkeiten gutmeinenden Schicksals eine Momentaufnahme ohne Herkunft und Zukunft, ohne Haken zum Festhalten glückseliger Augenblicke. Oft sind Höhepunkte im Leben das einzige Glück, auch ohne Kultur je aus der Nähe kennengelernt zu haben. Berührt von Kulturschaffen und kulturell höherem Stand zu sein, könnte momentane Reue oder ein erzwungenes Innehalten sein von der Rastlosigkeit verheerenden Bemühens oder von einer faulen Ruhe, die zur Teilnahmslosigkeit im Geschehen führt. Rücksichtslosigkeit, zurückgezogen zu leben, mit Neid, Hass, Niedertracht und Missgunst das Leben zu fristen, zermürbt Betreiber solcher „Untugenden" selber und macht sie zu Opfern ihrer Untaten selbst. Wer innerlich zerfressen ist von Gefühlen, Sinnen und Trachten in tiefer Gegnerschaft zu allem Umgriff und Umfeld, zieht falsche Strippen. Ausstrahlung von ihm verfällt wie ein Laubblatt am Baum im Winter. Kultur braucht Nähe, braucht menschliche Wärme und Mittunwollen in einer Gemeinschaft, der selber kulturelles Streben ein Daueranliegen ist. Wer die Strahlkraft eines Baumes oder eines Gemäldes oder eines lieben Tieres wirklich tief erlebt hat, kennt Glück auch als Einzelner. Wer Musik und Malen, Formen oder Formulierung betreibt, pflanzt, sät und erntet, auch. Und die Ruhe an oder in einem Wald zu genießen, kann ein hohes Erleben bedeuten. Selbst Sonnenstrahlen allein sind schon Glück, wenn Anlass und Umstände dazu passen. Und wenn auch die Einstimmung der Person dazu stimmt. Wer würde in solchen Augenblicken jemandem schaden wollen! So kann Kultur Genuss bedeuten, so wie Genuss Kultur sein. Untaten gebären nur Unkulturen.

Kultur kann glücklich machen. Und Glück kann Menschen zu Kultur führen. Unkultur tötet.

Erlebt man Glück als Geschenk Gottes, des Zufalls oder eben auch aus dem Erfolg eigener Leistung, fragt man nach einem wiederholbaren Muster für Glück in der Zukunft. Absicherung der Lebensgrundlage bleibt der Grundansatz, Gesundheit kommt extra dazu. Aber weder kann Gesundheit einfach so in Anspruch genommen oder im Leben gepachtet werden noch ist die Absicherung vor Lebensrisiken glückhaft und dauerhaft zu versprechen, dass daraus ein politisch umsetzbares Programm für eine Gemeinschaft entstehen könnte. „Glück auf Dauer" bleibt wie ein Gespann vor unserem Lebenswagen, ein immerzu auseinanderstrebendes ,Zugtierpaar'. Eine noch so straff geführte Lounge kann sie je für den Zügelhalter anders als bei Zugtieren zähmen und zusammenhalten. Die Grenzen dafür bestimmen wir nicht selbst. Umso öfter wünschen wir uns „Viel Glück!" Glück wird als günstige Konstellation von Schicksal, Umfeld und Erleben, gern aus eigener Zielsetzung verstanden. Das ,Glück des Tüchtigen' entspringt eigenem Ehrgeiz, Streben und günstigen

Komponenten, die alle nicht aus dem Nichts passieren. ‚Zufall' fällt nicht vom Himmel. „Glück und Glas, wie leicht bricht das!" Zufallsglück und hart erreichtes Glück unterscheiden sich in einem wichtigen Punkte essentiell: Nur das selbst erreichte Glück führt zu einem Leben in und mit einer Kultur, die dauerhaft und nachahmenswert bleibt: Das glückhafte Leben aus eigenem Leisten mit erreichtem Erfolg formt Erfüllung zu Glück.

Work-life-balance und 4-Tage-Woche liegen im Forderungs-Trend. Unreif wie selten vorher will Jugend das Wahlrecht erhalten. Die verwöhntesten Kinder aller Zeiten, jedenfalls in Europa, werden in großen Teilen einer Kinderarmut zugeordnet. Ältere können da nur kopfschütteln.

WAHRHAFT, VERNÜNFTIG, ZUVERLÄSSIG, AUSDAUERND

‚Zutaten' hängen von Gemeinschaftskultur ab und von Erziehung. Und Übung in Gutem und Schönem. Bedingungen sind Wahrhaftigkeit, Vernunft, ehrliches und ehrenhaftes Streben und eine Zuverlässigkeit, der nur noch eines fehlt: Nachhaltigkeit. Aber Menschen glauben da an eine ‚Währung' aus eigenem Wollen und Bestreben, bis zu gleichgesinnt recht Angenehmem, dem die ‚Bewährung' wie ein Selbstläufer auf dem Fuße folgt. „Nur wer immer strebend sich bemüht, den können wir erlösen!", lässt Goethe im „Faust" die Mächte des Schicksals sprechen. Jedes, wirklich jedes dieser Wörter ist Bedingung. Familie, Haus, Heimat, Gruppe, Dorf, Stadt, Land, das ist nicht einfach vorhanden und immer verfügbar. Das Sich-Einbringen als Bindeglied eines Netzes fällt heute offenbar immer schwerer, weil es ein Bekenntnis zum Hergebrachten verlangt, ein Bekenntnis, ohne das eine Heimat nicht existiert und eine Gemeinschaft ohne Bindekraft wackelt. Das überbordende Single-Leben ohne Bekenntnis zu Familie und Familienverband wird zum Markenzeichen von Flucht aus einer Mitverantwortung, einem Verlassen der Gemeinschaftskultur im Kleinen. Die Bindungsfähigkeit von Vereinen war das Netzwerk einer Gemeinschaft; es ist heute so kaum mehr vorstellbar. Lokales und regionales Kulturschaffen war darin begründet und gepflegt. Das Volkslied verband nicht nur die Sänger. Es band Hörer mit ein und führte emotional und rational zum Mittun in Einheiten.

Kulturelles Schaffen lebt nicht für sich allein. Kultur braucht eine Bühne, eine Galerie, ein Medium und ein Publikum. Es lebt von Betrachtung und Beachtung, Anerkennung und Kritik. Sich selbst als den Kern einer kulturellen Tat zu wähnen, schält den Täter als wenig kulturell bemüht heraus. Unabhängig von Erfolg für sich selbst werden Kulturschaffende diese Anerkennung auch finden, wenn ihr Beitrag akzeptiert und angenommen ist. Sonst wird ein Tun kulturell limitierter sein. Der ‚Homo sapiens‘ ist ein ‚zoon politikon‘, ein Gemeinschaftswesen, das mit und von Gemeinschaft abhängt und lebt. Insofern wurde der ‚politikos‘, der sich für eine Gemeinschaft mehr einsetzte als für seinen eigenen Lebenskreis, bei den Denkern und in der Bevölkerung der Antike höher eingestuft als der ‚idiotes‘, der nur seinen eigenen Wünschen gerecht werden wollte, sei es auch für seinen Familienkreis. Sich zu kümmern um die ‚res publica‘ war hoher Ruf-Anspruch. Und dabei zeigt sich eine Lücke. Die fehlende Komponente ist die Dauerhaftigkeit harten Ringens und Kümmerns um die notwendigen, Not abwendenden Abläufe und Besorgungen. Es fehlte die Pflege der Mittel und Wege zur Bewältigung der im Menschsein allzu sehr bekannten Knappheit der Güter.

Das Leben ist kein Schlaraffenland oder nur Märchen vom „Tischlein, deck dich“. Allzu oft duckt sich das glückliche Leben schnöde weg, wenn man es sich doch länger wünschte oder dringend notwendig bräuchte. Erst dann wird einem bewusst, was Glück ist, während man im Glückszustand das Glücksgefühl festhalten möchte, im Wissen um seine Zerbrechlichkeit. Doch der Erkenntnisgewinn ist bald verflogen, wenn man neues Glück zu erhaschen trachtet. Glücksritter wappnen sich mit der vermeintlich besten Rüstung bis an den Rand des Absturzes, und geben am Ende noch sich selbst auf. Kultur entspringt einem tiefer wirkenden Mitdenken in längerem Ausüben. Eine Moment-Betrachtung erreicht nicht einmal bei vorbeihastenden Touristen den Eindruck kultureller Leistungen. Dem entspricht der ursprüngliche Begriff: Das lateinische ‚colere‘ für Anbauen, Pflegen, Züchten. Das ist auch bei pflanzlichen und Bakterienkulturen erkennbar: Anhaltendes Kümmern, Pflegen mit nachhaltigem Streben als weiterer Aspekt ist die ‚Kultur‘ aus ständigem Trachten. Kultur als Bestand von Streben nach religiösen Erkenntnissen, im Glauben mit gemeinschaftlichem Suchen und Finden, was Gemeinschaften formt, ihr Zusammengehörigkeitsempfinden prägt und Erreichtes vor Zugriffen andersartigen Auffassens und Handhabens bewahrt.

KULT, KULTUR, RELIGION UND HEIMAT: BASIS AUCH FÜR ANDERES?

Und da entstand nun, gar nicht überraschenderweise, ein Kulturvandalismus, der Kontinuität bei Kultur auslöschte, so beim Vernichten von Kultstätten, Abbrennen von Symbolbauten sowie Verboten des Gebrauchs von Volkssprachen und Heimatliedern, so wie in Ostanatolien heute noch Praxis. Für uns deutsche Touristen ein Kultschock. Aber man schnitt damit etwas aus dem gemeinsamen Menschsein in unterschiedlichen geschichtlichen Wertefeldern. Aus vermeintlichen Ansprüchen aus vermeintlichem Recht und Macht entfernte man ‚Bestandteile' aus der menschheitsförderlichen gemeinsamen Entwicklung.

Wer Geschichte löschen will, nimmt sich selbst den Saft aus eigenen Wurzeln, auch wenn es die ‚Geschichte' Anderer ist. Vorteilssuche und Machtstreben, oft auch bloßer Neid aus weniger Können und Haben, waren die Ursachen der Kriege. Leider war es auch die Eitelkeit bei Abkehr aus religiösem Andersglauben. So entwickelten sich gerade aus der Andersartigkeit von Kulthandlungen und Kulturritualen Feindseligkeiten mit anti-kultureller Sequenz. Warum? Anders und fremd führten mangels Bindungsgut nicht zusammen. ‚Gemeinsam' verband etwas gegenüber anderem ‚Gemeinsamen'. Fehlte da organisatorisches Wollen oder Können? Oder erwuchs gerade aus der Abgrenzungsabsicht von Kulten Trennendes über Organisationen? Oder fehlten nur tüchtige Brückenbauer?

Gemeinschaften zwischen den Religionen waren nie leicht zu gestalten. Wo es doch geschah, wurde bewahrt, was es beidseitig zu bewahren galt, Allerheiligstes in Ritualen mit gemeinsamer Kleidung, Beten oder in gepflegter Erinnerung an gemeinsame Geschichte: Kultur als Bewahrungsgut, dass sich nachhaltig als

Bindungskraft für Gemeinschaften bewährt hatte. Bewahrung wurde zur Bewährung.

Daraus entstand neue Einigkeit unter Einsichtigen darin, dass Werden und Bewahren gemeinschaftlich gepflegten Tuns zur Kultur geworden sein konnte. Und dass Bewahren selbst schon Kulturschaffen sei. Kultur aus aktivem Kulturschaffen-Wollen musste aber weit tiefer greifender Erkenntnis folgen: Dass es über die täglich geübten Handlungen mehr an kulturellen Entwicklungen zu finden gäbe, wenn gemeinsames Tun in Singen, Beten, Formulierungen und Gestalten von Events die vereinten Menschen durchdringen würden. Das hat ein Empfinden für ‚Heimat' ausgelöst. Fühlen, Denken, Sich Bekennen und Mitmachen unter den Nachbarn führte zum Heimatbewusstsein, das vor allem in der Zeit der Romantik fast schon sakrale Züge einzunehmen schien. Der Schritt über die Grenze der eigenen Religionszughörigkeit wurde hurtig gegangen. Nationalistische Kräfte bemächtigten sich der gefühlsbetonten Durchlässigkeit der Grenzen zwischen Heimat, Glauben in der Religion und enger Verbundenheit der Menschen in der Heimat, der eigenen Region. Spätestens ab 1930 wurde Fehlen einer klaren Unterscheidung missbraucht. Rituale wurden vermengt, Menschen vereinnahmt, Vereinigungen zusammengeführt oder aufgelöst. Manche nationalistischen Rituale erinnerten an Heidnisches.

„Heimat" wurde verherrlicht, Heimatliebe emporstilisiert zum „Quell aller Kraft" und eine der Verteidigung gegen alles, was ihr Böses wollte; das zum Kriegsziel erklärt. Krieg war lässliches Tun. Aus der schmachvollen Niederlage aus dem Weltkrieg I war noch eine Rechnung offen. Der Wert von „Heimat" wurde für Kriegsvorbereitungen glatt missbraucht.

Aufrufe zum Frieden von kirchlichen oder Religionsführern verhallten zwischen Waffengeklirre und den Schreien der Klagenden. Opfer und Opferwille widerstrebten dem Einsatz für das Gute durch Massakrieren und Nöte. Religionen sahen sich bedroht oder drohten selber. Verheerende Raubzüge und Kreuzritterzüge folgten Aufrufen von Religions-Führern. Kulturen und Völker litten darunter bis zum völligen Untergang. Weit mehr als 6.000 Jahre zwischen prähistorischer Sippen- und der aktuellen Bandenbildung in Großstädten haben Kulturentwicklung verraten. Naturvölker mit vermuteter kleiner Reichweite ihrer Kulturen stehen da sogar weit über einer Banden-Unkultur im Jahre 2023.

Aus dem Sinn für Religiöses wucherte das Unkraut des Religionismus, einer Machtspielart des erhofften Halts im Glauben. Wären darin alle Seiten frei, ein Widerhall der Aufrufe zu Frieden und Stopp der Verzweiflungstaten wäre besser vernehmbar und würde mehr Chancen zur Realisierung von Frieden erzeugen. Aber es fehlt der gemeinsame Widerstand der Träger der Religionen gegen Religionsmissbrauch. So aber entsteht der Eindruck, dass nach dem Jahrhundert von Nationalismus, Kommunismus und Imperialismus nun das Zeitalter eines Religionismus' ausbricht, das nicht minder Weltkriegs-relevant ist. Danach wartet noch eine ebenso kriegsschwangere Ära von Ökologismus-Ideologie. „Klimaschutz" wird zur militanten Religion. Aber so wie dieses ‚ferro ignique' des Islam, ‚mit Feuer und Schwert' eine Religion zu verbreiten, zerstören Klebstoffler-Religionisten, Baumhauskletterer-Fanatismus und Farbbeutelwurf-Vandalen den Glauben an Friedenswillen. Demonstrieren für ein ehrbares Ziel geht anders und glaubwürdiger.

Seit „Kain und Abel" im vormaligen Paradies wissen wir, dass Unrecht aus Anspruch auf eine eigenmächtig vorgenommene Korrektur eines unerwünschten Zustands zu großem Unheil führen kann. Berichtigen, sei es aus Rechten, Anspruch oder Rache, aus Neid oder Machtgier, bleibt unzulänglich. Solche Kultur-Korrektur wird zum Gegenteil des Ur-Motivs von Kultur.

Tomas Sedlacek führt in seinem Buch „Die Ökonomie von Gut und Böse" auf den Zwiespalt des allzu Menschlichen hin und verweist auf den althebräischen Wortkern der Namen Kain und Abel. Kain steht für „hart wie Eisen", Abel für „weich wie Wolken". Härte setzt Sedlacek mit Übervorteilung aus Machtausübung, aber auch mit Gerechtigkeitsanspruch gleich, wenn vermeintlicher Anspruchsgrund die Mittel als ‚gottgegeben gut' selbst auswählt. Weichheit wirke laut Sedlacek passiv und aus Passivität jeden Args unverdächtig. Dabei bleibt er selbst den Beweis schuldig, ob ‚weich' grundsätzlich positiv im Sinne der Gemeinschaft zu werten sei. Er, wie viele andere, sehen ihre Erkenntnis für eine unverrückbar wahre. Andere weniger. Bertolt Brecht tritt dem entgegen und fordert Einsatz für Kampf um die eigene Sache und die der Seinen, wenn man nicht direkt die Sache der Feinde betreiben wolle. Man würde so nicht einmal den Kampf selbst vermeiden können: „Stell dir vor, es wäre Krieg und keiner ginge hin" wird aus diesen zwei Teilsätzen mit dem Gegenteil seiner eigentlichen Forderung verbunden, wo Pazifisten nur das zitieren, der Wahrheit des Aussageninhalts im Ganzen, nämlich die Pflicht zum Kämpfen für das eigene geprüfte Gute aber ins Gesicht schlagen. Bei Bedarf ließe man als Pazifist sogar die Freiheit „sausen", was in keiner Weise Frieden schüfe. So wie wenn die Ukraine aufhörte zu kämpfen für Freiheit und Sicherheit der Heimat, nur um Waffen zum Schweigen zu bringen, aber alle Werte als verzichtbare Güter dabei verraten würden.

IST „HÄRTE" ETHISCH SCHLECHTER ALS „WATTEWEICHES"?

Bundespräsident Joachim Gauck stellte am 14.06.2014 militärische Abstinenz bei großer Not in eine Reihe mit Pflichtvergessenheit. Härte als Antwort und aus Verantwortung gegenüber Unverantwortbarem könnte Menschen zu militärischem Eingreifen berechtigen, ja sogar auffordern. Das würde bedeuten, dass „Eisen" auch für Frieden stehen könnte, und Wolken mit Blitz und Donner sowie Verheerungen aus Unwettern sehr wohl ambivalent zu bewerten seien.

Dies wird bei Kulturen deutlich, die sich auf Frieden spezialisierten, wie bei manchen untergegangenen Völkern in Mittelasien und in Mittelamerika. Mangels Streitkräften provozierten sie ihren Untergang buchstäblich per Einladung an Feinde. Friedensmale sind immer erst nach den militärischen Konflikten möglich geworden, wenn Kriegsübermüdung das Denken aller Seiten beseelte, nachdem der Schaden aus Feindschaft und Kriegslärm übergroß geworden war. Kulturen, Ordnungen von Völkern sowie Kulturbauten waren zerstört, Kulturgut unwiederbringlich weg. In Palmyra/Syrien, das mir mit dem Rest der baulichen Historie gut in Erinnerung bleibt, haben Leute des „Islamischen Staates" sogar Ruinen der bewunderten historischen Stadt noch gesprengt, sich selbst letztlich als ‚kulturlos' erwiesen. „Damit ist kein Staat zu machen!".

Einsicht und Vernunft dazu reiften offenbar meistens erst nach weniger vernünftigem Tun. Doch aufrechter Kampf läutert auch: Wer nicht konfliktfähig ist, ist auch nicht friedensfähig! Wer seine Flagge sich nicht zu zeigen getraut, ist nirgends wirklich zu suchen und zu greifen – und noch weniger zu begreifen. „Wenn du Frieden willst, bereite Dich gegen einen Krieg vor!" „Si vis pacem, para bellum", galt im antiken Rom für einen wehrhaf-

ten Frieden. Ein neues Leisten muss sich auch gegen eine Bedrohung ‚stellen', wenn Leisten als Vorbild gefordert ist. Denn
sonst fallen sogar Generationen von Völkern einfach ‚durch'.
Die Geschichte ist so hart wie der Einsatz nötig: Existieren heißt
Kämpfen. Andere Ansichten träumen.

UND DER EINFLUSS MENSCHLICHER TRIEBE AUF UNSER VERHALTEN MIT WIRKUNGSMACHT?

Gerne befassen sich Menschen mit Verstand und Vernunft, mit Gefühlen, Motiven, Wollen und Streben, mit Sentimentalität und Mentalität, Ratio und Emotion, Ursachen für und Wirkungen eigenen Handelns. Der Einfluss urmenschlicher Triebe bleibt dabei fast immer unerheblich. Eine vertiefende Betrachtung kann sich diese große Lücke jedoch nicht leisten. Die Ausstattung des Menschen mit den fünf Sinnen bildet die Ausgangslage. Sie sind zuerst auf Wahrnehmung eingestellt, also passiv zur Aufnahme des Umfeldes. Erst in zweiter Linie reagieren die Sinne, entweder blitzartig instinktiv oder mit Bedacht über Mitwirken und Einsatz von Verstand für Möglichkeiten zur Nutzanwendung des vorher Wahrgenommenen. Die Wahrnehmung selbst bleibt im Wesentlichen inaktives Verhalten.

Aber sie entwickelt bereits erste Triebe: Den Trieb zum Bestehenbleiben durch Nahrungsaufnahme, also den Ernährungstrieb und den Trieb für Sicherung des Entstehens. Dem folgt der Trieb für Sicherheit durch natürlichen Schutz durch Andere wie die Eltern oder gestalteten Schutz durch Hausungen wie gefundene Verstecke oder gebaute Nester. Daraus entwickelt sich ein Trieb für Bindungen. Weil aber jede Nahrungssuche auch Kampf um die Nahrungsquellen und Güter zur Befriedigung des Hungers einschließt, und jeder Kreis einer Einbindung gleichzeitig Andere ausgrenzt, entstehen gleichermaßen Konkurrenzsituationen, die die gleiche Art der Spezies Lebewesen Mensch bedrohen können.

Daraus entsteht schnell und ohne originär böses Wollen ein Abwehrverhalten, das in Aggression mündet, wo immer der Mensch eine Bedrohung oder Gefahr wahrnimmt. Das Tier „wittert". Die Wissenschaft nennt das den Aggressions-Trieb. Andererseits

sucht das neu entstandene Wesen Halt im Verbund mit Gleichgesinnten oder Gleichgestellten und entwickelt so einen Bindungstrieb. Und weil der nur aktuell für Gefahrenabwehr reicht,
entsteht der Fortpflanzungstrieb für ein Fortbestehen der Art.

Freilich schafft dieser Trieb neue Konflikt-Situationen in den
Themen Liebe und Macht, die sich dann noch gegenseitig ver-
queren oder verbinden können. Doch die Spezies bleibt nicht
gleichgesinnt und gleichartig, sodass sich schnell der Trieb zur
Besserstellung durch persönliche Fähigkeiten und bessere Nutzung von Gegebenheiten entwickelt. Sobald sich danach die Erzeugung von besseren Möglichkeiten machen lässt, entsteht der
Wettbewerbstrieb, verbunden mit dem Trieb zur Wahrnehmung;
zur Wahrnehmbarkeit passiv im Beachtetwerden und aktiv zur
Beachtung von „Herausragendem", auch von Personen oder deren Tun. Da entsteht der Trieb zur Achtung des Besseren – aber
eben auch Neid und Hass, bei Beachtung von Besonderem, führt
zum Wettbewerb für Erfolg im gleichartigen Tun und Leben, und
bei Bewunderung zum Nachahmungstrieb. Da dieser aber wieder
durch Wettbewerber bedroht oder eingeschränkt werden kann,
entsteht Wettbewerbsdruck nicht nur in der Wahrnehmung des
Erstrebenswerten, nicht nur passiv im werblichen Beachtetwerden, sondern auch im Ringen um neue Möglichkeiten dazu.

Das Suchen des Menschen nach Sicherheit und Frieden und zur
Besserung des eigenen Seins und das der Seinen ist damit geboren. Das bewusst gestaltete Leben enthebt sich an dieser Stelle
dem bloßen Vegetieren. Und gleichzeitig entwickelt das Besser-
werden-Wollen unterschiedliche Formen des Umgangs miteinander im Wettbewerb bis zum Ringen im Unfairen. Falsches
Handeln, sogar Worte können dann bis zu einem Krieg unter
Personen, Gruppen, Stämmen und Völkern führen. Es kommt auf
die Fähigkeit der Selbstbeherrschung an, die die Triebe einhegt.

Wohlgefühl, Glück und verträglicher Umgang entstehen aus Trieben. Aber auch Neid und Hass gründen auf Trieben. Unterlegen-

heitsgefühl und Übermachtstreben überlagern, ja dominieren menschliche Beziehungen, im Kleinen wie im Großen. Besser als andere sein zu wollen, wird zum Schnittpunkt des „Reigens der Triebe", ob mit Regeln des einvernehmlichen Umgangs mittels eingegangener und eingehaltener Ordnungsprinzipien oder Versagen durch Bruch solcher „Verträge", ob geschrieben oder ungeschrieben als geübte verträgliche Umgangsformeln. Die immerwährende Sehnsucht nach Frieden und Sicherheit wird durch den Bruch der Regeln zur Verständigung auf Verantwortlichkeit, wenn sich Menschen vertragen und gemeinsam leben wollen. Der Bindungstrieb könnte zur Einhegung menschlichen Unrats führen, andernfalls zur Verdrängung und Vernichtung von Anderen führen. Wettbewerb wird dann zu Feindschaft, die aus der Personifizierung der Wettbewerber dann „Feinde" macht.

Das Urwort „skimpf", von dem der Kampf und das Schimpfen stammen, macht deutlich, dass „falsch Zeugnis", Unterstellung, Schmähen und Beleidigen die gleiche „Qualität" wie ein Waffen-Arsenal haben. Niedertracht und Verleumdung stehen dem nicht nach. All dies verhindert eine neue Einstellung für verträgliches Miteinander. Wut ersetzt gar nichts. Wer die menschlichen Triebe im allgemeinen Wirkungsverhalten in der Forschung außer Betracht lässt, kann Ursachen für Fehlentwicklungen nicht „bekämpfen" oder wenigstens „einhegen". Es geht hier also wesentlich um die menschlichen Schwächen eigener Kontrolle über sich und seine Triebe.

BEWAHREN UND VERTEIDIGEN
STATT ZERSTÖREN FÜR NEUES?

Wenn nun ‚Kain', eine feindliche Härte, das Geschehen leitet und beherrscht, ‚Abel' für eine Weichheit steht, die im Ernstfall für eine wehrhafte Führung verbundener Gemeinschaft nicht ausreicht, wird die Frage bedeutsam, ob Zerstörung aus Härte trotzdem Entwicklungen begünstigt und Sprießen neuen Erlebens erst möglich macht. Die ‚schöpferische Zerstörung' mancher Denker, gerade auf ökonomischem Gebiet, reklamiert Geltung solcher Zerstörung auch für das Werden und Entwickeln immer weiterer Innovationen, denen die Menschen ihr Fortkommen insgesamt verdankten. Das erinnert ein wenig an die Werbungsaussage, dass ein bestimmter Süßigkeitsriegel „verbrauchte Energie zurückbringe". Das aber gelingt überhaupt nicht. Verbraucht ist verbraucht, es ist weg, kann nur erzeugt werden mit einer neu geschaffenen Voraussetzung für völlig neue Energie-Gewinnung.

Zerstörungen von Kulturen und ihre sichtbaren Ruinen haben nirgends gleichrangige neue Kulturleistungen erzeugt. Wiederaufbau ist wohl anerkennenswert oft gelungen, aber hinter etwas zurückgeblieben, was kaum mehr zu erfassen ist: die Atmosphäre wieder herzustellen eines motivierenden Zustands der Ideengeber und persönlichen Engagements der ausführenden Künstler. Wird dies erreichbar, zeugt Restaurierung von Respekt und Anerkennung des ursprünglich Geschaffenen, dem früher hohe Reputation zuteilgeworden war, weil dieser Art des Schaffensziels Achtung geboten hat. Was der Künstler eröffnen wollte, hatte so Geltung in der bestaunenden Öffentlichkeit. Wiederaufbau stritt insofern nicht mit Neubau, als neuere künstlerische ‚Aussagen' sich nicht decken mussten mit denen des ursprünglichen Schöpfers. So mussten wohl Bau- und Formensprache dem Wollen der früheren Künstler entsprechen, aber nicht die akribische Ausformung, wo bereits in Restaurierungen früherer Jahrhunderte wenig Identitätssinn erreicht worden war, weil technische Gegebenheiten vielleicht nicht entsprachen. Restaurierung wird so dem Kunstwerk nur gerecht, wenn sie dem Willen seines Schöpfers so nahe kommt wie nur möglich. Nicht aber, wenn es dem inzwischen Gewandelten nähersteht. Das prüft und bewertet der institutionalisierte Denkmalschutz sehr gut.

Wenn aber ein Freimachen von Fesseln aus Althergebrachtem schöpferisch wirken sollte, ist dann eine Revolution die Geburtshelferin von Kreativität? Und Vandalismus schon Beginn von Kulturschaffen erneuerter oder anderer Kultur? Verringert oder vermehrt Zerstörung also Werte unwiederbringlich?

Vernichtung baulichen Kulturschaffens bedeutet freilich meistens den Versuch, Symbole eroberter Kultur und den Kulturstolz der Bewahrer dieser Kultur ins Herz zu treffen. Vernichtung von Kulturgütern erhielt den zweifelhaften Rang eines barbarischen Seelenzerstörungsziels, im Sinne einer globalen Entwicklung des Menschseins aber den eines Kulturvandalismus'. Barbarei als neuen Kulturansatz zu verkaufen, gelang noch niemandem, nicht einmal berauschten Siegern.

Krieg steht für Zerstörung von Frieden und kulturellem Leben, von Kulturschaffen von und für Gemeinschaften. Eroberung ist ein sich über andere Stellen, sie beherrschen Wollen. Mit nachbarlichem Verhalten hat das nichts zu tun, sondern mit Unterdrückung. Kampf ist nicht gleich Krieg. Es ist vielmehr auch Einsatz gegen Krieg. Kampf vom Wortstamm „scimpf" (althochdeutsch) als „hart auf jemanden einwirken" meint auch „schimpfen" und „Wortgefecht". Es ist nicht von vornherein mit Vernichtung gleichzusetzen. Es verteidigt auch. Damit ist Nichtverteidigen von Kultur mit gewonnenen Werten eine Art Verrat am Vernunftfortschritt und Werten daraus für Menschen, und Verräter gehören angeprangert. Wenn Religiöses also kulturvernichtend wirkt, können Religionsführer ihre Gläubigen nicht mehr führen. Wenn Einsatz für Gemeinschaften mit Kultur nicht reicht, um Frieden zu bewahren, ist Kampf mit Krieg und Vernichtung unweigerlich die logische Folge. Pazifismus vermeidet also keinen Krieg, er lädt dazu ein. Szenarien im Kosovo führten auch zuerst viele aus dem Lager der ehrlichen Friedensbewegung zu einer Politik des militärischen Eingreifens für die Rettung von Menschen, wo Völkermord begonnen hatte. Wo unter dem Siegel von Fundamental-Religion Morde und Ehrenmorde begangen werden, kann Kultur nicht darin bestehen, sich in Scham und bloßer Betroffenheit abzuwenden und sonst Glauben wie immer zu zelebrieren, aber mit Aufrufen zum Frieden Beruhigung zu suggerieren. Die Abkehr von Abgelehntem durch eine Art von Arrangement vermindert keine Gefahr. So wie Diebstahl nicht dadurch verringert wird, dass man ihn ‚entkriminalisiert'. Oder indem man Opium-Missbrauch verharmlost, wenn man entwöhnen will und durch einen verringerten Konsum mit Unterlassen von Kritik auf weiteren Konsumverzicht hofft. Oder bei „Ehrenmorden", die im christlichen Abendland niemand versteht. Auf gleich niedriger Stufe steht unrechtes Tun im Namen von Recht und Ordnungsschaffen. Wenn Christen sich vergriffen beim Verbreiten von Christentum, wenn auf Guantanamo Folter im Zielen auf Unrechtes geschieht, ist nichts näher als Radikalität, denn: „Der Zweck heilige Mittel Religionsverrat".

Wenn also nicht grundsätzlich Neues entstehen kann aus der Zerstörung von Altem, ist diese These von schöpferischer Zerstörung zu überprüfen. Sie hält nicht grundlegend stand. Der Bonapartismus im Gefolge der Französischen Revolution von 1789 ist kein Menschheitsruhmesblatt. Recycling von neu und anders zu nutzendem Areal steht dem nicht entgegen, ist eher eine wirkliche neu geprüft vernünftige schöpferische Entwicklung.

IST „SCHÖPFERISCHE ZERSTÖRUNG" ALS ÖKONOMISCHES PRINZIP EIN MENSCHHEITSGEWINN?

So wird zu klären sein, ob Neues schon Schöpferisches bedeutet, wo wir doch ‚schöpferisch' so gerne positiv einstufen. Kennen wir nicht verheerende Folgen aller Fanale von einer wie immer gestalteten „Neuen Zeit", „Revolution der Freiheit", „Veränderungen zum Besseren"? Ist eine Brandrodung positiv, weil die Einwohner wissen, dass Teak-Holz nach einem Brand von allen Pflanzen am schnellsten aus der Asche neu zu wachsen beginnt und weil Teak doch so wertvoll und damit für die Einwohner der übernächsten Generation existenzsichernd ist? Wird ein zerstörtes Gemeinwesen, eine verbrannte Stadt, schon aus der Vernichtung zur Geburt einer besseren neuen? Wiederaufbau und Neuaufbau bleiben Streitthemen, solange man baut. Und die Bewertung bleibt späteren Generationen vorbehalten. Neues muss erst besser werden und sich im Abgleich der Ansichten nachhaltig bewähren, bevor Geschichte geschrieben wird und neue Anerkennung gebiert.

Vor Trümmern der historischen Großstadt Ani an der türkischen Ostgrenze erstarrte ich. Wäre Zerstörung schon selbst als Basis schöpferisch und förderlich für gedeihliches Kulturschaffen, so käme man wie bei einem baufälligen Gebäude ohne Anspruch auf Zerstörung nicht mehr aus. Die Frage bleibt zu klären, ob Revolution oder Evolution einer menschlichen Kultur zuträglicher ist und welchen Weg Menschen vernünftigerweise einschlagen sollten: Zerstören für Neubau oder Weiterentwickeln. Bei diesem Grunddissens dürfen wir freilich nicht stehen bleiben, ihn nicht nur feststellen. Sonst wäre ein Leisten versäumt und wir Säumigen nicht Leistende.

DER „SPRINGENDE PUNKT" ALS KNACKPUNKT DER KRÄFTE

Wenn ‚Leisten' geschieht, Leistung eingebracht werden soll, wird Kraft unabdingbar nötig. Kraft ist aber nicht einfach „da". Sie muss generiert werden. Man spricht bei elektrischer Kraft vom Generator. Muskelkraft muss aufgebaut werden, Kraft aus natürlichem Gefälle von Wasser oder ein Wehen von Wind zur Nutzung der Natur erfasst werden. Für Kohle, Öl und Gas muss Förderung aus der Erde vorgehen, bevor Energie über Verbrennen erzeugt wird. Auch für das Verbrennen muss eine Vorrichtung geschaffen sein. Dazu wird Transport oder es werden Leitungen nötig. Doch es lohnt sich, das Thema Energie systematisch zu erschließen.

Man teilt „Energie" in Primär-Energie, in Sekundär- und Tertiär-Energie: Wasser, Wind, Kohle, Holz, Rohöl, Sonnenstrahlen, Erdwärme und Meereswellen sowie menschliche und Tierkraft gelten als Primär-Energie, womit durch Nutzungen über Umwandlung Sekundär-Energie erzeugt wird: elektrischen Strom, Kraft und Wärme, Feuer, Dampf und Kühlung.

Tertiäre Energie ist die, die direkt nutzbar ist, wo sie in geeigneten Geräten zur Nutzung über Leitungen dem Verbrauch zugereicht wird: Wärme, Licht, Kraft. Kraft erscheint vielfältig: Bis zur Sprengkraft kennt man Hub-, Druck-, Zug-, Schub-, Ruck-, Dreh-, Zieh-, Flieh-, Schwer-, Beschleunigungs-, Brems-, Halte-, Bohr-, Stampf-, Stoß-, Stehkraft, Schmelz-, Spann-, Strahlungs- und Widerstandskraft. Kraft erweist sich in den Erscheinungsformen leitbar, bewegbar und erhitzbar.

Wachstumskräfte beim Wachsen von Pflanzen oder bei Wirtschaftswachstum sind bekannt. Kräfte von einer Ausstrahlung auf Personen (von Persönlichkeiten), Bildern, Statuen, Häusern, Bäumen und besonderen Ausblicken in die

Natur werden außer bei „nachwachsender" (Holz) oder „nachhaltiger" Energie (Wind und Wasser, die man nicht abstellen oder sich bestellen kann) eher im übertragenen Sinne gesehen wie bei vertieftem Bewusstmachen von Einschnitten im Leben, des Wirtschaftens, Bewirtschaftens, Besorgens und Versorgens, sowie aus Lehren, Lernen, Bildung, Ausbildung, Weiterbildung, Erfindungen und Innovation oder bei besonderen Erfolgen. Davon erwachsen Wachstumskräfte ohne Energiezufuhr üblicher Art.

Trotzdem bewegen selbst solche Ausstrahlungen aus Strahlen tatsächlich noch Bewegbares. Da wird Willenskraft zu sichtbar bewegender Veränderung geführt, wie Strahlen-Praxis zeigt. Mittels Anleitung und einem freipendelnden Metall kann dies andersgestellt werden. Willenskraft ist eine offensichtlich starke Kraft, für die es zuerst Hirne braucht, nicht Rohre, Leitungen und Transportmittel. Wer sich mit Strahlentheorie befasst, hat das schon erlebt.

Windkraftanlagen, Mühlen, Stauwehre an Flüssen und Stränden, Staudämme mit Stauseen, Kohlekraftwerke oder Raffinerien für die Verarbeitung von Rohöl ermöglichen die Herstellung von verwendbarer Energie. Für den Transport zum Verwendungsziel braucht es Leitungen für Strom, Rohre, Schienen, Schiffe, Waggons, Lastkraftwagen, Straßen und Grund und Boden. Für Holz die Wälder, für Rohöl die Bohrlöcher, für Kohle die Gruben und Flöze. Leicht vorstellbar ist deshalb, dass die Kraft für ein Leisten selbst schon Kraft für ihre Gewinnung benötigt. Ohne Kraft wird kein Leisten, ohne Leisten wird keine Kraft. Und ohne Beides vergammelt alles. Deshalb wird Leisten zur kulturellen Leistung.

Alle diese Kräfte haben einen Ansatz und ein Anwendungs-(Schaltanlagen) oder Weiterleitungsziel (Tanklager, Tankstellen oder Batterien, oder Hausanschluss zum Haushaltsgerät) oder bekannt aus der Kurbelwelle zwischen Motor eines Fahrzeugs und den Antriebsrädern. Oder von der Transmissionswelle in einer Werkstatt, wo aus einer Kraftquelle über (früher Lederriemen) mehrere Maschinen mit Drehkraft versorgt wurden.

Verfügbar gemacht wird Kraft durch Einschalten an Hebeln, Lösen von Wehren bei Wasser und Stopphebeln bei Windrädern. Bei Strom durch Schalthebel, bei Feuer durch Schüren, oder bei Motoren durch Zündung des Zündschlosses. Die Zündung ist in der Mechanik der „springende Punkt", wo der bis zum Zündpunkt erzeugte Strom eingespeist wird über Leitungen, somit transportfähig und verfügbar wird über Transformatoren. Erst dann beginnt an den Zielstellen, den Apparaten und Geräten über Schaltanlagen die Nutzanwendung- mit zählbarem Verbrauch über Zähleruhren. In Gewittern zündet der Blitz als ‚springender Punkt'.

In den Jahrmillionen der ‚ersten Menschen' war der Bedarf an Energie sicher sehr viel kleiner als im Jahre 2023 n. Chr. Dennoch war er angesichts notweniger Ernährung in unterschiedlich wirkenden Jahreszeiten latent vorhanden. Schnell merkte man wohl, dass die anderen Lebewesen, die Tiere, sich nicht nur von Pflanzen und Früchten ernährten, sondern einige sich auch Energie dadurch besorgten, dass sie andere das Gras und die Blätter konsumieren ließen, die sie danach ‚rissen', um sich zu ernähren. Das „Vorbild" der ‚umweglosen', weil nicht erst über Pflanzen-Konsum ermöglichten Ernährung, wurde zusätzliche Nahrungsquelle. Es wurde zu einem Akt des Denkens zum Leisten für Existenz.

Denken war angesagt, um im Dasein Not abzuwenden. Energie-Sicherung samt Nutzungsmöglichkeit zu erzeugen, so zu einer täglichen Aufgabenstellung. Die Erkenntnis des menschlichen Nutzens aus der Nutzung erfasster Quellen musste zuerst erreicht werden. Dies war sicher der schwierigere Akt, denn dieser Denkansatz benötigte mehrere Denkstufen. So benötigt der springende Punkt für seine Wirkungsmacht eine besondere ,Sprungkraft' (siehe den Blitz). Mechanisch braucht es dafür die vorher ansetzende Spannung und den Hebel zum Ansetzen. Im übertragenen Sinne wird ein ,Zündfunke' zum Beginn des ,Anspringens'. Im Gedanklichen sprechen wir gern vom „Blitzgedanken".

VON BEDARF UND BESORGEN ZUM FRIEDEN DURCH NEUES LEISTEN

Nach der Wahrnehmung des Bedarfs und der menschlichen Möglichkeiten zur Deckung des täglich Notwendigen entstand die Frage nach der Energiebesorgung mit Zugriff auf Ressourcen im örtlichen Umfeld, wie auf einen staubaren Bach zur Leitung von gestautem Wasser auf ein Mühlrad, das Kraft über die Kraftwelle erzeuge. Man begann Getreide zu Mehl zu mahlen. Da wurde in sehr begrenztem Bereich lokal gehandelt. Die räumlich erreichbaren und geistig überschaubaren Bereiche mit den Mitteln ihrer Epoche bestimmten die „Globalität" ihrer Zeit.

Dabei stieß man auf gleichgesinnte ‚Bedarfsdecker', mit denen man in Konkurrenz zu treten bereit war. Innerhalb eines überschaubaren persönlichen Lebenskreises hatte man nicht nur zu tun, um für sich und die Seinen zu sorgen, sondern ein Außenverhältnis mit zu bedenken, das umso gefährdeter wurde, je erfolgloser die Konkurrenten in ihrem eigenen Bestreben blieben. Da begannen Feindschaften, die Folgewirkungen mit mehr oder weniger drastischen Stilmitteln durch alle Epochen zeigen. Die Grenzen zwischen Trachten, Streben, Sorgen und Ringen, zwischen Kämpfen um die Erfolge und Kampf mittels Krieg sind die Auslöser von Uneinigkeit im Kleinen und von Strategien mit Ideologien weltweit geworden.

Dieses Gefahrenmodell begleitet die Menschheit bis heute. Sich einigen und verträglich miteinander umgehen konnte man lediglich mit Vereinbarungen in einer Art von Verträgen, wenn man bereit und fähig war, sie einzuhalten. War der Preis höher als der Wert, entstand meistens ‚Krieg'. Erfolglosigkeit erzeugt Neid und dann schnell auch Hass und Wut. Daraus überwiegt bei Menschen meist die Emotion gegenüber der Ratio, die Gefühle gegenüber dem nüchternen Verstand. Neid ist immer Kriegsmotiv geblieben. Dagegen entstand mit Fairness und Verträglichkeit friedlicher Umgang mit Tauschhandel als Beziehungsgrund die Grundlage für Frieden. Gestritten wurde, wenn einer die vereinbarten oder angenommenen Regeln nicht einhielt.

Ausgrabungsfunde bezeugen, dass Handel, sogar Fernhandel, friedliche Begegnungen schuf, aber auch für Raubzüge Anlass war. Und das nicht erst seit der Griechen- und Römerzeit. Die Mittel der Fortbewegung waren nun da. Auch für Eroberungen. Man wollte sich abholen, was man nicht selbst zu erzeugen verstand. Wenn möglich tauschen, wenn nicht, dann rauben mit Kampf und Krieg. Können verschaffte Macht und Übermacht. Was man dabei aufs Spiel setzte, war die verträgliche Einigungsmöglichkeit. So entstanden verfeindete Staatsgebilde mit Grenzen. Die sichtbare und erlebbare Unterlegenheit schuf sogar Hass. Und der ist bis heute aus den Hirnen der „Benachteiligten" nicht zu eliminieren.

Es erschien verlockend, eine Vormachtstellung erreichen zu wollen, indem man die ‚Ernte' und damit die Leistung anderer sich ‚abholte'. Immer wurde erst rückblickend erkannt, dass der Preis für Raubgut in der Folgezeit viel zu hoch war. Frieden wurde immer erst nach verheerenden Kriegen geschlossen.

Entscheidend für Streben im gutnachbarlichen Verhältnis oder kriegerischen Auseinandersetzungen war wohl das Motiv Nummer eins aller Menschen zu allen Zeiten: Das Streben nach Besserung des Daseins aus den gegebenen Lebensverhältnissen heraus für das eigene Leben und das der Seinen. Unterstellt man der gesamten Menschheit ein solches Bestreben, ist es als Urmotiv für das gesamte Spektrum des menschlichen Handelns erkennbar: Ein Denken für die Besorgung der täglichen Existenz. Kultur war das Können dafür. „Essen kommt vor Kultur!" ist in Notzeiten tägliches Praxiswissen. Erhebende Kultur folgt erst, wenn man weiter ist als nur für das Notwendigste zu sorgen. Beides braucht ein Leisten.

Übersehen wird freilich in den meisten Betrachtungen, dass eine gemeinschaftliche Verantwortung schon bei Unterlassen von Leisten für Leistungen zerstört wird. Die moderne Wissenschaft hat dafür einen Begriff: „Beggar thy neighbour". Das bedeutet, dass man mitschuld ist an der Verarmung seiner staatlichen Nachbarn, wenn man selber nichts oder zu wenig als Volkswirtschaft leistet. Leisten wird somit sogar zur Pflicht über die eigene umgebende Gemeinschaft hinaus. Lassen sich Staaten hängen, können sie nicht helfen, schon gar nicht ermunternde Beispiele für verbessernde Tätigkeiten sein.

Ob eine Volkswirtschaft zur „Lokomotive Europas" oder zum „kranken Mann Europas" wird, bleibt deshalb nicht ‚Privatsache' eines Staates selber. Die Verantwortung für andere rings um eine Volkswirtschaft bleibt ohne Leisten für sich pflichtwidrig vernachlässigend. Mitziehen und Mitmachen ergeben sich bei freiem gegenseitigem Zugang wie selbstverständlich. Allein schon leicht aus den täglichen Wanderbewegungen der Beschäftigten über die lokalen und sogar Landesgrenzen zu sehen. Wo lohnende Arbeit ist und die Firmen mit Arbeit locken, da ist das gemeinschaftsfördernde Leisten, von dem dann auch Nachbarn profitieren.

Wenn Denken für Leisten ansetzt, springt der Funke über für vorbildhafte Nachbarschaftshilfe. Der ‚Denkblitz' muss es sein, der Funke, der überspringt, statt Eroberung der besseren Lebenslagen. Es ist die Aufgabe zu akzeptieren, dass Völker sich selber aufschwingen können, um besser zu leben. Wird das begriffen und umgesetzt und von den Mehrheiten aufgegriffen, wird Hass und Neid ersetzt durch eigenes Wollen mit eigener Strebsamkeit. Das ist schon Fortschritt für Frieden oder Befriedigung durch Leistungskultur.

In meinem Umfeld gab es immer Schüler, Studenten oder Kollegen, die es besser hatten. Für mich gab es dazu nur eines: ‚Mit Neid erreichst du nichts: Ich muss den Anderen das gönnen können, was sie Besseres haben'! Ich konnte mich für sie mitfreuen. ‚Ich muss mit Leisten mich verbessern, um gut zu werden und ähnlich gut im Leben dazustehen'. Das war zu schaffen und es ging. Und ich hatte dabei ein gutes Gefühl: Das Empfinden einer inneren tiefen Zufriedenheit, die einem Neider immer abgeht. War da der ‚springende Punkt' von ‚zufrieden' zu einem eigenen Frieden gesprungen? Den Neid mit Missgunst sehe ich als den Urheber allen Übels. Wenn man sich darum bemüht, wird er Menschen nicht lang belasten, Neid zu vermeiden.

Kulturelles Streben für bessere Lebensinhalte in gepflegten Lebenshaltungen ersann man wohl erst nach der Lösung der existenziellen Probleme. Es ist müßig darüber zu sinnieren, ob es für diesen Schritt einen Anlass, einen Grund oder einen Zeitpunkt gab. Sucht man solchen Punkt, stellt man sogleich fest, dass es den gar nicht gibt! Es war sicher ein „Momentum" neuer persönlicher Motivation, die mit einer ‚plötzlichen' Erfahrung einen neuen Bewusstseins-Stand erlangte. Danach spornte der Erfolg der Einen die Anderen zur Nachahmung an. Dieses „Momentum" ist der ‚springende Punkt', den es zu finden gilt, obwohl er nicht zu verorten ist, weder geographisch noch zeitlich, nicht einmal mit einem Anhaltspunkt besonderer weltgeschichtlicher Ereignisse oder in Erfindungen.

Dieses „Momentum" ist ein Dreh- und Angelpunkt, den es zu begreifen gilt, obwohl nicht zu ergreifen; zu erfassen, ohne ihn fassbar zu bekommen. Man kann ihn erfahren auf der Fahrt in neue Denkgewohnheiten, neues Leisten im Sinne von neuer Herangehensweise an sich und sein Verhalten und Denken selbst, aber auch an die jeweils gestellten Aufgaben. Solche, die man übertragen bekommt oder sich selbst sucht und zumutet. Der „springende Punkt" gibt den Punkt im Leben jedes Einzelnen, in dem er oder sie sich bereitstehend und willens sieht, die eigene Einstellung neu einzurichten, und die Ausstrahlung neu auszurichten, zu orientieren und zu verankern. Dieser ‚springende Punkt' tritt aus dem Sprichwörtlichen heraus und wird zum Forschungsthema. Sein Feld ist nicht begrenzbar von Signalen einer Endlichkeit, von Leuchtbeispielen innovativ wirkender Befeuerung, von erfinderisch gewonnenen Energien der Menschen. Der „springende Punkt" ist in Hirnen verortet, wo immer und wann immer Menschen sich in eine Bereitschaft zu neuem Leisten einordnen und sich dazu aufzustellen bereit sind. Als Beginn einer Selbstfindung mit Änderungsbereitschaft im Verhalten und Erstreben von Lebenszielen. ‚Persönlichkeit' an sich selbst einzufordern und dafür die Weichen selber ganz freiwillig gerne zu stellen.

Der nicht fixierbare Angelpunkt aller Bewegungskräfte, der sich selbst steigernden Dynamik, ist Ausgangspunkt für Kraftentfaltung, steigert wie beim Differenzial einer Gangschaltung den gewünschten (Fort-) Gang selbst und schaltet sich ein in die begonnene Fahrt: zwischen Jetzt und Ewigkeit, zwischen Standort und Unendlichkeit, zwischen Materie und Unerschöpflichkeit, zwischen nutzbaren, aber verbrauchbaren Kräften und Unermüdlichkeit, zwischen Erkenntnissen und Grenzenlosigkeit, zwischen Erfahrung und Neugier, Evolution und Travolution (in eine nicht greifbare Zukunft), zwischen Sein und Vergessen, zwischen den vertikalen und horizontalen Körperstrahlen, deren Schnittpunkt die Seele ist (der Theorie der Strahlungen folgend, siehe Anlage). Die nicht funkbaren Strahlen verändern Ströme zu Strömungen und führen zu neuen Kräften. Künstliche Intelligenz KI und Algorithmen sind dafür erst ein bescheidener Anfang. Hierzu wesentlich mehr zu wollen, das Motto der strebsamen Jugend für eigene nachhaltige Zukunftsfähigkeit.

Jedoch verformt sich nicht Erfasstes oft zu Unsauberkeiten, zu Unwahrheit und Hysterien. Der Urpunkt, der ‚springende Punkt' zwischen allem, sollte deshalb trotz allem Vakuum ernsthaft und zielstrebig gesucht werden. Dieser Urpunkt ‚springt' nur so lange und nur dort, wo er nicht verknüpft ist mit ‚Hinterzielen', die man sich ‚vorbehält'. Eine zukunftsfähige Verknüpfung

bietet sich mitten im Menschen, mitten in uns selber an. Dazu die Ergebnisse der Strahlenforscher:
Sie erkennen horizontale Strahlen und vertikale Strahlen, die sich jeweils zu Bündeln finden, in jedem Menschen.

Dabei ‚verkörpert‘ der horizontale Strahlenstrom die Lebens-Aktualität zwischen eigenen aktiven und passiven Vorkommnissen. Menschen werden von Familien geboren und mit Menschen konfrontiert. Sie kommen aus einer Gene- Entwicklung und arbeiten sich nach draußen im Leben weiter, empor oder vergeblich weiter. Sie erwerben Fähigkeiten auf ihren Lebensweg und machen damit selbst etwas. Von der Geburt bis zum Tode begleiten Begegnungen das tägliche Tun. Die waagerechten Ströme sind die Träger des Alltagslebens. Dabei können oszillatorische Ausschläge der Lebenserfahrungen bis zur Verzweiflung führen. Die waagerechten Strahlen begleiten Menschen durch Alltägliches.

Die vertikalen, die senkrechten Strahlen, halten Menschen innerlich aufrecht, sind die ‚Haltestangen‘ der Transzendenz bis zur Verwurzelung in Heimat, Historie und Erziehung. Strahlen-Strömungen kommen von der Unendlichkeit des Seins und enden, wo sie beginnen. Im menschlichen Ich zwischen Ursprung des Werdens und Bewusstmachen, im Wollen und in Zielsetzungen, und im Trachten nach Höherem. Der Treffpunkt der beiden Strahlenströme wird zum Knüpfpunkt. Wo Herkunft und Wollen, Substanz mit Streben verknüpft sind, könnte der Kern des Lebens vermutet werden: Die menschliche Seele. Sie befindet sich, um im Bild zu bleiben, mitten in der Brust des Menschen. Dort wird der Mensch zum Menschen, wo er Fühlen, Denken, Bewusstsein und Empfinden verknüpft erleben darf, wo er Aktivität mit Passivität verknüpfen darf und sich seinem Inneren zuwendet. Das Seelenleben erschließt die Tiefe des Erlebens. Sie ist der Mittelpunkt des Seins und gleichzeitig die Stelle des Treffpunkts allen Tuns und Lassens. Vertikale und horizontale Strahlen treffen sich im Herzen des Menschen, mitten in der

Brust. Da ist die Seele. Aber auch die Wirkung, die von dort ausgeht, wird bedeutsam. Es ist die Willenskraft.

Die horizontalen Strahlen kreuzen die vertikalen also in der Brust, in der körperlichen Mitte des Menschen. Dem folgt die Theorie der Angst aus der Enge in einer Brust. Genau da meint man auch die Mühlsteine vom Herzen fallen zu spüren, mitten in der Brust eines Menschen, wenn plötzliche Erleichterung von Angst oder Sorge eintritt – wie die Strahlentheorie zu beweisen versucht. Die senkrechte Strahlung durchzieht den Körper, solange er lebt, beginnt am Kopf und zieht sich über das Unterende des Rumpfes bis zu den Fußspitzen. Die waagrechte Strahlung beginnt am ausgestreckten rechten oder linken Arm am äußersten Fingerende und reicht bis zum anderen auf der ausgestreckten gegenüber ausgestreckten Seite an den Fingerspitzen.

Beide Strahlenrichtungen haben einen Ursprung im Unendlichen, sind unbegrenzt herleitbar, so die Forscher. Darum sei der Strahlenkraft kein Hindernis mehr zu groß. Die Strahlen werden Bestandteil des Seins und somit Substanz und eigenständige Kraft. Der ‚springende Punkt‘ erhält also seine ‚Sprungkraft‘ aus dem ‚Knüpfpunkt Seele‘. Er aktiviert das Leben und überspringt Zeit und Raum. Er ist ein Angelpunkt für Jetzt für Künftiges, ein ‚Sprungbrett‘ für menschliche Zielungskraft. Aber wie beim Sprungturm im Turmspringen in ein geeignetes Wasser muss man dafür zuerst üben und sich dann fähig gemacht auch den Sprung zutrauen.

Wir kennen die Ausstrahlung von Menschen. Sie ist ein Strahlungsbündel jedes Menschen. Und wir wissen, dass Menschen mit starker Ausstrahlung öfter die Gewinner im Leben sind. Es soll sogar möglich sein, diese Ausstrahlung von Persönlichkeiten in Metern anzugeben. Franz Joseph Strauß soll eine Ausstrahlung von 42 Metern gehabt haben, ‚normale Menschen‘ hätten etwa 18 Meter Strahlungswirkung. Wenn die Ausstrahlung eines Menschen nur noch einen Meter weit reiche, so lebe er wohl kaum mehr einen Tag. Kraft, Seele, Strahlen und Wirkungsströme vereinen sich im „Punktum", dem Dreh- und Angelpunkt mit eigener Motivations-Kraft als ‚Urpunkt' der Kulturen: dem ‚springenden Punkt'. Ist somit die Seele der Platz, der Startpunkt für jede menschliche Bewegtheit? Der eigentliche ‚springende Punkt'? Der Urpunkt, wo der springende erst zum Springen ansetzt? Wir suchen also die Sprossen der Erkenntnisleiter hinaufzuklettern. Gewünschte Erkenntnissteigerung wird durch die Leiterbalken vorgestellt, die mit Sprossen verbunden sind. Die Sprossen sollen als Definitionen vorgestellt werden, die das Verständnis erleichtern könnten.

DEN SPRINGENDEN PUNKT
FESTMACHEN AN DEFINITIONEN

Unser Betrachtungsfeld ist die Welt. Das Wort „Welt"" ist ein Mischwort. Welt = von wer = Mann, alle (elle) Mann wird zu „wer-elle" (vergleiche alt-engl. woreld): Alle Menschen = Welt. ‚Welt' bezeichnet also nicht eine Gestalt der Erde, sondern ein Bild ungezählter Menschen. Ein weiteres Beispiel kommt aus dem Französischen: ‚tous le monde' steht nicht für die ganze Welt, sondern für ‚alle Welt'. Das meint eigentlich indifferente Menschenmengen. Eine Stadt ist auch nicht bloß Häusermeer, Straßen, Schulen und Parks. ‚Macht' wiederum ist das vorhandene oder angemaßte Verfügungsrecht über Gebiete, Sachen und/oder Menschen. Wird eines dieser Rechte ausgeübt, ergibt sich der Anspruch auf das Weitere meist wie selbstverständlich, oder wird auf anderen Bereiche usurpatorisch = per Wegnahme ausgedehnt.

Um leben zu können, müssen Menschen sich um ihre Existenz bemühen. Allein und Menschen miteinander. Da muss viel besorgt werden.

‚Wirtschaft' ist die Gelegenheit zur Existenzsicherung, von sorgen und besorgen, also (be)wirten, was hin zu Wirtschaft führt. Diese Definition gilt für jeden Einzelnen, alle in Gruppen oder institutionelle Einheiten und den Staat als gesellschaftliche übergreifende Organisationsform. Jeder ist Teil von Wirtschaft und niemand außerhalb dieser organisierten Existenzsicherung. Und niemand sollte sich über Wirtschaft erhaben sehen. Es gilt, eine Gelegenheit durch den Staat herzustellen, die dem Einzelnen die Chance der Existenz einräumt. Das gelingt nur durch rationale Anstrengung. Und niemand ist bekannt, der nichts isst, nicht wohnt, sich nicht kleidet, sich nicht in einem organisierten System der Gesundheitsfürsorge aufhält und darauf angewiesen ist; ganz zu schweigen von Infrastrukturmaßnahmen und Bildung. Fehlt aber die Gelegenheit zur Existenzsicherung, nützt keine Ausbildung. Selbst der am besten Ausgebildete bleibt allein in der Wüste chancenlos, wenn er keine Gelegenheit erhält, die ihm weiterhilft. Es gibt daher keinen logischen Grund, sich von „der Wirtschaft" zu distanzieren. Die gesamte Menschheit als Ansammlung von selbstversorgenden Eremiten ist nicht vorstellbar. Sich als ‚Gebildeter' hoher Anstellung sich über der Wirtschaft stehen zu sehen, kann daher nur einem hohen Maß an besonders großer Einbildung entspringen.

Allerdings trägt man einem viel zu großen Teil der Gesellschaft mit dieser Zuordnung aller Menschen eine zu große gedankliche Last auf. Es ist daher die Unterscheidung zu treffen zwischen dem einen Teil der Menschen, der von privaten Existenzen lebt, wie Freiberuf, Kleingewerbe und Handwerk, und den anderen, wie etwa den Kleinen und Hilflosen, Jugendlichen und Alten, den halbwegs von Familien und öffentlichen Sozialversicherungskassen Lebenden, und denen, die wie die öffentlich Bediensteten, Kirche und Rundfunkanstalten sowie in öffentlich-rechtlichen Institutionen anderer Berufe. Also zwischen jenen, die von der ‚budgetiven Wirtschaft' leben und den anderen der ‚operativen Wirtschaft'. Diese bilden den Schwerpunkt der Wertschöpfungsvorgänge einer Volkswirtschaft. Der Grad der Beiträge dazu unterscheidet sich erheblich.

Der öffentliche Dienst ÖD hat oft nicht die Möglichkeit zu den großen volkswirtschaftlichen Innovationen beizutragen. Seine budget-bedingten Existenzsicherungen sind geregelt und begrenzt. Umso mehr wäre unternehmerischer Mut mit kalkuliertem persönlichen Risiko und Einsatzbereitschaft mit innovativem Denken im operativen Bereich der Existenzsicherung zu würdigen. Nicht wenige sehen im ÖD ihre Hauptaufgabe im Bedenkenvortrag, Hinterfragen und Kontrollen, auch wenn dabei unternehmerische Risikobereitschaft mit Einsatzfreude vollends vertan wird. Der ÖD begreift sich heute nicht nur in Deutschland als obere Instanz gegenüber der Leistungsgesellschaft der freien Berufe, der operativ Tätigen im gesamten Spektrum der Aufgabenbewältigung. Er „tötet nicht sehr selten an", was sonst nützt: einen Sondereinsatz. Wer sich heute Selbstständigkeit antut, bereut dies zu vier Fünftel aller neuen Einsatzbereiten. Nicht selten ist der ÖD der Bremser von Einsatz und Denkvorsprung. Dem Gewicht der Verantwortung solchen Lebenseinsatzes ohne Pensionsberechtigung wäre mehr Aufmerksamkeit zu gönnen. Keiner von diesen kann sich hinstellen und mehr Einkommen „fordern" („mindestens jedoch...").

Und hier treffen wir auf eine Definition, die es in sich hat: ‚Arbeit'. Ist die Ausführung einer angeordneten oder freiwilligen Tätigkeit mit eigenen oder fremden Mitteln nach Vorgaben mit Zeiten gegen vereinbarte Zeitentlohnung, wenn sie für Andere geschieht. ‚Leistung' dagegen ist nach unserer Definition die Bewältigung einer Aufgabe in dem Bestreben, dem Abnehmer der erbrachten Leistung einen Zusatznutzen zu erzeugen. Der ‚Abnehmer' kann der Kunde sein, der Chef oder das Land. Der Unterschied ist so erheblich, dass er zum Gegenteil wird: Denn Arbeit ist ersetzbar durch Maschinen, neu Angelernte, fremde Menschen in anderen Ländern und Billiglöhner mit Fleiß.

Menschen mit der Einstellung für Leistung sind nicht nur in anspruchsvollen Aufgaben tätig. Leistung ist also nicht auf höhere Einkommensgruppen begrenzt, während aber die Arbeit kaum höhere Eingruppierungen in Lohntarife erzeugt. Während Arbeit so ersetzbar ist, wird Leistung immer gefragt sein. Arbeitslosigkeit wird also für den Leistungsbereiten kaum ein Thema sein, sofern ‚die Gelegenheit zur Existenzsicherung' gegeben ist. Das ist die Volkswirtschaft: Die von einer Staatsordnung geschaffene und erhaltene Gelegenheit zur Existenzsicherung. Entweder ein Staat organisiert sie oder man selbst.

Eine missbräuchliche Verwendung von ‚Leistung' zeigt sich bei ‚Leistungen', die eigentlich nur genehmigte oder gesetzliche Auszahlungen staatlicher Stellen sind. Das sind höchstens umverteilte Leistungsergebnisse anderer, die etwas Steuerbares geleistet haben und so (über Sozialversicherungsbeiträge) Leistungen mit Gewinn für Sozialleistungen erwirtschaftet haben. ‚Arbeitsleistung' stimmt in diesem volkswirtschaftlichen Zusammenhang ebenfalls nicht. Man hat Leistung erbracht und Arbeit verrichtet.

Besonders aber ‚Arbeitgeber' und ‚Arbeitnehmer', wo niemand etwas gibt oder nimmt, sondern nachgefragt und da bezahlt wird, wo Leistung erbracht und gelungen ist, da liegt das Begriffsverwenden im Argen. Denn der eigentlich gesuchte Leistungsangestellte ist gefragt. Der ‚Arbeitgeber' ist in Wirklichkeit der ‚Leistungsnachfrager' am Leistungsmarkt und der bisherige ‚Arbeitnehmer' tatsächlicher ‚Leistungsanbieter'. Wäre damit nicht auch gleichzeitig eine innere Einstellungsänderung erreicht? Sogar komplizierte Verhältnisse zwischen Leistungsnachfragern und Leistungsanbietern statt Arbeitgebern und – nehmern mit entschärft?

Daraus wird erkennbar, dass die Unterscheidung von Arbeit und Leistung gesellschaftspolitische Dimension erreicht. Leistungsanbieter und Leistungsnachfrager zeigen auch deutlicher, wie Leistung einzuordnen und zu lenken und sogar zu bewerten ist. Der „Facharbeitermangel" meint genau dieses Problem. Es wäre in vielen Hirnen zu lösen.

Das Überangebot von weniger an Leistung denkenden Mitarbeitern wird in Zukunft zum großen Problem und ist eigentlich heute schon zu groß. Es ist daher dringend zu raten, die Einstellung zum Leisten und dieses als Schwelle zum Lebenserfolg zu erkennen. In weiterer Folge kann Erkenntnis umgesetzt werden und wird zum mikro- und makroökonomischen Erfolgsgeheimnis für Einzelpersonen, Gruppen, Firmen und von Staatslenkern mit einer Wirtschafts- und Ordnungspolitik, die makroökonomischen Nutzen erreicht, indem sie den Volkswirtschaften Anschluss an die „erste Liga verdienender Volkswirtschaften" verschafft. Dies sichert schließlich den Aufstieg zu einem Gemeinwesen mit Wohlstand.

Ist Leistungsdenken am Ende selbst schon Kulturgut? Das Gegenteil, nichts für Leistung zu entwickeln und zu tun, erschöpft sich immerzu im Ergebnis teurer Versprechen, die immer wieder ‚die anderen' einlösen sollen, die sich Leistung antun, auch für ‚alle Welt'. Am 25.09.2014 hat Olaf Gersemann in der WELT fundiert dargelegt, worauf nicht nur Deutschland in Zukunft bauen kann: Produktivitätssteigerung eines spezifischen Leistens bei erhöhten Leistungszeiten wird unabdingbar, wenn nachteilige Entwicklungen ausgeglichen werden sollen. Das erfordert Umdenken und Umsteigen auf ein gesteigertes Bildungsstreben. Dem „Inflationsausgleich" folgt daraus andernfalls ein ‚Wohlstandsabsturzausgleich'.

In der Bedrängnis Berlins während der sowjetischen Blockade wurde ein Notopfer sogar mit Briefmarken eingeführt. Dem würde heute wohl eine Steuer auf Computer-Benutzung entsprechen. Niemand befasst sich mit dem Fall, der eintreten kann bei großer Deflation.

In der Tat ist die Ausbildung des Lehrpersonals in den Dingen, die jeden Erwachsenen an jedem Tag betreffen, das Wirtschaften als Existenz-Sicherung, unterbelegt. Lehrkräfte auch an Gymnasien bestätigen das seit Jahren. Und an den Universitäten nimmt man das schon als selbstverständliches Faktum bei Studienanfängern hin. Einfache Wirtschaftskunde ist dann der Anfang eines schwierigen Studiums, weil halbgares Schulwissen erst sortiert werden muss.

UNGEWOLLTE VERÄNDERUNGEN
DURCH UNBEWÄLTIGTES UNWISSEN

Die soziale Struktur einer Gesellschaft mit Sozialversicherung und Hilfsorganisationen gilt als selbstverständlich. Gängige Meinungsströmung besagt, dass Macht aus Mitteln entsteht, und deshalb Übermacht gegenüber weniger Bemittelten erzeugt. Materieller Besitz wird mit unberechtigtem Machtanspruch gleichgesetzt, den es folglich zu beseitigen gälte: Gefordert wird: ‚Gerechtere Verteilung‘ der Mittel durch Umverteilung! Weniger Mittel könnten den angeblich Mächtigen nicht sehr schaden, den Ärmeren aber nützen.

Der Haken: Wer den einen das Vermögen oder Einkommen von anderen auslobt, propagiert so Raub. Das Soziale, das Gemeinschaftliche, ist damit zu Gunsten des umtriebigen Sozialistischen gar erledigt. Psychologische Auswirkungen sind etwa innerer Rückzug und immer mehr frustriertes Unterlassen statt Zupacken mit Unternehmen. Gelegenheiten zu Existenzsicherung werden zunehmend nicht mehr wahrgenommen, sinken tendenziell progressiv, also immer stärker. Dem Einzelnen beschneidet dies die Chancen auf der Suche nach Beschäftigung oder bessere Karriere, den anderen trübt es die Perspektiven und mindert den Lernwillen, den Staaten mit ihren Volkswirtschaften verhagelt es die steuerlichen Einnahmen und Infrastruktur-Chancen. Die Bildungsrenditen der Staaten sinken durch Brachliegen von Wissen und Können oder durch die Auswanderung der Besten und sowieso schon Flexiblen, was die sinkenden Steuereinnahmen noch zusätzlich mindert. Ganz besonders schlimm ist, dass die angeblich pragmatische Politik die nächste „Sau durchs Dorf treibt“. Es folgen neue Beschneidungen unternehmerischer Freiheit in arbeitsrechtlichen Fragen und diese vermindern die Bereitschaft zu Einstellungen.

Freisetzungen werden in solcher Politik durch sogenannte Kündigungsschutzgesetze zusätzlich behindert. Wohl dem, der dann nicht auf der Kündigungsliste im Falle weiterer Marktverschlechterung steht. Würde dann der Staat zu Konjunkturstützungsmaßnahmen greifen, was er viel öfter tut als die Menschen wahrnehmen wollen, wäre die nächste Steuererhöhung, selbstverständlich erst nach einer Bundestagswahl die direkte Folge. Aber da liegt eine noch größere Heuchelei, denn der Staat hat kaum Rücklagen für Beamtenpensionen. Wenn also eine Straßenmaut diskutiert wird, für die Beseitigung von Schlaglöchern, wird sie andere Löcher stopfen müssen. Löcher in den Straßendecken zu stopfen, war schon lange bei den letzten Steuererhöhungen zugesagt. Das Klagen über marode Infrastruktur von Brücken und Bahnen ist für eine solche Volkswirtschaft wie Deutschland eine Schande. Aber die Klagen nehmen zu, die Bundeswehr noch gar nicht eingerechnet. Infrastruktur für Digitales in Deutschland darbt.

Dabei bräuchte es gerade jetzt den Schwung für Aufschwung, Mut zum Unternehmen von neuen Geschäftsmodellen. Aber der dazu bereite gewerbliche und freiberufliche Mittelstand liegt nicht nur außerhalb des Fokus' der großen Politik. Man wirkt geradezu wirtschaftsfeindlich, wenn man die immobiliäre Alterssicherung der neuen Erbschaft zur Besteuerung überantwortet, während man Renten und Pensionen je nach Parteiraison erhöht. Was das Gesetz der Heizungsumstellung mit der Bevölkerung macht, wird in den nächsten Wahlen beantwortet werden. Der gewerbliche Mittelstand wird nicht zu gewinnen sein. Schon stellt das IFO-Institut laufend sinkende Zuversichtswerte in der Wirtschaft fest (Ende Juni 2023). Die Inflation trifft mit den Gehaltsforderungen und den höheren Kosten im Öffentlichen Dienst dann folgenden Steuererhöhungen dreifach: Hohe Lohnsteigerungen, Inflation und erwartbare höhere Lasten für den Staat. Woher soll Mut da noch kommen?

Mit finanziellen Hilfen, nicht nur mit Maßnahmen wie der Verschrottung von Kfz mit höherem Spritverbrauch, sondern auch

Modernisierungsgebote bei Mietshäusern und bei Geräten, die Strom verbrauchen, bei der Wärmedämmung und bei Wärmepässen für Häuser, liegt verdeckte Konjunktur-Subvention vor. Steuererhöhungen sind daraus bereits anvisiert, denn der Staat unternimmt andernfalls alles über neue Schulden.

Seit 45 Jahren lebt die Bevölkerung der Bundesrepublik über ihre Verhältnisse. Immer wurde, wie Edmund Stoiber mit entwaffnender Offenheit bei einem Parteitag der CSU in Nürnberg erklärte, mit zusätzlichem Wachstum spekuliert, um Haushaltslöcher zu schließen. Neue Schulden nicht mehr einzugehen wäre löblich, wenn es wirklich zuträfe, aber so ist es nicht ausreichend. Um die volkswirtschaftlichen Gleichgewichte wieder ins Lot zu bringen, muss vor allem eines beachtet und dann auch umgesetzt werden: GS = WS. Das heißt, dass vor einer Einkommenssteigerung die Wertschöpfung in der gesamten Volkswirtschaft höher sein muss, wenn nicht der innere Wert einer Währung vermindert werden soll, also Betrug am Sparer und Investor die Folge sein soll.

Die Wirkung sehen die Menschen im Wertverlust ihres Einkommens und fordern hohe Lohnzuwächse, „mindestens € 500.- mehr im Monat". Damit nimmt die Inflation erst richtig Fahrt auf, denn diesem hohen Zuwachs, käme er zustande, steht keine höhere Leistung gegenüber. Der Geldüberhang gegen fehlenden Leistungszuwachs vermehrt und beschleunigt Inflation. Wenn die Kommunen dann am Limit ihrer Möglichkeiten sind, werden kommunale Abgabenerhöhungen folgen. Und bei der nächsten Lohnrunde werden „mindestens jedoch € 1000.- mehr" gefordert.

Dabei wird noch übersehen, dass mit fehlender Steigerung des ‚Bruttosozialprodukts' die Wertschöpfung nicht mit übereinstimmt. Denn auch die Investitionen zur Steigerung der Leistungskraft einer Volkswirtschaft müssen nicht nur erst verdient sein, sie müssen zusätzlich die Infrastruktur des Landes und die Budgets der Gesamtwirtschaft mitbedienen. Wenn also der ÖD den Gehaltserhöhungen den in der operativen Wirtschaft gleichgestellt wird, wird das dafür nötige Drittel zunächst wieder dem Schuldenmachen überstellt, genau wie die Verbesserung der Infrastruktur. Oder die Infrastruktur wird schlicht weg ,verschlampt' und ohne Reparaturen belassen. Führten sich aber die direkt am operativen Geschehen der Wirtschaft Beteiligten den höheren Lohn selbst zu, vereinnahmten sie ihren Teil am Wirtschaftswachstum meist schon präsumptiv vorweg und verbrauchten die zwei anderen Drittel gleich mit: die für Infrastruktur und das Budgetive, den öffentlichen Dienst. Für diese zwei Drittel werden dann wieder Schulden gemacht oder nichts dafür zurückgestellt. Oder Infrastruktur „kaputtgespart". Die Tarifverhandlungen laufen viel zu selten unter Berücksichtigung wichtiger Weiterungen. Wenn sich Tarifpartner erschöpft von den harten Gesprächen und zufrieden mit dem Ergebnis vorstellen, ist oft schon großer volkswirtschaftlicher Schaden entstanden. Produktivität in Einkommen von Effektivität der Leistungsergebnisse zu trennen oder einseitig „umzuverteilen" wirkt daher „sozialistisch" und am wenigsten „sozial". Denn irgendwann erreicht die Kostensteigerung die Möglichkeit zur „Gebührenumverteilung" auch die kleinen Einkommen. Neues Leisten gewinnt so eine volkswirtschaftliche Dimension.

„DIE MITTERNACHT RÜCKT NÄHER SCHON, IN STILLER RUH LIEGT BABYLON"

Der schleichende Übergang von der jetzt noch klaren ‚Leistungsgesellschaft' in einen erstarrenden Staatsplan-Kommunismus wurde von Thomas Straubhaar in WamS am 13.07.2014 auf Seite 38 eindrucksvoll beschrieben. Sichtbar beginnend mit der Forderung nach höherer Erbschaftssteuer. „Die Neid-„ (= Erbschaftssteuer) „wird das Soziale" (= das Gemeinschaftliche) „ablösen".

Trotzdem setzt der Begriff in der Sozialethik genau daran an. Wenn aber diese Art von Ethos Raub nicht ausschließt, sozial missverständlich zur sozialistisch gleichmacherischen Praxis wird, kann weder Gemeinschaftliches, also Soziales, noch ein Ethos für Gemeinschaftliches entstehen. Propaganda für Umverteilung greift Leistende zuerst an, mogelt Missverstehen in Verständnis ein und Wortlaut des Grundgesetzartikels von „Eigentum verpflichtet" in Rauben von Eigentum durch Mehrheiten mit „Eigentum wird verpflichtet" und nennt es Demokratie.

In Wirklichkeit mutiert Demokratie genau auf diese Weise zur ‚Diktatur der Mehrheit', wenn die Stringenz demokratischer Legislative schwindet oder fehlt und die Judikative im Staat passt. So könnte eine „demokratische Mehrheit der Beschäftigten" einen Fabrikanten enteignen und die Mehrheit der Völker die deutsche Bevölkerung um ihre Pensionen bringen. Die EZB will mit der intransparenten Bankenunionsregelung genau das vorbereiten. Und dies gegen ein Leisten. Der Grund dafür liegt in der Fehleinschätzung des Entstehens von Vermögen und Einkommen sowie in der Nichtbeachtung der Wirkungsfolgen aus unzureichend bedachten Maßnahmen.

Dazu müssen wir den Fehler als solchen definieren. Ein Löwe ist nicht, wenn man brüllt. Ein Fehler ist das Nichtbefolgen von

Lehren, das Nichtbeachten von Lücken in logischen Reihen und das Anlegen falscher Maßstäbe. Was falsch ist, bestimmt die Orientierung an positiven Entwicklungen, weil Orientierung durch Oriens (aufsteigend) definiert wird, dem Ort aufgehender Sonne und sich niemand an Untergehendem orientiert, also an einem Untergang wie bei einer untergehenden Sonne. Das wäre Occidentierung.

Was sich da schon jetzt in den Köpfen der investiv Denkenden und mit eigenem Vermögen haftenden Teile der operativen Wirtschaft abspielt, verspricht keinen weiteren Aufschwung. Glorreicher Zugriff auf volkswirtschaftliches Sparvermögen in Sozialversicherungen entlarvt sich bald als Falle für neue Zwänge und neue Steuern. Schon mehren sich Andeutungen zur Erhöhung der Sozialversicherungsbeiträge. Wer aber privat alles immer in Konsum und Urlaubspläne steckt, bleibt Abtrag durch Steuern erspart, weil man nichts zu versteuern hat.

Vorrangig sozial in Verantwortung Stehenden wird aber mehrfach Versteuertes nochmals versteuert. Man nennt dafür den Grundgesetz- Artikel der Eigentumsverpflichtung. Aber da wird Eigentum von anderen verpflichtet, die für Sparen nichts übrighatten, sondern dem Gutleben seinen Lauf ließen. In der Meinung von ‚additiven‘ Denkern, die immerhin eins und eins zusammenzählen können, aber volkswirtschaftlich keine Wirkungsmechanismen kennen, dient dieser ‚Verbrauch‘ dem Konsum und damit Aufträgen. Die Verwendung der Mittel bleibt offen.

Auch hier bleibt eine Denklücke: Verbrauchen können Besitzende schon auch selbst. Sie brauchen dazu weder Parteien noch den Parteienstaat. Und sie tun das schon erkennbar vermehrt. Warum also sparen und investieren, wenn andere nur auf die ‚Ernte‘ warten und sich abholen, was unter risikoreichem und großem Einsatz an Leistungsergebnis irgendwann als Ernte da ist und schon „Steuervorauszahlungen" entgegenblickt? Wo immer engere Korsette die Lust verliert, weil die Last bei öffentlicher Detailkontrolle jede unternehmerische Freiheit auslöscht? Dazu kommt eine EU, eine ‚Demokratur' aus Brüssel, die die Zustimmung zu Europa, Kommission und Verwaltung, tendenziell mindert. Zugriffe aus „Brüssel" bis ins Private unter dem Mantel von Klimaschutz klingen wie Notverordnung.

Untersuchungen und Beobachtung ergaben Misserfolge von Unternehmern vieler Sparten. Es verloren aber auch gute Unternehmer in großer Zahl, die man zuerst ‚niedergemäht' und dann als schlechte Unternehmer bezeichnet hat. Volkswirtschaften mussten so verzichten. Es war der Beginn eines Rückzugs vom Gemeinschaftsdenken mit dem Ziel eines Wohlstandes für alle. ‚Zupacker' packten ein, wanderten aus oder ihrer Gesundheit zuliebe über Feld und Wald. Sie surften lieber im Meer an schönen Stränden statt im Internet Marktlücken für ihr Unternehmen und die Beschäftigten zu suchten. Oder sie begannen zu verkaufen, was sie selbst nie abzugeben vorhatten. Und jetzt fehlen überall die Unternehmensnachfolger. Nach dem Fachkräftemangel der aktuellen Zeit 2020- 2025 die wohl größte Lücke, die sich mit Fallhöhe des Wohlstands in Deutschland steigern könnte.

Unternehmerausbildung gibt es nicht. Nachwuchs wird in Erfindern oder ‚Söhnen' gesucht. Viel Wissen wird im Wirtschaftsstudium gesucht, wo man Theorie findet. Erfahrung läuft im Gleichschritt mit Rückschlägen heiß und verheißt manchem Unternehmen nichts Gutes.

FÜHRT ÖKONOMISCHER BILDUNGSSTAND ZU WOHLSTAND IM LAND?

Ganz klar geht es hier nicht um PISA und hohen Grundausbildungsstand in Deutschland, sondern um die folgende Frage: Gibt es ursächliche Zusammenhänge, also die volkswirtschaftlichen Wirkungsketten zwischen Wissensstand in Ökonomie und dem des Politikmanagements für Ökonomisches und daraus erreichbarer Leistung einer Volkswirtschaft für den Lebensstandard und eine Zukunftsperspektive aller Einwohner? Und gibt es einen Weg, um dorthin zu gelangen?

Kann bessere Bildung in Ökonomie Wohlstand allgemein heben?

Um das Ergebnis vorwegzunehmen: Wenn man in einem Land von Volkswirtschaften und von Wirtschafts- mit Ordnungspolitik in ferner Zukunft so viel verstehen könnte, wie vom Fußball, ist die Zukunft in Deutschland zu bewältigen; mit dem bisherigen Können ist sie es nicht. Konjunkturelle Phasen der Hochblüte heben nur kurzzeitig latent vorhandene akute Sorgen aus dem Weg. Was wir uns leisten, ist nur teilweise verdient. Und was als ‚Leistungen' der sattsam verwöhnten Bevölkerung verkauft wird, sind im Grunde nur die Anspruchszahlungen des Parteienstaates aus Gesetzen zur Befriedigung von Wählerklientele, fast einer Auftragswahl. Leisten wir uns deshalb einen Beitrag für eine positive Perspektive. Versuchen wir über die Klärung der gestellten Frage einen kleinen, aber wichtigen Einblick in die nötigen Bildungsinhalte über Ökonomie, die Volkswirtschaft oder veraltet ‚Nationalökonomie' zu erheischen: Zuerst ist nach dem Unterschied zum Betriebswirtschaftlichen zu fragen. Reichen für diesen Komplex betrieblicher Vorgangskenntnisse die Verständnisse von Zusammenhängen im Ökonomischen? Reichen solche über Banken und Börsen? Oder über Buchhaltung, Werbung und Verkauf? Über Wirtschaftsrechnen oder IT? So wichtig diese Wissensblöcke im täglichen Wirtschaftsleben, ganz besonders auf der operativen Seite der Wirtschaft sind, so wenig reichen sie bei Ausbildung. Noch niemals ist ein Wirtschaftsnobelpreis für Bank oder Werbung, für Verkauf oder Buchhaltung vergeben worden. Ökonomik sieht anders aus.

Gern verwende ich das Beispiel zur Konstruktion eines Airbusses: Nie wird einer gebaut, indem man 50 oder 100 Busse zusammen verbindet. Die additive Sicht der Wirtschaft als die Summe der operativen Einheiten führt spätestens dann in die Irre, wenn man sich Flugzeuge und Busse in Destination, Reichweiten, Weiterentwicklungsbedeutung wie Gesamtheitsnutzen klarmacht. Ein Airbus wird nicht gebaut durch Addition der Kräfte mehrerer kleinerer Einheiten; die Dynamik des Geschehens reicht für additive Wertungen nicht mehr aus.

Ziehen wir die Begriffe Markt, Organisation, Einkommen, Planungen heran: Die Antworten liegen so weit auseinander, dass jeder erst einmal nachdenklich werden sollte oder wenigstens werden könnte. Betriebswirtschaftliche Deutungen liegen völlig anders als ökonomische Bedeutungsinhalte. Ökonomische Bildung muss die dynamischen Wirkungsweisen erfassen, begreifen, beurteilen und ergreifen lernen, sie muss die Wirkungsfolgen von politischen oder Arbeitsmarktmaßnahmen aufzeigen können und sie muss Leitlinienkompetenz für die Gesamtpolitik beisteuern können.

Sie muss also einer Ordnungspolitik mit klarer Sicht in eine positive Zukunft gute Dienste leisten. Die frühere große Koalition hatte bei größter Hingabe genau darin ihr größtes Defizit. Ökonomische Bildung ist deshalb als „Wissensmehrung auf dem Gebiet der volkswirtschaftlichen Wirkungszusammenhänge, der mikro- und makroökonomischen (kybernetischen) Steuerungsvorgänge mit Ursachen und Auswirkungen und der Leitlinien

mit Leitplanken der Ordnungspolitik" zu definieren. ‚Mikro'
greift auf persönlichen, betrieblichen bis zu regionalen Belan-
gen. ‚Makro' bezieht sich auf eine Volkswirtschaft bis zum EU-
Verbund und dem Welthandel. Ökonomische Bildung wirkt wie
Ökonomie selbst auf die täglichen Lebensabläufe jedes Einzelnen ein, in die aller Unternehmen, alle Betriebe, alle Organisationen, Institutionen und Interessen und auf den Staat selbst.

Ökonomische Bildung greift daher weit über das hinaus, was
eh sonst bekannt ist und an allen Stammtischen stets erzählt
wird. Sie begreift sich selbst als Basiswissen für Zukunftsbewältigung von Gemeinschaften, aber auch von Einzelnen. Damit greift der Vorhalt einer Interessenpolitik eindeutig zu kurz.
Da ist nicht Auguren-Prophetie, wie das aus Wachstumsprog-
nosen erscheinen mag. Es ist das Begreifen, dass wir alle Teile
des Wirtschaftslebens sind, ein Rad wo auch immer. Aber dafür fehlt den meisten Menschen das Wissen über Ökonomie.

Den Vorwurf vieler Nicht-Ökonomen, dass sich die mathemati-
sierte Volkswirtschaftstheorie von der Wirklichkeit zu weit ent-
ferne und Denken in Modellen eine Parallel- Wissenschaft als
Realitätsabbild vorstelle, entkräftete schon der Nobelpreisträger
Joseph Stiglitz. Seine bildhafte Widerlegung ist kaum zu kippen.
So stellte er die Landkarte als Modell des Landes vor, nach der wir
uns gerne richten. Wie beim Skelett, auf dem die Medizin baut und
lehrt. Und ein Navi borgt sich sogar noch vom Modell der Wirklichkeit seine Vorlagen. Keine Neuwagen- Konstruktion kommt
ohne ein Modell aus, nach dem in der Produktion zu arbeiten ist,
ob als Simulation im PC oder aus Holz. Richtig ist nach meiner
Auffassung die Skepsis gegenüber der überzogenen mathemati-
sierten Ökonomik, als ob mit Formeln Folgerungen mit kausal-
logischen Wirkungsfolgen real berechenbar wären. Selbst, wenn
alle Bedenken und Vorbehalte eingerechnet werden würden, bliebe
es fraglich, ob mehr als eine Schätzung herauskäme, wenn auch
nur eine der vielen Bedingungen entfiele oder so weit entfernt
aufschiene, dass bis zur Realität nur noch ein Fernrohr reichte.

BESSER „LEISTUNGS-ELITEN" ALS „GELD- und „ELLENBOGEN-ELITEN"

Wir brauchen besonders in Deutschland ehrbare Eliten, die Vorbilder sind, nicht die Geld-Eliten, Ellenbogen-Eliten und Glücksritter-Zufalls-Eliten. Wir brauchen Leistungseliten, denen nachzueifern ist, die Achtung genießen und deren Wirken vielen anderen Anlehnung und Andienung wert ist. Wir brauchen Eliten mit Eigendenken, keine Rezitationselite für Diplome und Bachelors mit Zitiernachweis-Fähigkeit. Autorenschaft in allen Ehren, aber Wissenschaft besteht nicht in der Anhäufung von Wissen anderer mit einer besonderen Schlussfolgerung: Sondern in schöpferisch überzeugender Innovation bei Ideen und mit neuen Ergebnissen. Das ist schwerer zu haben als Titel. Wer Leisten als Kultur begreift, darf sich von Zitatanhäufungen abheben. Promotionen und Habilitationen als kulturelle Leistungen brauchen Leisten vor dem Titel. Kultur erwirkt ein Leisten und ein Leisten erzeugt Kultur, die wir nötig haben.

Am deutlichsten wird dies bei Katastrophen, die aus purer Unkultur entstehen. Dazu zählen auch schwere Versäumnisse und Pflichtverletzungen. Wer aus Nachlässigkeit Menschenopfer billigend in Kauf nimmt, entfernt sich vom Menschsein. Was ein Mensch braucht, um die Existenz möglichst aller zu sichern, bewirkt Besseres: Neues Leisten Sich von der Barbarei unreifer Gedanken und Taten zu distanzieren, wäre echter Fortschritt; ein Aufeinanderzugehen mit Respekt vor dem anderen, dem man sein Gesicht lässt, wie wir seit Konfuzius wissen könnten. Dann erst sind wir Menschen mit Gesicht. Dann erst sind wir in der Lage, unsere Vorlagen für die Verwertung durch andere zu liefern. Erst dann erfüllt Leistung, das Leisten überhaupt, den zugewiesenen Zweck, Chancen für andere zu eröffnen, damit sie nach solcher Vorlage einen Lebenstreffer erzielen können. Leisten für Kultur der Gemeinschaftsbildung in Frieden und Freiheit und eine Kultur zur Öffnung für ein Werden der Gemeinschaft bleiben von Anfang an Verbündete, verbunden in engagierter Redlichkeit mit Herz und Verstand.

Dass aber Wissenschaft, historische, ökonomische, ökologische, naturwissenschaftliche und medizinische und andere vorrangig Wahrheiten zu erforschen und zu lehren hat und nicht zu Nettigkeiten verpflichtet werden kann, hat vor etlichen Jahren Papst Benedikt XVI angesagt. So sind böswillige Missverständnisse der modernen Wissenschaft so fremd wie real von reell, wie Recht von rechtens. Böswilliges Missverstehen ist wie ausfällige und absichtliche Disharmonie. Wahrheiten sind letztendlich erträglich, böswilliges Missverstehen jedoch niemals akzeptabel. Das nähert sich einem Unterstellen und Verleumden. Auf meiner China-Reise diskutierten wir, der pensionierte Verwaltungsgerichts-Präsident Erwin Schütz aus Nordrhein-Westfalen und ich, diesen Begriff eingehend. Schütz bedauerte, dass er ihn nicht schon während seiner Amtszeit kennengelernt hatte. „Böswilliges Missverstehen" kann niemals zu „Rechtsfrieden führen.

Unterdrückte Intelligenz als weitere Form der Leistungsverweigerung gibt es nicht nur bei oft einfachen Leuten. Bildung nicht zu besitzen, ist für die gesamte Gemeinschaft an sich kein Problem. Aber Bildungszugewinn zu verweigern, besonders bei Regierungen, büßt früher oder später der Bürger, jeder von uns. Denn die Effektivität von Regierungen hält keinen Vergleich mit der der operativen Wirtschaft – von Ausnahmen abgesehen – aus. Von der Verantwortung für ,vertane' Millionen und Milliarden gar nicht zu reden, wie für Europa, den Euro und Brüssel. Die Milliarden im Haushalt der EU, die nicht mehr zu finden sind, versickern in Sümpfen von so wichtigen Teilhaushalten wie der Landwirtschaft, bei Bekämpfung von Korruption und Betrug. Da dürften Beiträge gar nicht mehr länger gezahlt werden, weil sonst Veruntreuung im Raum steht. Die Bürger empfinden es als unmöglich, dem offenkundig nicht aufgespürten Betrug bei Verwendung von Steuergeldern neue Zahlungen folgen zu lassen, weil der Etat das festgelegt hat, während allein ein Tag verspäteter Steuerzahlung bereits Säumnisbußen, genannt Zuschlag, erfordert. Die Volksvertreter vertreten hier nicht Vertretbares, nämlich die Unterstützung von Unrecht, weil ungenügend geahndet wird. Und dabei sollte laut Lissabon-Vertrag Europa erstarken. Wettbewerbsfähigkeit und doch wachsende Einkommen auf der Basis von Leistungsfähigkeit war angesagt und das nicht aus einer Verteilung der Leistungsergebnisse einzelner Mitglieder der Gemeinschaft im Euro-Verbund.

Wenn gleichrangige Verhältnisse auch ein Ziel der Europäer und der Euro-Bündler werden sollen, wie wäre es denn mit einem Sommerurlaub der Deutschen in südlichen Ländern auf Kosten der EU oder der Macher in der EZB? Oder ist Gleichheit immer nur Abtrag von Gut? Thomas Rietzschel beschreibt diese Entwicklung als einen „Angriff auf den sozialen Frieden in Europa" und bezieht sich auf den Juristen Wolfgang Hetzer mit dessen Buch, das den gleichen Titel trägt. Hans-Olaf Henkel, der nun geläuterte frühere Befürworter der Euro-Währung, der viel gescholten war, wie alle, die auch nur ein wenig über Grenzen dieses Kontinents geblickt haben, nennt Herrn Schäuble einen Mann, der von Wirtschaft nicht viel Ahnung hätte. Der Jurist Wolfgang Hetzer meint dazu: „Etliche Rettungsmaßnahmen in der Euro-Krise kommen juristisch einer Konkursverschleppung gleich, durch die Staaten und Menschen entmündigt und in eine generationenübergreifende Schuldknechtschaft geführt werden" (Thomas Rietzschel a. a. O.).

ES GILT, NOCH SCHLIMMERES ZU VERHINDERN

Von der gesetzlich gebotenen Wächterrolle für die Preisstabilität in der Euro-Zone noch beim Präsidenten der EZB Wim Duisenberg kurvte man zu einer Stabilität fauler Regierungen über gemeinsam getragene Lasten, Sozialversicherungen und Bankenstützungen. Dass damit vor allem Schuldenberge von Schuldenkünstlern übernommen werden sollten, und das mit einem noch nicht bezifferbaren Schuldenschnitt, leicht auch begreifbar als Schnitt in das eigene Fleisch der Großanleger hierzulande, stört die die EU-Bürger umkreisenden Europa-Politiker nicht. Wo den Deutschen gesagt wurde, dass der deutsche Staat nicht ‚löhnen‘ müsste, ist nun mit über 26 Milliarden Euro an erbrachten Zahlungen furchtbar bitter widerlegt und als Zusagen-Bruch entlarvt worden.

Dass Stabilität der Volkswirtschaften durch Ausgleichen der Schuldenstände erreicht werden würde, glaubt nur der hochgradig verantwortungslose Naivling, der sowohl Währungen als Spiegel der Leistungsfähigkeit nicht erkennt als auch seine Bereitschaft dazu beizutragen limitieren möchte. Wie soll das funktionieren? Einmal-Entschuldung schafft doch noch keine Bereitschaft für Leisten! Dem aber widersetzen sich die Stimmungsmacher von Gewerkschaften bis zu Unreifen in den betroffenen Ländern. Sie argumentieren mit Hilfen als Motivation für Selbsthilfe. Aber jeder Schuldenausgleich würde bereits mit dem Tag des Ausgleichs neu obsolet werden. Geld ist nicht bloß da, ist kein Wert für sich selbst, viel mehr in den Händen derer, die anfangen, damit etwas zu entwickeln, das werthaltig ist. In anderen Fällen ist es nur Gegenwert für den Verbrauch. Das gilt nun auch für Volkswirtschaften in einem Euro-Staatenverbund. Siehe Länderfinanzausgleich! Warum haben die Abermilliarden bisher gezahlter Euros nicht so viel gebracht, wie von Hilfen erhofft?

Wie positiv das wirken kann, was sich an Leitlinien und Maß-
gaben von Ludwig Erhard orientiert und tragfähige Ergebnisse
vorweist, zeigt die Entwicklung des bilateralen Handels der damals existierenden Bundesrepublik Deutschland mit den Nieder-
landen. Diese Bundesrepublik war aus der Vereinigung der drei
Westzonen unter der Besatzung Deutschlands hervorgegangen.
Die spätere EG, die Europäische Gemeinschaft als Verbundgrup-
pe, die mit verbindlichen Regeln zueinander fand und die EWG,
die Europäische Wirtschaftsgemeinschaft, waren noch nicht
gebildet worden. Aber der Holland-Handel blühte und erreichte, gerade weil man beiderseits von gleichem Verständnis vom
Wirtschaften und ökonomischem, also volkwirtschaftspoliti-
schem Verständnis eines relativ freiheitlichen Austauschs aus-
ging, enorme Höhen, die mit anderen Staaten erst viel später
folgten. Holland schritt dabei vor Italien und Frankreich voran,
als erstrangiger Handelspartner Deutschlands. Die gleich hohe
technische Entwicklungsstufe hinderte nicht, sie war Grundlage
des Handels. Und das ökonomische Verständnis auf der gleichen
Stufe nützte beiden Seiten für den Austausch. Als die Schweiz
begann, ihre Beziehungen zur Bundesrepublik Deutschland zu
verstärken und die USA wegen der Beanspruchung ihrer operativen Möglichkeiten durch den Koreakrieg deutlich mehr Aufträge
hier in diesem Lande platzierte, vor allem wegen Lieferzeit- und
Qualitätssicherheit aus der deutschen Industrie gegenüber anderen möglichen Lieferpartnern, entstand mit Ludwig Erhards
Leitideen die Chance zur Verringerung von Bewirtschaftung.
Rohstoffe, ja Metalle und Kohlen waren vorher zugeteilt worden. Das ließ zu, dass eine nach der anderen Wirtschaftsspar-
te dem freien Markt zugeführt wurde. Die gewonnenen Partner
standen auf der Seite einer freiheitlichen Wirtschaftsform, der
Ordnungspolitik aus Erhard'scher Sicht. Die Mehrheit der neu-
en Wirtschaftspartner war der Freiheit zugetan und politisch
verpflichtet und nutzte die rege Partnerschaft für ein Atemho-
len nach dem Kriege und für einen Neubeginn mit deutlichem
Aufschwung im Westen des früheren Deutschlands, was man
später das ‚Wirtschaftswunder' nennen sollte.

Erhard sah das Soziale in der gemeinschaftlichen Abfederung von Notlagen in Fällen nicht selbst verschuldeter Schicksale. Er sah es in der Stärkung der Sozial- und Hilfsdienste und in einer sozialen Einstellung derer, denen zu helfen war, durch eigene und bestmögliche Anstrengung, um zu neuem Wohlergehen zu kommen. Dazu musste es Anreize für diejenigen geben, die sich für andere engagierten und selbst Risiken in Kauf nahmen. Für ein Unternehmersein wurden Anreize durch kleine Erleichterungen geschaffen. Für diese musste die Wirtschaftstätigkeit so in Schwung kommen, dass die Neueinbeziehung in die volkswirtschaftlich relevanten Ströme, die Güter-, Leistungs-, Kapital- und Denkströme mit der notwendigen Flexibilität möglich wurde. Das galt auch für freigesetzte Beschäftigte. Und dies galt vor allem für neu ins Gebiet eingezogene Flüchtlinge. Das waren etwa 17 Millionen Menschen aus dem deutschen Osten, aus Mitteldeutschland und aus den inzwischen von Deutschland abgetrennten Gebieten und Deutschen aus anderen Staaten.

FREIHEITLICHE MARKTWIRTSCHAFT – ORDNUNGSPOLITISCHE WEICHENSTELLUNG FÜR NEUES LEISTEN

Erhard wurde zwar nicht von allen verstanden, die meisten aber begriffen, dass er etwas von Wirtschaft verstand. Man hatte die Ansicht, dass man ihm vertrauen und die Führung der Republik überlassen könne. Er wurde schließlich Bundeskanzler, aber das nicht lange. Damals baute sich eine Liste aus Menschen auf, die ihn missverstehen und stürzen wollte. Sie hatte ihn schon vorher für unfähig erklären lassen wollen, doch ohne Erfolg. Denn dieser war Erhard sicher gewesen. So wurde er aus der Praxis seiner Politik gejagt, jedoch nicht aus seiner Wissenschaft, gegen die er sich oft auch bei Professoren zur Wehr setzen musste. Röpke und Müller-Armack blieben seine treuen Mitstreiter im Fach, Walter Hallstein (CDU) und Carlo Schmid (SPD) sowie Thomas Dehler (FDP) hielten trotz mancher heißen Fehde im Parlament das freiheitliche Staatsverständnis hoch. Selbst der härteste Widersacher von Kanzler Konrad Adenauer, Kurt Schumacher, attestierte der SED in der inzwischen in der Ostzone gegründeten DDR, dass sie im Grunde „rot angestrichene Nationalsozialisten" seien.

Als er nach dem Geheimnis seines wirtschaftspolitischen Erfolgs gefragt wurde, nannte Erhard, auch in seinem Buch „Wohlstand für alle" die zwei Gleise seiner erfolgreichen Schiene: „Wirtschaft", meinte er, „ist zu 50 % Psychologie, aber die anderen 50 % sind ein klares Bekenntnis zu einer Wirtschaftsordnung mit freiheitlicher Marktwirtschaft!"

Die zweite Hälfte dieser Aussage wurde in weiterer Folge meistens weggelassen. Aber genau darauf hatte Erhard gesetzt und so Erfolg gehabt. Adenauer hatte mit der Einführung der „dynamischen Rente" politischen Erfolg, Erhard aber bezeichnete sein Einverständnis als seinen größten ordnungspolitischen

Fehler. Leitlinien und Leitplanken wurden angegriffen und danach auch Wahlen verloren. Unverstand in diesem Fach jubilierte und wand sich im Wahlerfolg, wo die Wähler ordnungspolitisches Können ignorierten. Von da an konnte Politik sich auch um die erfolgreichen Leitlinien winden und diese verraten. Nachdem Kurt Georg Kiesinger Erhard gefolgt war, nutzte das später vor allem Willy Brandt.

„Holt euch, was man euch vorenthält!", war sein Schlachtruf in seiner Regierungserklärung gewesen. Unternehmer verstanden das und taten, was man ihnen aufzwang. Aber die Reaktionen schadeten. Diese wären auch fast noch verboten worden, am Ende sollte es gar auch noch logisches Denken sein. Lange hat es gedauert, bis nach Brandt und Schmidt Helmut Kohl das Blatt wieder wenden konnte. Durch Ignoranz wurde die Ordo als Basis dafür erneut vergessen. Man verleumdete ökonomisches Wissen und die Politik dafür als Marktradikalität, als neoliberal und als herzlose Marktgläubigkeit. Aber weil genau das eintrat, nämlich Fachwissen in den Graben zu kippen, fielen Mehrheiten darauf herein und wählten mit großer Begeisterung links. Die Grokotion war das Ergebnis der deutlichen Koordinaten-Verschiebung, weg vom Erfolgsmodell der Sozialen Marktwirtschaft Erhards.

Weil die EZB den Deutschen mit Worttrickserei Sand in die Augen streute, wurden sie blind. Wir sind vertraglich nicht nur verpflichtet, sondern werden auch herangezogen, beizusteuern. Die unglaubliche Dreistigkeit der Rettungspfuscher für den Euro ist eine Sprosse der Abstiegsleiter, von denen mehrere zu verzeichnen sind. Sie sind inzwischen sogar Legion. Was Markus C. Kerber mit vier anderen Professoren zur Klage vor dem Bundesverfassungsgericht vortrug, zeigte absichtliche Täuschung durch eine ignorante veröffentlichte Meinung. ‚Salami-Taktik' nennen sie die Vorgehensweise der Trickser für die ‚Alibiwährung'. Wer am Ende vor welchem Gericht in Handschellen erscheint, mag offenbleiben. Wenn der Schaden offenkundg wird, fragt man nach Schuldigen. Eine Politik mit Volksentscheiden hält dieses Machwerk nicht aus. Auch Immunität könnte noch zur Debatte stehen. Dazu empfiehlt sich ein Bericht zur Klage in der ‚WELT am SONNTAG' vom 27.07.2014, auf Seite 27. Warum wohl wird Gefährlichkeit attestiert, wenn Gefahren zu Warnungen Anlass geben? Könnten am Ende für Leute der vorgeblich alternativlosen Politik die Handschellen klicken? Bankenruf, -macht und -krisen: Warum dabei so schweigsam, liebe Weltgrößte im Finanzsystem von Basel I, II, III?

„NEUES LEISTEN" ALS VORBILDLICHES TUN FÜR DIE GEMEINSCHAFT

Über Google und Bing sagen uns Wissenschaftler, auch bei Wikipedia, dass es im Gotischen einen Begriff gab, der lautmalerisch unserem ‚Leisten' nahesteht. ‚Laistjan' erfasst in zwei Wortteilen ‚jan' = (nach)tun, einer Spur nachgehen, (nach)folgen und entspricht unserer jetzigen Endung ‚en'. ‚Laistjan' wird so zu einem Begriff für ‚Nachstreben, Befolgen' und ergreift so erstmals den Gedanken an Vorbild und Vorrang, nicht jedoch Unterordnung. Im Mittelniederländischen findet man ‚leesten'. Im Altenglischen ‚leasten', was ‚Leisten von Gefolgschaft' bedeutete. Im Altsächsischen ist ‚lestian' mit der Bedeutung von ‚befolgen', ‚ausführen', ‚erfüllen', ‚tun' auffindbar. ‚Etwas leisten' wird dann erklärt mit ‚hinterlässt Spuren, oder ‚einer Spur folgen'. Im Mittelhochdeutschen, der Literatur der Minnesängerzeit, findet sich ‚leistunge' als ‚beachtenswertes, Spuren hinterlassendes Tun', ‚nachstrebenswertes Tun' oder ‚ausführendes, erfüllendes, zu befolgendes Tun'. Je näher also unsere Sprache der Moderne kommt, desto mehr nähert sich unser Begriffsinhalt einem ‚Vernunft geprägten und daher nachahmenswerten besonderen Schaffen' an, das Aktivität voraussetzt. Dass es unterschiedliche Leistungen je nach Betrachtungsfeld gibt, verändert nicht die Bewertung von Leistung an sich: Zu Arbeit, Dienst, Physik und Nachrichtentechnik, Psychologie, Mathematik, Recht, Schule, Sozialem und Sport. Mit ‚Effektivität' und ‚Effizienz' plagen sich die Wissenschaftler aus der Volkswirtschaft herum.

Was mir auffiel, ist die Personenbezogenheit, also die Handlung eines Individuums bei Leistung, wo „Aufgaben oder Tätigkeiten in einem für die Gesellschaft befriedigenden Maße erfüllt werden". Oder gar erfüllt wurden? In der Tat gibt der Wortteil ‚ung' keine Aussage darüber, ob es sich um den Beginn, das Tun oder das Ergebnis handelt. Dies sieht man auch beim Begriff

Bildung: Denn ‚ung‘ ist kein Beleg für ‚Lernen‘ oder ‚gelernt haben‘ der Menschen. Es gibt noch nicht einmal eine Aussage darüber, ob und in welchem Maße eine Bereitschaft zum Lernen vorhanden ist. So wird ‚Leistung‘, wie ‚Bildung‘, im Verständnis des Volkes erst in einem Ergebnis gesehen, während politische Führungen bei Leistung(en) eher als Ankündigung von Auszahlungen meinen.

Wir brauchen deshalb das Gegenüber, das Gegenstück der Leistung wie bei einem Stecker, ohne dessen Funktionieren kein Strom fließt und ohne den keine Kraft zur Wirkung entfaltet werden kann. In unserem Betrachtungsfeld kommt es auf die Akzeptanz an, auf die Nachahmungswertigkeit der Leistungsinhalte und die Nachahmungsfähigkeit der Auf- und Annehmenden, zumindest von aufmerksamen Betrachtern. Dazu muss die Attraktivität eines Vorgangs, Objektes, oder gar eines Projektes vorliegen oder erzeugt werden. Das geschieht mit Anreizen für Ehrgeiz. In der Stromleitung erzeugt die Spannung den Fluss der Elektrizität für Kraft, Licht, Wärme. Und hier treffen sich Behauptungswillen der Lebewesen insgesamt: nämlich dem Wunsch der Besserung für sich selbst und seine Mitmenschen, und die Suche nach den Mitteln und Wegen dafür sowie mit Zielsetzungen. Die ‚Leistungen‘ sollten nachahmenswertes Tun zum Vorbild haben und weitere Nachahmung erreichen. Man verstand ‚Laistjan‘ wohl als Tätigkeit, bei der es sich lohne, sie zu tun und ihr zu folgen. In jedem Falle sagte ‚laistjan‘ nirgends etwas Anderes aus als ein friedliches Wollen und Schaffen. Leisten als Hasten nach weitgesteckten Zielen fehlte.

Weil aber Annexion, imperiales Treiben, Übervorteilen, Vertreiben und Beraubung keinerlei längerfristige Vorteile vermittelte, besann sich die Menschheit, wenigstens zeitweilig, auf den Austausch von Vorzugsschaffen und brauchte so menschliche Kommunikation, eine Sprache. Und Regeln für gemeinsame Verständigung sowie Regeln des Umgangs miteinander und für den Tauschhandel. Bei fast gleichwertigen Angeboten brauchte es zudem Regeln für den friedlichen Wettbewerb auf dem Marktplatz in wehrhaft gesicherten Städten und auf fiktiven Märkten ferner Anbieter. Marktordnung bedeutete Frieden. In den Wehrbauten um die Städte des Mittelalters waren die Stadttore die „Tore zur Freiheit". Aber er waren die Tore zur Freiheit nach innen in die Umwehrungen, weil draußen Mord und Totschlag war. Gesellschafts- und Marktordnung aber drinnen in Städten.

Das einzuhalten gelang in dem Maße, als man die Verständigung zum Vorrang-Prinzip erhob.

Gab man der kriegerischen Auseinandersetzung den Vorrang, ‚sprachen' Waffen für Untaten. Im friedlichen Abgleich der Vor- und Nachteile, der Interessen und von Interessen- Ausgleich war Verständigung die Grundlage für Wohlstand im Austausch des begehrten Gutes gegen Werte eigener Angebote. Wohlstand ermöglichte auch Zeit und Wege für kulturelle Betätigung. Kulturschaffen in kriegerischen Auseinandersetzungen blieb immer nur Randthema und Alibi.

Friedlicher Austausch von Gütern, Leistungen und Ideen wurde erst durch Akzeptanz von Umgangskultur und Handelskultur möglich. Die aber führte umgekehrt aus der Vorrangstellung so gewünschter persönlicher Kontakte und angezeigten Austauschs im Interesse aller Partner zur Basis für Frieden. „Geld überwindet auch höchste Mauern!", meinte wirtschaftliche Präferenz, nicht eine korrupte Einstellung gegenüber politischen oder militärischen Interessen. So wenig Kriege letzten Endes gewachsene Handelsbeziehungen tilgen konnten, so sehr sich das etwa mancher Sieger gewünscht hätte, so wenig ist gesichert, dass Drohung mit Handelskrieg die militärische Seite umlenkt. Das galt seit Napoleon bei der früheren starren Haltung der DDR und des Ostblocks insgesamt sowie bei historischen Boykott-Versuchen und, wie das jetzt zu beachten wäre im Konflikt zwischen Russland und der Ukraine, auch im Nahen Osten.

Der Marktplatz körperlich-geistiger Leistungsmessung war der Sportplatz einer Olympiade, und ist heute das Stadion. Arenen zynischer Kämpfe zwischen Menschen und Raubtieren waren aus heutiger Sicht Schauplätze von Unkultur. Sie standen für Rückschritte in der Kulturentwicklung. Einzelkämpfer im Wettbewerb wurden bald nur nach Auswahlverfahren zugelassen, wie die Berichte über die Olympischen Spiele des Altertums besagen. Und es gab Schmach für Verlierer und Lob, Anerkennung und Preise für Sieger. Damit war der Wettbewerb hart. Man versuchte dann, Härten durch Schummelei zu vermeiden. Auch das sagt die Geschichtsschreibung aus. Die Strafen für „Doping und Betrug" bedeuteten Unehre und Ausschlüsse aus dem weiteren späteren Wettbewerb. Ehrenhaftes Tun für den Erfolg maß man allgemeine Anerkennung bei.

In den wehrhaften Städten schon des Altertums entstanden Regeln des Miteinanders in Wettbewerb und zur Verteidigung der Gemeinschaft. Sicherheit innerhalb der Stadtmauern war sozial erzeugt und sozial, also gemeinschaftlich gleich zugeteilt. Wer innen im Wehrbering war, wurde aber ebenfalls gemeinschaftlich zur aktiven Verteidigung verpflichtet, jeder an seinem Platz, und sonst nicht als Bürger anerkannt. So war auch Albrecht Dürer als ‚Gassenhauptmann' eingeteilt worden, zuständig für einen Mauerteil zur Verteidigung seiner Stadt. ‚Sozial' als gemeinschaftliches Tun wurde geübt mit Rechten und Pflichten. ‚Asozial' war, wer sich neben der Gemeinschaft einrichtete, ‚antisozial' war der Gemeinschaftsgegner mit Einzelinteressen, die womöglich auch gegen die Gemeinschaft gerichtet waren.

In der Antike war dies unter ‚idiotes' bekannt. Denn Wege jener Leute mit reicher Ernte wurden belagert, Wegstrecken durch Warten, Burgen und bewehrte Städte gesichert, wie zum Beispiel auch Brücken. Sicherheit und Frieden wurden so lebenswichtig. Burgen entstanden in historischer Zeit nach den Warten an Fernwegen, Städte ausschließlich am Fuße von Burgen,

Kirchen- und Klosterburgen. Da auf größeren Burgen Kultur zu Hause war, erwiesen Burgherren sich als Hüter besonderer kultureller Ereignisse wie im Minnesang. Anders als beim Handel mit Wandel später erstarkter Bürgerschaften (im 12. Jhdt. beginnend und sichtbar im Wehrbau der Städte) wurden Beide zusammen zu den Hütern entstandenen Gemeinschaftsgutes, Bestandschützern geschaffenen sichtbaren Kulturlebens und Behüter dessen Leistungen. Karl der Große, auch geistiger Erneuerer des zentralen Europas, erreichte durch ein Arrangement mit dem Papsttum ein Abkommen zur gegenseitigen Beachtung weltlicher und kirchlicher Machtansprüche. Sein Franken-Reich war als kulturell wertvoll anerkannt entstanden. Dafür hatten die Untergebenen des vom Papst gekrönten Kaisers den Kirchen und Klöstern Schutz zu bieten. Die wechselseitige Hochachtung setzte sich bis hin zu den Stiftskirchen des Mittelalters fort, wo Kirchenbauten von vermögenden Bürgern gestiftet wurden. Kulturelles Schaffen hatte einen Ursprung und bekam Heimat. Dass sich beide Seiten dennoch in allen Jahrhunderten des Mittelalters um Anteile an Macht, und hier auf diesem Markt der sich überlagernden Machtanteile und Vorherrschaften immer wieder hart stritten, muss dennoch festgehalten werden.

Berechtigterweise kann hier mit den Partnern auf dem Markt der Mächte von Marktradikalität gesprochen werden. Ist darin nicht auch jeder Krieg einbegriffen? Ein Leisten kann sich darin nur im Zerstören und Töten ergeben. Leisten braucht, um positiv zu wirken, eben gerade auch den festen Halt in auch kirchlich anerkannten Wertvorstellungen. Ein Leisten ist daraus auch immer auf seine Wertigkeit zu hinterfragen.

,Leisten' verbindet sich mit Menschen, Gemeinschaften und straff organisierten Einheiten, die von Führenden wesentlich geleitet werden, die darüber entscheiden, wem und welchen Wegen zu folgen ist. Gutes Leisten bewirkt, ob und dass es dem Einzelnen gut geht oder nicht, was wiederum abhängig von einer Gemeinschaftsleistung ist. Sie als Kulturerlebnis mitzutragen, bewirkt das Kulturergebnis für jeden Menschen einer kulturell bemühten Gemeinschaft. Der Gemeinschaftsmensch ist als Teil der Gemeinschaft Kulturmensch geworden und hat die Regeln des gemeinsamen bürgerlichen Aufstiegs nicht nur gelebt, sondern sich ihnen auch verpflichtet.

Wird eine Gemeinschaft heterogen, ist die Führung in Regeln mit Führungsmodellen zu ändern und die Gemeinschaft anders zu interpretieren. Homogene Gemeinschaften wie Königreiche oder Städte im Mittelalter waren einfacher zu führen. Aber diese mussten auch viel weniger für gegenseitiges Verständnis zur Verständigung tun; es genügte der Verweis auf Altbekanntes und Anerkanntes in Rechtsbrauch und Handelsbräuchen sowie den Sitten des Umgangs mit den Werten kultureller Erfahrungsräume.

ENTWURZELUNG VON JEGLICHER BEHEIMATUNG FÜHRT ZU RADIKALISIERUNG

Werte wie Vaterland, Heimat, Achtung, Dank, Respekt, Hilfe, Zupacken bei Notfällen, Treue, Glauben, Pflichtbewusstsein und die Unantastbarkeit der Gesundheit anderer sind Denkgerüste, auf die wie selbstverständlich gebaut werden kann. Eine Pflicht zur Einfügung in Ordnungen und Gemeinschaftsaufgaben ist ebenfalls ein integrativer Bestandteil der Selbstverständlichkeiten. Wer Heimat in seiner momentanen Wohnung sieht, ist überall und nirgends zuhause, er bleibt anfällig für Rastlosigkeit und Radikalität.

Ich sehe Heimat als ,Rückzugsraum des Ichs' mit dem Erfahrungsraum aus gewachsener Gemeinschaft und bewusst erlebter Nachbarschaft sowie einem klaren Bekenntnis dazu. Dieses Bekenntnis kennt sowohl Wissen und Gewissen als auch Freude, Ärger und ebenso Leiden. Die Mores, die Sitten und Gebräuche, sind dabei Grundlage, Objekte und parallel dazu auch Kräftequellen. Aber ein Bekenntnis verlangt auch ein Einschreiten gegen Missbrauch von Heimat und ein Benutzen für einen heimatverfremdenden Zweck. Gemeinschaften können aus jeweils aktueller Manipulation so verführt werden, dass man Heimat in den Menschen nicht wiedererkennt. Wenn ihr Treiben sich selbst entfernt von den Werten, die die Heimat liebenswert gemacht haben, fremdelt es. So sind dann oft Neubürger, wenn sie sich gemeinschaftswillig verhalten, die Besseren hier. Sie wollen dazugehören, mittun in Freude, Sport, Leistung und Freizeitgestaltung und dabei helfen, wenn zu helfen ist. Und sie wollen dabei gewesen sein, wenn aufgebaut worden ist.

Heimat und Leisten schließen sich darin ein, dass sie Gemeinschaft im förderlichen Wollen eint. Fan-Denken und Mitmachen schließen Neues mit ein. Heimat umschließt auch Neue(s). Wo im Sport die Vereine mit einfachen und jederzeit zu übenden Erfolgsregeln Ziele zeigen, schließt sich ein Neuer mit ein und damit mit den Zielen einverstanden. Anhänger bleiben ‚am Ball‘. Dort wird einer sich auch lange nach einer aktiven Zeit noch dazugehörig erklären. Leistung sieht der Anhänger im Mitdenken, Mitfiebern und in einer Art Reservehaltung. Leisten fußt so in einer Gemeinschaft, die damit selbst zu einem Teil Kultur wird. Kultur und Gemeinschaft verbinden „Leistende" im Heimat-Erleben an einem Heimatort. Heimat ist Verwurzelung in einer Gemeinschaft im Denken und Fühlen für einen sehr weitgefassten Heimatbegriff. Eine Kultur des Leistens kommt ohne Einfügen in Gemeinschaftsverankerung und Bereitschaft zum Mittun bei „Herkunft für Zukunft" nicht aus.

Es ist der Halt, den jeder „im Sturm und bei Lichte" braucht, wenn er für die Erhaltung seiner Herkunft kämpft, und dabei „Gewissen und Geschichte" als Richtschnur und Richter bedenkt.

HEIMAT BILDET UND BIETET DEN BODEN DES EIGENEN WURZELSTOCKS

Wer sich in der Heimat verwurzelt fühlt, erkennt Heimatbewusstsein anderer an und ist meistens weltoffener als Rastlose, die ihren Halt erst zu suchen trachten. Auch hier ist die Erkenntnis willkommen, dass ein starker Stamm nur auf einem starken Wurzelwerk wächst, das auf gutem Boden gedeiht. Erst auf dem starken Stamm können die tragenden Äste wachsen, die das Blattwerk und die Früchte tragen, auf die man wartet wie auf den Schatten der Blätter für die, die sich darunter schützen wollen. Dabei ist Heimat zuerst ortsbezogen, wie der bereits der Urtypus des Wortes selbst aussagt.

Dennoch: so wenig ein bestimmter Platz in der Vorstellung des Heimatbewussten, wie auch aus Sicht eines Fremden den Begriff der Heimat ausfüllt, so erfüllt der Deutungsinhalt des Wortes die Vorstellung einer Örtlichkeit. In einem Vortrag bezeichnete ich Heimat einst als „Rückzugsraum für Seele, Herz und Verstand". Der Wort-Urtypus von ‚Heimat' ist ‚kamen' und bedeutet Stein, dann Steinhaus, dann eine Siedlung mit Steinhäusern und schließlich einen Ortsnamen. Wir können heute solche damit begründen, etwa Kamenz, Kamen, Kemnath, Chemnitz (mit dem Urtypus ‚itz' für ‚Sitz' und ‚Siedlung'), Cham, Hausham. Endungen mit ‚ham', ‚um', ‚hum', und ‚heim'; Begriffe wie Kamin, Kammer, Heim und Heimat stellen eine Ortsbezogenheit her. Aber als ich gefragt wurde, woher ich stammte, veränderte sich die Vorstellung mit der Entfernung: In Rothenburg ob der Tauber sage ich so meinen Geburtsort Windsbach, in Berlin oder Düsseldorf sage ich wohl Mittelfranken oder verweise auf die Nähe zu Nürnberg, in Paris oder Mailand sagte ich gerne Bayern, in Wien oder Prag sage ich Deutschland. Als ich in Peking gefragt wurde, ob ich aus den USA oder Australien käme, sagte ich stolz: „Nein, aus Europa." Die räumliche Vorstellung von Heimat ändert sich also mit der Entfernung.

Damit enthebt sich der Begriff aber auch der reinen Ortsbezogenheit. Man verbindet außer mit der Geografie schon mehr. Das hängt wiederum vom Wissen des Gegenübers über meine Heimat ab. Bemerkenswert ist nun der Umstand, dass man mit dem Herkunftsort auch eine Leistungskraft verbindet, wirtschaftlich und sportlich. Wo Erfolg ist, tut man dies noch mehr im Bekenntnis zur Heimat, wo man die Freunde und Begegnungen einschließt, und die Nöte kennt, die man mitgelitten oder erfahren hat. Heimat ist der Erfahrungsraum in Landschaft und Geschichte, ist der „Rückzugsraum der Seele", wo man Heimatbewusstsein erleben durfte, Gefühle und Denken platziert, sich so auch wohlfühlen kann, wem jeweils diese Gunst eben gegeben ist. Heimat ist Erfahrungsgebiet in Pflichten, in Rechten, in Gemeinschafts- und Rechtsempfinden sowie in Verletzungsvermeidung von Menschen, die einem begegnen.

Dies ist eine Erfahrung des Vernetztseins, die man meist viel später zu schätzen beginnt. Und sie ist die Achtung vor einem Heimatgefühl und -bewusstsein anderer. Der Heimatverbundene ist nicht der Nationalist, als den man ihn öfter hinstellt und verleumdet hat, als nach dem Zweiten Weltkrieg zuerst Heimatlieder verboten waren, Heimatvereine und Heimatkunde. Er ist aus seinem Denken und Mitdenken weltoffen und in seinem Mitmachen Träger regionaler und der Landessitten in gutem Sinne ein ‚Kultureller'. Und er ist beseelt und geprägt von der Leistung seiner Heimat in der Geschichte, auch wenn sie nicht immer glückhaft verlief und die sich zusammenfügt aus einer langen Leistungsliste vieler Menschen in vielen Generationen. Das ist auch mit Anerkennung und Dank verbunden. So wie Heimat ohne Kultur nicht vorstellbar ist, kann ‚Kultur ohne Heimat' nicht entwickelt werden. Und ihr wie jedem einzelnen nützt die Kultur, die ohne Leistung niemals entsteht, noch jemals entstanden wäre. ‚Die Heimater' sind nicht die Heimatkundler und Heimatvereine, die große Verdienste anhäufen; es sind alle, die sich gesellschaftlich und räumlich dafür einsetzen und bekennen. Sie sind Teil der Kultur und Teil der Leistung für Ort und Gemeinschaft.

So wie in einer Organisation oder einer Firma jeder Mitwirkende eine Rolle spielt und mitwirkt, dass „es läuft", reift Erfolg in Gemeinschaften und hier besonders in Teams. So wird Heimat zum Räderwerk persönlichen Reifens, im Engagement auch gutnachbarlich. Damit stehen alle Heimatbekenner Heimatfreunden anderer Heimat näher als bekannt ist. Dies entspricht dem Recht jedes Menschen auf seine eigenen Wurzeln mit Bekenntnis dazu. Vielen ist das Bekennen ihre einzige Leistung für ihre Heimat, obwohl Heimat ein Gutteil ihrer Würde ist.

Entwurzelung von jeglicher Heimat führt zu Radikalisierung

Wir befassen uns zunehmend mit den integrativen Gesichtspunkten des Gesellschaftlichen. Die Gesellschaftswissenschaft lässt auch keinen Ausweg für Ausflüchte daraus offen. Leistung ist, wie erörtert, tatsächlich ohne eine Einspannung in diese Kräfte und Ströme in die allgemein bekannten Lebensabläufe undenkbar. Damit ist aber der Kraft des Spannungsfelds für den Spannungsbogen noch nicht näherzukommen. Bogenspannen ist wie das Leisten für Leistungen: das sich aus dem ‚Flachland des Normalen und Üblichen' als Besonderes im Geschehen als Spannkraft mit besonderer Note herausheben. Eine Kraft wird wirksam durch Zupacken und Gebrauch. Der Bogen allein wäre nur Symbol. Er würde nichts bewirken. Eine starke Verwurzelung gerade für ‚Früchte tragende und Schatten spendende Stämme, Äste und Blattwerk' erscheint sonst den meisten nicht einmal als ein Problem. Das Schöpfungswerk Baum erscheint ohne inhaltliche Erfassung bloß als die Natur – und die wiederum als eben naturgegeben. Sowohl ein Spannungsbogen als auch Heimat als Spannungswerkzeug sind auf Einwirken von vorhandener Kraft angewiesen. Harmoniert eine Kraft mit dem Nutzer, entsteht Nutzen, fehlt aber Harmonie, ist ein Verbundensein mit Verwurzelung im eigenen Ich unerreichbar und erzeugt aus diesen Defiziten Radikalität.

In der Natur verbreiten Bäume eine harmonische Stimmung. Starke Bäume stellen Kraft vor. Was gewachsen ist, gilt in der Momentaufnahme des Augenblicks als ‚halt da‘ und verfügbar. Die Höhe eines bewunderten schönen und großen Baums dient einem Gefühl des Erlebens von Schönem und Angenehmem. Vielleicht holt man noch das Handy für ein Foto. Aber schnell weicht die Bewunderung einem Nutzendenken. Höhe, Wuchs und Gesundheit des Baumes taugen gut für Nutzholz. Dem Profi im Fach, dem „Holzwurm" wie sie ihn nennen, ist dieses Denken nicht fremd. Er verhält sich so, wenn Abholzen erlaubt ist und für ihn Sinn gibt. Seine Leistung wird bestimmt von der Beurteilung des „Holzes" und vom Können bei der Verarbeitung. Er befindet sich in diesem Moment im Modus des wirtschaftlich Denkenden. Ähnlich geht es wohl einem Metzger beim Anblick eines prachtvollen Mastochsen. In beiden Fällen muss sich der Betrachter manchmal sogar mit Wehmut ungern von einem Gefühl der Verbundenheit verabschieden. Beide Fälle habe ich selber so miterlebt. Ein bitterer Abschied, wie man mir glauben darf. Doch der Wert der Verbundenheit mit der Quelle für Kraft und Leisten aus Leben im Einklang mit bewusst wahrgenommener Natur, Landschaft, Bäumen, Blumen, Tieren, auch mit Dachlandschaften in Orten, ist unerschöpflich.

Mittun, Handeln in Verantwortung bestimmen Verhalten genauso wie beim Schutz und Erhalt eines Schöpfungsgutes. Die Nutzungen entspringen einem durch die Gesellschaft akzeptierten Verhalten zur Erhaltung von Leben und Wirken. Aufbrauchen verbraucht somit Substanz und Ressourcen öfter sinnwidrig. Die wichtigste Ressource, Vernunft, darf dabei nicht mit „verwurstet" oder „zersägt" werden. Ein „Verbrauch" von Vernunft wäre keinem Nutzen zuzuführen. Vernunft wäre weg und hinterließe Schäden. Ein Leisten ohne Vernunft führte in der Historie regelmäßig ins absolute Tief. Wirtschaftliches Denken braucht die Vernunft, so wie ein Leisten einen Anfang, eine Ausgangslage und ein Ziel braucht. „Leisten" verbraucht sich selbst, wenn es ohne ein Gerüst aus der Vernunft agiert.

Gedanken über Wirtschaft zu Gunsten der Gesamtheit werden zwar genutzt, aber trotzdem zu leicht eingetrübt. „Nichtleistung" beruft sich dümmlich oder eingebildet elitär auf einen imaginären Anspruch mit Zugriff auf die Leistungen anderer, denen man gern ein niedriges Gewinnerzielungsmotiv unterstellen müsse, um deren Ergebnisse mit hinterhältigen Gesetzesregelungen zu plündern, angeblich „sozial" als Prinzip. Der so genannte Sozialstaat mutiert dann in sein Gegenteil: Das Soziale, das Gemeinschaftliche wird gedreht in eine „gleichmacherische" Politik mittels Umverteilung.

Weil man aber nur verteilen oder umverteilen kann, was man selber besitzt und Eigentumsrechte daran hat, muss man Zuteilung von Hab und Gut erst ‚beanspruchen'. Das aber trennt Gemeinschaftlichkeit von Gemeinschaft, Eigentum von Verfügungsrecht und Gerechtigkeit von Ethik. Soziale Marktwirtschaft wird dabei im Kern verkannt und nähert sich sozialistischem Gedankengut an mit Handlungen für einen einseitigen Abbau von Eigentum, Rechten und Einkommen. Die Handlungsweisen übergehen Vernunft mit Nutzendenken zugunsten von Machtgier.

„Sozial" als etwas Gemeinschaftliches wird von demokratischen oder autoritären Mehrheiten seines Kerns beraubt. Dem folgt sogleich die „gesetzliche Grundlage" zielsicher.

Freiheitlich und sozial sind keine Widersprüche. Aber Sozialistisches vernichtet „Soziales". Die DDR hat das Problem so gelöst, dass man die Sozialdemokraten einfach von Sozialisten vereinnahmen ließ. Vernunft mit der Fähigkeit zur Unterscheidung von sozial und sozialistisch war dann nicht mehr nötig. Die Enteignungen für den „volkseigenen Bestandszuwachs" wurden vernunftwidrig möglich. Eigentümer von Unternehmensvermögen wurde der Staatsapparat, das Volk wurde zum „Volkseigentümer".

Da sei extra deutlich eingefügt: Die Bevölkerung dieser Teile des ganzen Deutschlands hat nach dem Zerfall des 40-jährigen Systems die neue Freiheit überwiegend begrüßt, sehr viel gut genutzt und neu sehr gut gelernt. Es gab neue und erfolgreiche Unternehmen bis heute.

Vermeintlich pragmatische Politik begeistert öfter, ohne Einsicht in reale Wirkungszusammenhänge und Folgerungen mit Folgen daraus, vor allem bei weniger wirtschaftlich bewanderten Menschen aller Länder. Es könnte sich fortsetzen, ausbreiten und steigern. Das aber hätte fatale und weitreichende Folgen. Allein schon das Leistenwollen würde sich einlullen in ein Cocon des Rückzugs aus dem Einklinken für die Gemeinschaft. Als die DDR sich an ihren Landesgrenzen öffnete, wurde den Bewohnern bei ihren ersten Besuchen im „Westen" erst klar, wieviel man im wirtschaftlichen Vergleich zurückgefallen war. Sozialismus beraubt auch seine Bürger, die überall „Volkseigentum" haben.

Würden global alle Vermögen und alle Einkommen „gerecht" umverteilt werden, bliebe am Ende für jeden nur ein Taschengeld übrig, für das man nichts mehr kaufen könnten. Denn keine neue Produktion würde mehr einen Beschäftigungsplatz aufbauen, niemand würde für sinnvoll erachten, jemanden einzustellen oder Gesundheit und Kraft mit Risiken einzusetzen.

Es wäre sinnlos, für die Anschaffung und Besorgung von Grund und Boden, Maschinen und Gerätschaften zu sparen, um Produkte herzustellen und Leistungen zu erbringen, deren Ergebnisse hocherfreute Empfänger von staatlich versprochenen Leistungen zu ihren eigenen Gunsten umverteilen. Die Mehrheits-Diktatur würde es erzwingen. Globalität für Wirtschaft, falsch verstanden im sozialistischen Abgehobensein, würde dann zuverlässig zum Event einer Apokalypse werden.

Neue Einkommen entstünden somit gar nicht mehr. Restbestände an Produkten und Leistungen würden immer knapper werden, Geld für teuer gewordene Produkte würde fehlen, andere Produkte wären Mangelware, weil keine neuen erzeugt würden. Schließlich reichte das umverteilte Vermögen für überhaupt nichts mehr, und hohe Einkommen zu einer Umverteilung würden fehlen. Der rückwärts eingefädelte Urzustand des Nichts wäre so wieder erreicht. Der Einzelne würde sich in einer Kommandowirtschaft unter staatlichen Funktionären sicher nicht wohler fühlen als mit mehr Verantwortung in freiheitlicher Gesellschaft und Wirtschaft. In der Theorie wäre das „Arbeiter- und Bauernparadies" endgültig erreicht.

Führende Geister überlegen Methoden zur Erklärung und Aufklärung zu Abwärts-Trends. Manches gehörte mehr ins Feuilleton als in die aktuelle wirtschaftswissenschaftliche Debatte. Viele erschöpfen sich in Warnungen, andere in hochgeistigen Abhandlungen, selten mit dem Ziel eines Verständnisses gerade für Leute, die sie für verführbar halten und auch so nennen. Professor Dr. Michael Hüther, einer der führenden und anerkannten Ökonomen, gleichzeitig Direktor des Instituts der Deutschen Wirtschaft, was ihn in der Gegnermeinung angeblich einseitig parteiisch mache, hat einmal geschrieben, dass sich die wirtschaftswissenschaftlich begründete Lehre über die Nicht-Akzeptanz ihrer Erkenntnisse nicht zu beschweren bräuchte und besser wohl, sinngemäß, von der Hochseil-Akrobatik Abschied nehmen sollte, um inhaltlich verstanden zu werden. Erst dann könne greifen, was begriffen werden sollte, damit die Nutzung eines Denkens daraus alle mit Einsichten erfassen könnte. In der Tat entsteht aus einer ‚Hochseil-Akrobatik' höchstens Bewunderung von unten, nicht aber irgendein Verständnis für dieses Tun, und noch viel weniger eine Vorbildvorstellung, erst recht kein Nachahmungs-Effekt. Die Zuschauer bleiben solche weit unter dem ‚Seil‘, ziehen sich mit Kopfschütteln und lautem Unverständnis zurück in ihr Alltagsleben.

Ein Gewinn bleibt auf der Strecke, für Einzelne und Gemeinschaften, erst recht in globalen Dimensionen. Es geht um die Plausibilität der Umsetzbarkeit von Erkenntnissen und um Erkenntnisgewinn für den Einzelnen und die Allgemeinheit; individuelle Rechte, Pflichten und Anreize zu erkennen und zu schätzen, und das Kollektiv-Denken abzulösen von der klebrigen Bühne des Unverstands. Wie sehr Verständnis von Wirtschaft und Wirtschaftsordnung fehlt, wird in fataler Sympathie für autoritäre Systeme der Staatsführung deutlich. ‚Nicht verstanden‘ löst Motion ab und Emotion aus, am Ende wird Verstand von Vernunft getrennt. Danach wird Empathie irrend.

Prof. Dr. Erich Hoppmann, Schüler von Erich Carell an der Uni Würzburg, mein Lehrer an der Universität Erlangen-Nürnberg, später in Marburg und auch am Walter-Eucken-Institut in Freiburg, hat in einem bedeutenden Vortrag an der Uni Bayreuth unter Bezug auf Art. 20 Abs. 1 des Grundgesetzes erklärt, dass die Bundesrepublik Deutschland ein demokratischer und sozialer Bundesstaat zu sein habe und nach Art. 28 GG die „verfassungsmäßige Ordnung in den Ländern den Grundsätzen eines republikanischen, demokratischen und sozialen Rechtsstaates" zu dienen habe. Zwar habe der Rechtsstaat „sozial" zu sein, aber von einem „Sozialstaat" sei nirgendwo die Rede. So erklärte Hoppmann weiter: „Ökonomische Effizienz ist die Voraussetzung für hoheitliche Leistungen. Rechtsstaatlichkeit sorgt dafür. Die Idee, dass der soziale Rechtsstaat unserer Auffassung zugleich ein Sozialstaat sei, „müssen wir aus den folgenden Gründen preisgeben":

1. ist die Grundlage des sogenannten Sozialstaates, nämlich die sogenannte ‚soziale Gerechtigkeit‘ ungerecht.
2. kann das ‚Mysterium Gesellschaft‘ nicht zahlen.

3. wird das Wort ‚Sozialstaat' nur als Schlagwort gebraucht, um jede Diskussion über Tatsachen abzuwürgen, und als ‚Sesam-öffne-dich' für hoheitliche"(Partei-)Leistungen verwendet.
4. wird gedanklich die Interdependenz zwischen Produktion und Verteilung gelöst. (Dies entspricht dem Theorem der Sollgleichung ‚Wertschöpfung sollte gleich sein der Geldschöpfung' – hier angemerkt)
5. würde die Nachfrage nach öffentlichen Leistungen (im Sozialstaat) nicht abnehmen, sondern zunehmen."

Den letzten Punkt hat die Entwicklung eindeutig bestätigt. Eine Erschöpflichkeit der Wünsche war ein Irrglaube, als man annahm, die Öffentliche Hand würde befriedigen, ohne ständig weitere und größere Nachforderungen. (Der Text vom 28.7.1997 liegt vor sowie eine Zusendung von ihm mit der Anmerkung, dass er sich eine Kopie von einem meiner Texte gemacht hätte, wozu er mit meiner Zustimmung rechne. Im Vortrag sagte er zum Schluss, dass die Bevölkerung wohl den Ernst der Entwicklung erkannt hätte. In seiner handschriftlichen Anmerkung meinte er, dass diese Annahme sein Fehler gewesen sei. Die Notiz machte er unmittelbar nach der Bundestagswahl 1998, die die SPD gewann. Später musste der ‚Basta-Kanzler' mit der Agenda 2010 helfen, einen Absturz zu verhindern.)

Man vergleiche die aktuelle Situation im Frühjahr 2023 mit den horrenden Forderungen an die öffentlichen Haushalte, die momentan offenbar keine Grenzen kennen. Und die ein riesengroßes Risiko für die ganze deutsche Gesellschaft schleichend einschiebt: Den Wandel von der Leistungsgesellschaft zur „Gesellschaft von Versorgungsempfängern" mit Vorrangdenken in Bedarfsdeckungen. „Weil das Geld nicht reicht!", muss gezahlt werden.

Man vergleiche die Presse der 50er-Jahre mit der Beschäftigungsentwicklung in Städten, in denen erfolgreicher Wirtschaftsaufschwung zu verzeichnen war: Stuttgart, Ulm, Heilbronn, Köln,

Schweinfurt, Offenbach, Kassel, Fürth mit den Städten Hannover, Bremen, München, Nürnberg, Mannheim, Saarbrücken, Dortmund, Frankfurt, mit anderen von gleicher Größe und Zentralität. Allerdings hat sich im Laufe der Zeit einiges verschoben. Was jedem einleuchtet, sind die zahlreicheren Stellenangebote dort, wo mehr und besser geleistet wird. Regionen mit Offenheit für Industrie und Technik sind am Aufblühen. Jeder sieht das.

Eigentlich gehört nicht viel Intelligenz dazu, „sozial" von „sozialistisch" zu unterscheiden. In den sozialistischen Staaten wie der DDR hat man sicher viel gearbeitet. Doch die Ergebnisse in Leistungsangeboten hinkten gewaltig hinterher. Offenkundig war dies besonders beim Zusammenbruch der DDR-Wirtschaft, als man „Wir sind das Volk!" rief und die Missstände anprangerte. „Am Ende hatten wir doch nicht einmal die Devisen verdient für ein einziges Kilo Nägel," so ein Innungsmeister aus Thüringen im Jahre 1991. Was Straßen mit tiefen Schlaglöchern auch in Großstädten, Häuserfassaden, Leitungen aller Art und öffentliche Gebäude vorwiesen, führte auch noch 1995 bei Besucher aus Westdeutschland zu einem Schock. Während die Weiße Elster in Gera doch recht sauber durch die Stadt floss, erschienen manche Bäche nicht als Bäche. Man hätte schon mit einem Schild „Bach" hinschreiben müssen.

Vor dem Mauerfall gab es einen Vorgang aus eigener Erfahrung. Ungefähr fünfmal besuchte ich aus Interesse am Angebot die Leipziger Messe. Jedes Mal mit Verwandten als Mitfahrer „in geschäftlichem Auftrag". Mein Interesse damals galt der Hut- und Mützenfabrikation. Da kam ein Mann auf mich zu und bat mich in eine ruhige Zone seines Messestandes, um mir zu erzählen: Er wäre in Frankfurt an der Oder der Unternehmer dieser Fabrik mit fast 200 Mitarbeitern gewesen. Man habe ihn enteignet und mit einem Monatsgehalt von DM 1.000.- im Monat zum Betriebsleiter „gemacht". Es könnte nichts dagegen machen, dass Unfähige den Laden nach unten gebracht hätten. Weder Gebäude noch Maschinen hätten einen Erhaltungsaufwand erlebt noch hätten Modelle Zukunft zu erwarten. Man wäre zur Abgabe aller Überschüsse an den Staat ‚verdonnert'.

Als ich in DM-West für 30.000.- eingekauft hatte und die Ware termingerecht erwartete, nachdem Vorkasse verlangt war, erlebte ich den Eingang der Saison-Ware sieben Wochen zu spät und die Ware mit Filz- und Lederhüten falsch eingefärbt und verdrückt. Das war für mein Geschäft fatal. Ich befahl: „komplette Retoure"! Als keine Reaktion bei mir ankam, schrieb ich einen Brief und machte klar, dass dieser Fall an das Bundesministerium für Wirtschaft gemeldet und der Presse Mitteilung gemacht würde. Drei Wochen später war das Geld wieder auf meinem Konto. Der Vertreter aus Köln, der für DDR-Produkte in Sachen Bekleidung zuständig war – und seinen Hauptumsatz mit Versendern machte –, erklärte mir danach, dass ich der erste und bislang einzige Westdeutsche sei, der sein Geld aus der DDR zurückerhalten hätte. Es kam Stolz auf.

Die Historie nicht zu verbrämen oder zu vergessen, gehört zur Wahrheit. Und Wahrheit gilt nur, wenn man sie wahrnimmt. Wirklich Wahrheiten wahrzunehmen, ist der Beginn eines neuen Leistens.

Als ich mich aufmachte und in Chemnitz und Gera Niederlassungen meiner Maklerfirma zu gründen, um beim Aufbau tätige Mithilfe zu leisten, erschrak ich über das Vorgefundene. Nicht die willigen Angestellten in Ämtern und in den meisten besuchten Firmen, zu denen ich geleitet wurde, um Zukunfts-Investitionen zu besprechen, gaben Anlass zu Kummer. Es war die Ohnmacht der Betriebs-Chefs, die selbständig gar nichts zu entscheiden hatten. So wichtig neuer Schub und Mut gewesen wären, so etwas wurde auch durch die Deutsche Treuhandanstalt behindert oder vereitelt. In den örtlichen Büros dieser Institution saßen oft Kollegen aus westdeutschen Immobilien-Firmen als Beschäftigte der „Treuhand", gegen die serienweise Strafanzeigen gestellt wurden. Und in keiner Stadt bestand ein aktualisiertes Grundbuch. Die „Treuhand", wie man das Institut nannte, war Staats-Organ mit riesigen Vollmachten. Sie machte dem Staat aber keine Ehre. Leisten war wie Leistung in den neu hinzugekommenen Ländern in Verdacht geraten. Ein riesengroßes Selbsttor des „Westens".

Auf der Suche nach einem Büro räumte man mir in Gera ein Zimmer in einer alten Fabrik frei. Aller Bedarf für meine Firma war extra zu begleichen. In Chemnitz wollte ich unbedingt ansiedeln, weil mir der Zupacker-Stil der Leute gefiel und die Affront-Fähigkeit mit deutliche Sprache: An der Straße von der Autobahnausfahrt der A vom Knoten Hermsdorf nach Chemnitz und Dresden in die Stadt hinein und ins Tal zur Innenstadt stand in einem kleinen Park noch ein „Befreiungs-Denkmal" mit einem russischen T-34 Panzer auf einem Betonsockel. Die sowjetischen T 34 –Panzer galten als die Siegesgarantie der Sowjetunion im Kampf gegen das nationalsozialistische Deutschland. Im Januar 1992 und noch wochenlang später hatte man das „Denkmal" beschmiert stehen gelassen mit der Schmierschrift: „Ivan, hol dein Kriegsschrott ab!" Irgendwie imponierte mir dieser Mut. Da war Bereitschaft für eine innere Wende deutlich geworden.

Am Kaßberg nahe der Barbarossastraße fand ich letztlich einen Raum, den man für ein Büro einrichten durfte. Es war eine frühere Wohnung in einem Jugendstilhaus, die kein normaler Mensch bewohnen wollte. Gegenüber standen ganze Mietshäuser unbewohnbar leer. In „meinem" Büro begann ich einzurichten an Gerät und Tischen, was man für eine Vermittlungsfirma brauchte. Aber dann das Unfassbare: Es gab für das Erhitzen von Wasser für Kaffee oder Tee nur einen Elektro- Anschluss. Wenn Wasser heiß gemacht wurde, konnte man die elektrische Schreibmaschine nicht einschalten, weil dann die Leitung überfordert war und „zusammenbrach". Wenn die tapferen Chemnitzer Angestellten am Arbeitstisch zu arbeiten begannen und draußen durch die Straßen Wind ging, wehten die Vorhänge wegen der undichten Fensterrahmen bis zum Arbeitstisch. Die Damen arbeiteten in Mänteln weiter. Für Heizung war „gesorgt": Braunkohle-Briketts lagen in der Badewanne des Badezimmers. Zum Vorheizen vor dem Kohleneinsatz fehlte Holz. Also musste ein Elektro- Strahler gekauft werden. Doch der konnte nur allein angeschlossen werden ohne eines der anderen Geräte. Man hatte sich zu entscheiden, welchem Gerät man jeweils abwechselnd den Vorzug gab. Den Standort musste ich wohl oder übel nach einem Vierteljahr austauschen. Immerhin gab es bald ein Restaurant in der Nähe, das italienische Küche anbot und der Chef aus Ansbach in Mittelfranken war. Es entstand so etwas wie ein bisschen Heimatgefühl. Und meinen Angestellten bescheinige ich enorm schnelle ‚Wende'.

An ein Leisten wie zuhause in Nürnberg war nicht zu denken. Anlernen ging trotzdem ganz gut. An die fleißigen Mitarbeiterinnen erinnere ich mich gerne. Als ich mich an das Arbeitsamt in Dresden wandte, um für die Zeit der Einarbeitung die ausgelobte Unterstützung anzufragen, erklärte man mir, dass nur gezahlt würde, wenn der Unternehmer nachweisen könne, dass er selber ohne die ausreichenden Mittel sei. Bedarf aus Not, obwohl angetreten mitzuhelfen im Wiederaufbau? Hätte man ohne Kapital denn überhaupt neu beginnen können?

Ein für eine Firmen-Investition gewonnener Unternehmer aus Bayern erklärte mir, dass er sich keinesfalls engagieren würde, wenn die „Treuhand mitmische". Da sich aber diese Institution bald alle Rechte zur Verwaltung von Immobilien und Firmenrechten alleine vorbehielt, war vorangegangene akquisitorische Leistung hinfällig geworden. Ich zog zurück.

Ein anderer meinte, dass man die konkurrenz-unfähigen Unternehmen in den neuen Bundesländern nur bedauern könne. Denen waren die osteuropäischen Märkte weggebrochen und die westeuropäischen Märkte mit ihrem Angebot unerreichbar. Ein dritter: „Eigentlich könnten wir vom Westen aus ‚drüben'

alle versorgen. Den Bedarf decken wir schnell mit!" Ein vier-
ter: „Was die im Osten aufbieten, ist weniger als Null. Da ist
kein Arbeitsplatz wirklich konkurrenzfähig. Es wirkt alles, als
wenn das Wirtschaften von neuem beginnen müsste". In den
neuen Ländern, auch in Halle und Leipzig gehört, sprach man
von einer „Plattmache" durch westdeutsche Politik und Fir-
menüberlegenheit. Man hört so etwas heute noch. Richtig war
die bedauerliche – von ganz wenigen Ausnahmen abgesehen –
Unterlegenheit zur Behauptung auf Märkten mit gutem Geld,
wo höhere Ansprüche an die Angebote gestellt worden waren.

Bekannt wurde die Frage Michael Gorbatschows, warum im offenen Handel keiner im Westen einen Trabi kaufen wollte. Die
Antwort gab ein Besuch in einem neugebauten Autohaus in der
UdSSR. Schneller war die Frage nicht zu beantworten. Es wurde
deshalb nichts „geplättet", sondern jeder Arbeitsplatz eigentlich
erst wirklich neu geschaffen. Leisten ging anders. Aber die Leute
waren bereit und in der Lage, schnell zu lernen. Heute im Jahr
2023 darf man stolz sein auf die Arbeitskräfte in Mitteldeutschland und im Osten. Leistenwollen ist gleich groß wie im Westen des Landes, Leisten mit Können ebenso. Viele Leistungen
stellen sich inzwischen hervorragend neben die westdeutschen.

„Wettbewerb" im Angebot und „Bewährung auf Märkten" bekommt man nicht von einer Regierung ‚gereicht‘: Lernen, leisten
und sich bewegen im Mittun für Zukunftsbewältigung wird zur
existenziellen Aufgabe des Individuums. Die Politik des Kollektivs hat komplett versagt. Zur Wende fehlten zuerst die Unternehmer. Früher enteignete waren in den Westteil des Landes
gezogen. Es ist anzuerkennen, dass sich darin bei den „Neuen"
sehr gute Fortschritte zeigen. Abstriche bei der Effizienz der
Leistungen im Gesamten beweisen aber auch: dass von Benachteiligung nicht die Rede sein kann, sondern Nachholbedarf bei
Effizienz des Leistens nur mit viel Fleiß allmählich auszugleichen ist. Daran beteiligen sich die Leute von Rostock bis Zittau
und Suhl, Gera, Potsdam und Magdeburg längst schon selber

stark. Da wird etwas Gutes. Zur Angleichung vieler Verhältnisse fehlt nicht mehr viel.

Damit sich kein Vorwurf der Schmährede einschleicht, noch eine Episode zur Belegführung, folgendes Beispiel vom Zeitzeugen. Als in den Wochen nach dem Mauerfall die Massen Autos vor allem zu den Wochenenden hin Richtung Westen und hier zuerst nach Nürnberg bewegten, in der Stadt extra „DDR-Bürger" auf dem Volksfestplatz einen Anlaufstandort hatten, liefen Menschenmengen von dort in die Stadtmitte. Von dem an der bayerischen Grenze erhaltenen Begrüßungsgeld wollten sie nicht gleich für eine Busfahrt Geld abzweigen. Die Fülle des Angebots in der westdeutschen Großstadt reizte. Oft kamen die Leute verfroren über die Marien- und die Lorenzer Straße ins Zentrum, denn die Trabis hatten keine Heizung. Ich lud manchen armen Durchgefrorenen in mein Büro in der Lorenzer Straße zu einem Kaffee herauf. Beeindruckt hat die aber das Faxgerät.

Dann, an einem Freitagmittag, wollte ich ein Ehepaar zum Mittagessen einladen, um ins Gespräch zu kommen. Eine Weile suchte ich nach einem geeigneten Paar und sprach dann gegenüber der Lorenzkirche einen jungen Mann an, ob er von der DDR komme. „Warum? Sieht man uns das schon an?" „Ganz einfach: Bei uns fotografiert niemand seine Frau, die er extra dazu vor einen Orangenstand stellt!". Den Bann war gebrochen, wir gingen essen. Die jüngeren Leute wollten dokumentieren, was „uns sonst niemand glaubt": Alle Früchte der Welt in jeder Menge.

In Halle an der Saale hatte ich mit einem Grundstück neben dem damals frisch eröffneten Müller-Drogeriemarkt an der Großen Ulrich-Straße zu tun. Das Areal war damals für einen Drogerie-Markt interessant. Es umfasste neben einem Areal, für das Restitutionsrechte bestanden, das sogenannte alte „Neue Theater". Auf der Außentreppe wuchsen schon 2 m hohe Bäumchen. Nun tropfte es von der Decke mit Zierstuck auf die alte Bestuhlung. Das Eingangstor in den früheren Theaterraum war dürftig erhalten, aber massiv abgeschlossen. Wie ich erfuhr, war dieser Raum die „Bananenreife" für geheime Importe. Und für diesen Raum hatte nur der Oberbürgermeister einen Schlüssel. Das sind entblößende Belege für eigentliche Verarmung durch das System.

Die Leute hatten alle gearbeitet. Manche schwer wie ‚Maloche'. Dass das für Leistungsgleichheit nicht reichte, geht einigen Leuten bis heute nicht ein, wenn sie davon reden, dass Westdeutsche bis heute noch geringschätzig auf die neuen Bundesländer schauten. Dass neuer Anreiz, neuer Schub aus Eigenehrgeiz längst in den neuen Bundesländern zuhause sind, darf mit hoher Anerkennung festgehalten werden. Weiter so!

Leisten und Leistung, Effizienz der Arbeit und Erfolgsgeheimnisse, sind da schon lang keine Fremdwörter mehr. Sehr viel Arbeit hat im falschen System halt nicht dieselben Ergebnisse gezeitigt. Ein neues Leisten im hier vorgestellten Sinne greift freilich weit über das Leisten der Marktkräfte hinaus. Wer sich mit diesem ‚Neuen' befasst, erkennt, dass ‚neues Leisten' mehr als Marktleistung im rein wirtschaftlichen Sinne ist. Neues Leisten hat weit höhere Ziele.

CHANCEN FÜR ALLE AUS LEISTUNGSKULTUR – ÄHNLICH SPORT-MANNSCHAFTEN?

Um dahin durchzudringen, brauchen wir eine Akzeptanz von Wettbewerb, wie beim Sport. Weil aber solcher Wettbewerb nicht nur für ‚aktive Zuschauer‘ voll im Trend liegt und auch hoch dotiert wird, jedenfalls in einigen Sportarten, dürfte dies eigentlich kein Problem sein. Der Platz eines sportlichen Wettkampfes nimmt daher nun das Betrachtungsfeld in Beschlag. Sein Spannungsbogen reicht von der Persönlichkeit in einer Mannschaft bis zur Teamleistung. Und die Persönlichkeitsbildung im Sport reicht bis in die Gesellschaftswissenschaft. Denn der Zusammenhang von Leisten und Leistungserfolg wird zur Nagelprobe eines Gemeinschaftsverständnisses.

Erfolg aus Leistung kann nicht mit Neid gemindert werden oder mit umtriebigen Umverteilungs-Thesen. Kein Meister irgendeiner Sportart in irgendeinem Land wäre bereit, seine Meisterprämien an die Absteiger einer Liga der Meisterschaftsrunden aus sozialen Erwägungen „umzuverteilen“. Letztendlich würde der Wettkampfsport insgesamt dann nicht mehr so betrieben, wenn dieses Sozialprinzip per Gesetz zur Pflicht erhoben würde. Niemand wäre mehr bereit, sich anzustrengen, niemand zuzusehen, und niemand würde mehr in solch einer Gleichmacherei aus „sozialen Gründen“ einen Sinn für Verbesserungen aus Wettstreit sehen. Niemand würde für ein bloßes Freundschaftsbolzen den Rasen mähen oder für einfaches Ballern eine Halle heizen und säubern. Vereine würden sich auflösen, Gemeinschaften sich anderen Dingen zuwenden. Das Leistungsprinzip würde durch das Sozialprinzip auf den Kopf gestellt, Ergebnisse nicht mehr honoriert. Selbst die Ausbildung, die zum Erfolg führen sollte, würde uninteressanter. Wir würden uns selber den Trauermarsch zum eigenen wirtschaftlichen Abstürzen blasen.

Die Zuordnung von sportlicher Betätigung zu Kultur ist seit dem Altertum unbestritten. Viele Jahrhunderte fehlende sportliche Wettkampftätigkeit, als das Römische Reich zerbrach und das „Heilige Römische Reich deutscher Nation" Jahrhunderte nach der Völkerwanderung im Anschluss an die Salier mit den Frankenkönigen konstituiert wurde, war sportlicher Wettkampf auf die Turniere zur Ritterkampf-Ertüchtigung seit dem Hochmittelalter beschränkt geblieben. Gleichzeitig war dies der Ritterschaft vorbehalten, die für Kaiser und Reich verpflichteten Bessergestellten. Ritter zu werden, war an Verhalten und Prüfung gebunden und entsprach einer hohen Würde. Rechte und Bürden blieben nicht minder hoch. ‚Ritterlich' hob sich kulturell vom Fußvolk-Verhalten stark ab. Ritter waren von Steuern befreit, hatten aber jederzeit für den Kaiser verfügbar zu sein. Dies hatte aber auch zur Folge, dass sie sich in den starken Reichsstädten nicht niederlassen oder mit einer Immobilie über Strohmänner einkaufen durften, weil der Platz zu knapp war für die nicht zur Besteuerung Verpflichteten. Kauften Ritter sich über Strohmänner in Städten ein –, und wurde dies offenbar –, wurde eine Enteignung der Ritter verfügt. Turniere wie auf ‚dem Anger ze Abenberg' (Wolfram von Eschenbach) blieben Spiele für eingeladene Edle.

Die Massenheere veränderten die Strategie und das Machtstreben. Ritterlichkeit wurde selten geübt. Kriege der Herrscher wurden Kriege der Völker und die Leiden trafen Menschen und Kultur. Eine militärische Ausbildung wurde vor 100 Jahren als ‚Schule der Nation' bezeichnet. Und ausgediente Soldaten mittlerer Ränge bildeten später den Stamm der schulischen Lehrkräfte.

Eine Zäsur schuf Graf Coubertin mit einer Wende zu Ansätzen für eine Verständigung in Frieden. Die ‚Olympischen Spiele der Neuzeit' haben aber weder den Zweiten Weltkrieg, noch hat ‚Sotschi' auch nur einen der laufenden Kriege verhindert, auch nicht im Machtumfeld von Russland. Die Verinnerlichung der Idee hat unter Doping-Fällen und sonstigem Ungeist gelitten. Es sind immer die noch fehlenden Charaktereigenschaften, die dem Geschehen viel von dem erworbenen Rang wegnehmen.

SPORT ALS WETTBEWERBSKULTUR – EIN MUSTER FÜR LEISTUNG UND ERFOLG

Heute begleitet unsere jungen Leute eine freiere und von mehr Selbstverantwortung geprägte Gesellschaft. Dem Drill vergangener Generationen folgt daraus freiwilliges Einfügen in die Gemeinschaft. Das schließt andererseits aber auch die Freiheit ein, jenen aus falsch verstandener Freiheit entstandenem libertinistischen Umtreiben mit selbst unkontrolliertem Tun sich von ihr abzuwenden. Andere Beschäftigung tritt dann in den Vordergrund, Streben Jüngerer nach hinten. Die „Allerletzten" schaden ihrem Anliegen.

Es lässt talentierte, zäh um Erfolg ringende und beharrlich an Anstrengungen Bleibende und mit anderen reizvollen Tätigkeiten Befasste zweifeln und sich davon absondern. Der Sinn von Anstrengung und Leistung verblasst und verdirbt am Ende sogar weiterführende Ausbildungen. Für gute Perspektiven quält man sich und strebt auch dann nach dem Höheren, wenn man sich des immer möglichen aussichtslosen Unterfangens, eines Pechs und Misserfolgs im Wettbewerb völlig bewusst ist. Um überhaupt in den Wettbewerb zu gelangen, stellt man schon einiges an. So habe ich etwa den endgültigen Verzicht auf Rauchen an meinem 19. Geburtstag bewerkstelligt. Es gelang mir damit, in die Schulmannschaft im Fußball aufgenommen zu werden, weil die Kraft zum Durchhalten wuchs. Das war mein Ziel gewesen.

Dem freiwilligen Einfügen in die Gesellschaft folgt die Jugend umso mehr und umso leichter, als ein erreichtes Ziel etwa Anerkennung des Tuns und der Zielerreichung selbst auslobt. Fußballmannschaften und einzelne Spieler können daraus nicht nur zu sportlichen Idolen wachsen. Sie wirken als ihrem gelobten und geliebten Volkssport Fußball in vielen Völkern sogar auf die Volksbildung mit Anstrengungen im Team. Das reicht von der Qualifizierung einzelner Aktiver bis zur effizienten Teambildung, von körperlicher und geistiger Fitness bis zum charakterlichen Einordnungs-Potenzial. Es fördert die ‚Umstellung der Einstellung für Anstellung‘ eines neuen Teammitglieds. Fußball ist dafür als Mannschaftssport ein besonders geeignetes Trainingsfeld. Die Leistungsgesellschaft verlangt wettbewerbsfähige, mannschaftsdienliche Leistungsbringer, die die Bringschuld selbst akzeptieren, die der Fußball vorleben kann. Fußball lebt mit Wettbewerbsleistungen.

An der IBS, der International Business School Nürnberg, der Wirtschaftsschule im Landkreis Neustadt-Bad Windsheim und beim Jugendleistungszentrum des 1. Fußballclub Nürnberg, habe ich Seminare von 2 mal 3 Stunden angeboten und abgehalten. Diese haben die große Nähe der Leistungsanforderungen im Fußballsport mit der in der operativen Wirtschaft belegt und auch gezeigt, wie sich die Ähnlichkeiten auf die Teamergebnisse und die Sportlerpersönlichkeiten auswirken. Zudem wurde veranschaulicht, wie sich die Wechselwirkung von Persönlichkeit im Teamwettbewerb mit der Teamleistung zur optimalen Wettbewerbsfähigkeit entwickelt. Der Erfolg machte Appetit.

Es wurde alles behandelt, was den Sportfußball mit dem Berufsleben in der freien operativen Wirtschaft verbindet: So wurde etwa der Frage dazu nachgegangen, was die Vorstellung eines Teams ist oder wie man es anstellt, eine Mannschaft zu einem Team zu formen. Weiter wurde diskutiert, was man sich als begeistert beobachtender Zuschauer erwartet und welche Teile einer Mannschaft und wie zu einer gefügten Einheit werden. Auch die inhaltliche Festlegung als Zweckgemeinschaft auf Zeit mit latent erwarteter Zielverfolgung bis zur Frage, was ein Mittun im Mannschaftssport besser könne als ein Lehrplan in der Schule, wurde diskutiert. Wettbewerb gegeneinander findet in Schulen nicht statt, was gut ist. Was die Jungen dabei aber nicht lernen können, ist ein Verlierenkönnen mit Anstand.

Zu neuem Leisten gehört auch das. Mir gelang im Studium, den Leuten ohne Erfolg in ruhiger Form ihre Schwächen zu erklären und ihnen als Tippgeber in Hilfsbereitschaft zu begegnen.

Es wurde begriffen, dass dies klare Begrenzungen auf „Objekte", „Projekte" mit spezieller Zielrichtung der persönlichen Anstrengungen mit sich bringt. Denn es handelt sich um ein Betätigungsfeld mit Eck- und Zielpunkten, Regeln und ‚Strafen' bei Nichteinhaltung und alles in aller Öffentlichkeit, die einen Schule nicht herstellt und die das auch nicht will. Können und Einsatzbereitschaft ganz persönlicher Art wird bei Sport im öffentlichen Raum beurteilt. Auch Ein- und Unterordnung zu akzeptieren übt man da, wo Schulen erst lehren. Die in Deutschland geübte „Duale Ausbildung mit Theorie und Praxis für Berufslernen kommt daraus systembildende Bedeutung zu. Dem folgen Ordnungsdenken persönlich und Raumordnungsüben „auf dem Platz". Man lernt Führungspersönlichkeit unterschiedlichster Charaktere kennen – und lernt, wie man eine Persönlichkeit – zuerst auf dem Sportfeld – werden kann. Man lernt Selbstdisziplin und Verlierenkönnen mit Anstand, Anforderungen an einen persönlich, eine Mannschaft und die Verantwortung für einen Verein, eine Stadt oder eine ganze Nation, je nach Sportebene. Das kann Schule nicht.

Eines wurde dabei ganz deutlich: Nämlich, dass es im Wettbewerb realen operativen Wirtschaftens wie im Leben des Fußballsports abläuft: Chancen und Risiken verteilen sich gleichmäßiger als den meisten bewusst ist. Daraus lässt die Härte des Wettbewerbs nur zwei Benotungen zu: Richtig oder falsch, Vertrag oder kein Vertrag, Tor oder kein Tor, im Team spielen oder auf der Bank warten, die Note 1 oder die Note 6! Dagegen sind Schule und Berufsleben noch „sozial" milde.

Dass deshalb Fußballspieler, die sich nicht nur für den Fußball als Beruf qualifizieren wollen oder können, für ihre berufliche Zukunft ziemlich viel mitbekommen, wurde so ebenfalls deutlich. Die heute so wichtige ‚Teamfähigkeit' wird vermittelt und immer wieder in neuer Besetzung und Situation geprobt. Die Freude am Tun, auch bei schwerem Mühen, lernt die Einsatzbereitschaft und Belastbarkeit für das Ziel einer Mannschaft. Dazu zählt: Fitness an Körper und Geist als Voraussetzungen für Gemeinschaftsziele als Pflicht zu akzeptieren. Die gern genannte Teamfähigkeit von Führungspersönlichkeiten fußt zuerst auf der Fähigkeit, für ein Team geeignet zu sein. Wenn sich das Team sie anerkennend vorstellen kann, wird ein Team für eine Einfügung der neuen Persönlichkeit geöffnet. So wie im Wirtschaftsleben dann auch in der Öffentlichkeit wahrgenommen und täglich, oft stündlich irgendwelchen Urteilen ausgesetzt. Persönlichkeit und Vorbild sind untrennbar miteinander verbunden. Wenn es gelingt, dies mit Einsatzbereitschaft zum Erfolg zu führen, ist der Weg im Sport zum „Idol" nicht mehr weit. Gewisse Ähnlichkeiten mit der Kunst des Theaters und des Films sind dabei unverkennbar. Mannschaftssport gilt selbst als kulturelles Tun, wie Sport allgemein. Leisten ist Bestandteil.

Bei aller Unterschiedlichkeit in Eigenschaften und Begabungen ergibt sich somit aus einer Schule des Mannschaftssports die praktische Verhaltens- und Leistungserfahrung für jeden Mitspieler. Er oder sie erhält ‚spielerisch' eine Persönlichkeitsbildung für das berufliche Leben. Persönlichkeiten können damit reifen. Man erlernt, anständig mitspielen zu können. Und man lernt verlieren können, ohne dass Rache einen Fuß auf den Sportplatz brächte.

In der IBS, der International Business School in Nürnberg, habe ich bei einigen Klassen die Einführung in die Typologie der Menschen vorgenommen und Bestandteile der funktionablen und effizienten Zusammensetzung von ad-hoc-Teams für aktuelle Aufgaben umgesetzt. Die Funktionsbereiche bei einer Fußball-Elf unterschieden wir von Nummernzuordnungen und stellten die schlüssigen Bedarfe dafür auf. Immer wieder ergab sich eine Bedarfslücke bei der Frage nach Persönlichkeiten in einem Team. Stören sie die Einheiten oder qualifizieren sie die Teams zusätzlich? Und wie sieht der Vergleich mit Teams in der operativen Wirtschaft aus? Voraussetzungen zur Anerkennung als Persönlichkeit deckten sich auf beiden Seiten auffällig. Eigenschaften zu Charakter und Kompetenz müssten vorhanden sein und bewiesen werden. Der Unterschied zu Eliten aller Art war augenfällig. Denn Elite und Führungskönnen differieren viel öfter, als wahrgenommen wird. Wenn man Ellenbogen-, Geld-, Funktionärs-, Neureichen-, Lautsprecher- und Angeber-‚Eliten‘ erlebt, kann das mit einer Persönlichkeit überhaupt nicht verwechselt werden. Sie ist weit mehr nicht nur im (Zufalls-) Erfolg sichtbar, sondern dem ‚neuem Leisten‘ näher!

ERFOLGSAUSBILDUNG ÜBER PERSÖNLICHKEITSERZIEHUNG

Was Schulen heute fast nicht mehr leisten, wird hier tragendes Säulenverbundstück des Mannschaftssports: Auftreten und Verhalten sind schon beim Eintritt in ein Team wichtig und entscheiden späteren gemeinschaftlichen Erfolg wesentlich mit. Dabei darf nicht übersehen werden, dass eine Klasse zunächst überhaupt kein Team ist, weniger noch als eine Truppe, aus der eine Mannschaft ausgebildet werden soll. Aber „die Aufnahme durch die Mannschaft", wie die Neuen im Fußball gerne nach kurzer Zeit berichten, zeigt Klassengeist und eine Grundsatzeinstellung zur Integrationsfähigkeit, ohne die keine Qualifizierungen kommen.

Persönlichkeit erkennen wir an einer wahrnehmbaren und verlässlichen Person mit Charakter und Gesicht. Es handelt sich nicht um eine Duckmaus, die beim ersten Gegenwind einknickt. Eine Persönlichkeit verfügt über eine fundierte eigene Meinung, auch im Widerstreit. Sie wartet mit Kompetenz in der Bewältigung von schwierigen Aufgaben und hohem Können auf und ist kein Dünnbrettbohrer. Es handelt sich um ein Vorbild im beruflichen Tun mit erkennbar natürlicher Autorität, einem nachahmenswerten Verhalten des Leistens gegenüber anderen im Beruflichen, in Aussagen zu Fakten, Vorgängen und Personen, die wahrhaft und aussagekräftig sind. Es handelt sich wiederum nicht um Nachplapperer, die sich mit jederzeit austauschbarem Gerede wichtigmachen.

Deutliche Aspekte, die für eine Persönlichkeit sprechen, sind zudem: Standfestigkeit nach Ergründung geprüfter und gesicherter Erkenntnis und Eintreten für diese Überzeugung und für eine Sache, wenn sie aufgabengerecht ist; Eintreten für andere. Was kein Charaktermerkmal einer Persönlichkeit ist, ist

Weglaufen im Ernstfall. Nikos Kazanzakis hat der auch zum harten Kampf bereiten Persönlichkeit Mut zugesprochen: „Kämpfe, wenn Du für eine gute Sache eintrittst. Ob Du siegen wirst, entscheidet allein Gott. Aber wenn Du für Deine gute Sache wirklich kämpfst, hilft er Dir".

Was unterscheidet hier eigentlich den Hochleistungs-Mannschaftssport von starken Firmen? Persönlichkeiten waren, sind und werden die Stützen aller Kultur sein. Mit buntem Glas steht auf einem Fenster des Betsaales im Studienheim Windsbach, dem der Windsbacher Knabenchor angeschlossen ist: „Das ist der Stadt Bestes, dass sie viele feiner Bürger hat." Es handelt sich um eine Stiftung des früheren Bürgermeisters und Abgeordneten Jungmeier. Sein Ziel war die Hebung von Leistungskraft einer Bürgerschaft mit jungen Leuten. Dazu wird die Fähigkeit zum ‚Besser-werden-wollen' eingefordert; auch die Fähigkeit zu trennen zwischen Eigeninteresse und dem Interesse für die neu zu formende Einheit. Wettbewerb in der Mannschaft darf nicht zu Ich-Bezogenheit führen. Darauf zu achten, muss eine der Hauptaufgaben der Trainer sein. Die Einsatzbereitschaft wird geistig, körperlich und charakterlich einer hohen Belastungsfähigkeit unterzogen und ständig neu bewertet, worauf sich Spieler einstellen und wofür sie sich bewähren müssen; so wie im Berufsleben. Anstand, Pünktlichkeit, Respekt, Fairness, Selbstbeherrschung und Team-Disziplin sind in Schulen kaum mehr zu lernen. Fehlende Disziplin im Outfit und Verhalten sind im Unterricht gang und gäbe. Fleiß, Eifer und Zähigkeit im Ringen um Erfolg sind öfter Mangelware. Es müsste eigentlich zum Standard der Persönlichkeitsentwicklung werden, Niederlagen im Wettkampf als das Ergebnis seiner eigenen Unzulänglichkeit zu akzeptieren. Aber selbst in weiterführenden Schulen ist Klassengeist mit Niveau erreichbar, wenn sich die ‚Führungsspieler' in einer Klasse als echte Persönlichkeiten erweisen, sowohl im Reden als auch im Verhalten. Dabei wird der Spannungsbogen von Leistungsdenken, Teamdenken, Teambildung im Sport bzw. im Fußball und Team in der operativen Wirtschaft als Brücke standhalten.

Es ist bemerkenswert, wie sicher gerade Mannschaftssportler über diese Brücke gehen. Gerade für den Assistenten eines Personalchefs bestätigte sich das deutlich. Deshalb ist etwa im Einstellungsgespräch die Frage nach regelmäßig geübten Hobbys bedeutsam. Auch Engagements in Gemeinschaften und Vereinen helfen dabei, sich als Persönlichkeit zu entwickeln. Darin können sie sich ,beweisen'. Musik- und Theatergruppen, Geselligkeits- und Wandervereine, Freiwillige Feuerwehren und Gesangvereine sind die bekanntesten Gruppen mit diszipliniertem Tun.

Was die Ausbildung im Teamsport stärker anbietet als die Schule, ist Handlungsschnelligkeit, eine wissensbasierte Einschätzung von Menschen bis zu Verhaltensänderungen in besonderen Situationen. Als Freizeitsportbetreuer hörte ich manchmal von Eltern: „Das macht mein Sohn nicht!" Machte er aber eben doch! Freizeit entfesselt von straffen Zügeln und lässt manche Überraschung im Verhalten zu.

Im Sport erfasst man im Wettbewerb den Gegner nicht nur als Konkurrenten; sich nach einem Streit wieder zu vertragen, wird zur Pflicht. Sich offen zu begegnen, fällt Schülern und Lehrern heute schwerer. Proteste und Prozesse mit Eltern sind an der Tagesordnung. Konflikte auf Schulhöfen löst immer öfter die Polizei. Eine Entschuldigung zwischen Streithähnen wäre ein Reifebeweis für spätere Eliten der Gesellschaft. Drogen und Rauschmittel sind das absolute No-Go im Mannschaftssport, sich gehen zu lassen wird mit ,roter Karte' bestraft.

Zum Seminar-Ziel wurden Fragen gestellt, wie zum Beispiel: Wer bin ich? Wer ist ,wir'? Was bedeutet Kommunikation? Behandelt wurden mitunter folgende Fragen: Menschen sind Wesen unter anderen, Beziehungsmenschen mit Eigenzielen, Unterschiede in Zielsetzungen, Einblicke in Typologie und Psychologie. Ist ein ,Miteinander' schon ein Team? Ist ein gemeinsames Ziel schon eine genügend starke Klammer? Was ist der Unterschied eines Beitrags der Mitglieder nach Kräften oder nur je nach Lust? Sind Persönlichkeiten Hindernisse für Teams oder als Bindeglieder mit Krafteinwirkung für Teams wertvoll? Sind Sportlerpersonen schon Persönlichkeiten, weil sie überlegene Sieger sind oder waren? Eines erscheint gesichert: Elf Renner sind noch lange nicht gut. Ihnen fehlen die Leitfiguren. Persönlichkeiten sind keine Lautsprecher oder Möchtegerns.

Unzweifelhaft ist der Fußballsport ein ‚Faszinosum‘. An jedem Ligaspieltag oder Pokalspieltag pilgern Massen in die Stadien und an die Fußballplätze, und es sitzen Millionen von Zuschauern vor Fernsehern oder hören Übertragungen in Radios mit an. Dieser Sport begeistert aus vielerlei Ursachen, die oft zu ergründen versucht wurden. Die Grundüberzeugung vereint alle Grübler und Forscher: Fußball ist spannend und unterhaltsam, bewegt Geist und Körper und bindet Mitspieler wie Zuschauer in das Geschehen ein; einfache Regeln erlauben Einsicht und Wissen um Punkte und Fehler, um Strategien und Gegenstrategien, und um Basiskönnen. Zwar ist nicht wie im Tennis manchmal bis zum letzten Ball offen, wer Sieger werden könnte, aber die Spannung kann bis zur letzten Sekunde der Nachspielzeit aufrecht erhalten bleiben. Jeder kann diesen Sport verstehen, die meisten können ihn spielen, jeder kann sich ein Urteil bilden und es sich beim Betrachten gemütlich machen, oder aber emotional teilnehmen und sich dabei aufregen.

IST DIE AKZEPTANZ VON HÖCHSTLOHN FÜR HÖCHSTLEISTUNG BEREITS EINE HÖHERE KULTURSTUFE?

Vor allem aber fasziniert eines: Leistung im Fußballspiel ist die Attraktion an sich, sie wird gesucht und vom ‚Hauptsponsor Zuschauer' sogar gefordert. Kritisch begleitet ist diese Leistung mit Fernsehgeldern an die Vereine, von Bezahlenden finanziert, auch von Leuten, die ohne Fußball auskommen. Was beeindruckt, ist die Integrationsfähigkeit des Fußballs, die Einbindung von Menschen unterschiedlichster Herkunft und die indirekte Beteiligung der Zuschauer eben daran. Es ist eine Bewegungsbeschleunigung, mit Emotionen und Regelwerk, Dreh- und Spurtgeschwindigkeit in Kombination mit Denkgeschwindigkeit. Fußball kann als Kopfsport betrachtet werden, der oft fast kultartig verehrt wird.

Dass diese Verehrten ein Vielfaches an Einkommen ihrer selbst einspielen, stört die Begeisterten nicht. Im Gegenteil, man erlebt einen Hauch von imaginärer Teilhabe, das ein Gönnen weit überragt. Und weil die Könner im Fußball dazu aus allen Volksschichten kommen, wird Fußballkönnen mit Leistung identifiziert, ein Höchsthonorar wird von allen akzeptiert, die Kongruenz der Messgrößen, die Deckungsgleichheit von Höchsteinkommen aus Leistung sogar hofiert. Liegt hier die ‚Quadratur des Kreises' oder gar Schizophrenie vor? Oder ist hier entgegen aller sozial-ethischen Klagemauerei und sozialistischen Ideologie Einsicht im Spiel? Nämlich eine Einsicht über die Kohärenz, den unabdingbaren Kettverbund zwischen Hochleistung und hoher Vergütung?

Fällt eine Leistung ab, berechtigt sich der Zuschauer zum Urteil, zur Bewertung und Zurücksetzung der Personen des Geschehens. Er sieht daraus mit Empörung eine klare Divergenz zwischen Lieferung und Preis, was sein Gerechtigkeitsgefühl sehr stört. Er befindet sich damit auf einer Ebene mit Milliarden anderer Kenner der Materie und als ein Berichter und Richter über Gesehenes. Er kann mitreden, weil er den Inhalt, den Sinn und das Ziel des Volkssports Fußball versteht, sich gedanklich engagieren und mitdenken kann, was zu tun ist. Und das Regelwerk ist einfach. Er oder sie sieht sich ideell jederzeit in der Lage, ersatzweise einzuspringen und mitzuspielen. Das einzig Ungerechte liegt darin, die Chance dafür nie bekommen zu haben. Aber das liegt auch daran, dass man sich wohl in den seltensten Fällen ernsthaft darum bemüht hatte. Ist diese Ansicht über Chancengleichheit und Höchstlohn für Höchstleistung schon ein Schritt zu mehr gesellschaftlicher Kultur, weil Intelligenz zur Einsicht führt?

Wer seine weniger großen Talente und/oder minderen Einsatz einsieht, bleibt da ganz ruhig. Was er unbewusst akzeptiert, ist die Ungleichheit aller Einkommen auf den Sportebenen. Man nimmt in Kauf, dass ein Gutteil an Glück mitspielt, dass Kampf auch Ungerechtigkeiten einschließt und Gerechtigkeit trotz der Regeln nicht grundsätzliches Prinzip ist. Man nimmt in Kauf, dass Körperverletzungen vorkommen. Ungern gesehen sind Unfairness, die man lieber bestraft sieht, um sie so danach zu unterbinden. Was sich an Unkultur auf den Zuschauerrängen oder draußen abspielt, widert öfter an.

Was Zuschauende und Mitspielende klar ablehnen, ist eine Umverteilung der Siegerprämien und der Einkommenshöhen auf Absteiger und jene Verlierer, die überhaupt keine oder sehr mäßige Leistungen vollbracht hatten. Solche Gerechtigkeit ist diesen leistungsverwöhnten Zuschauern nicht zu vermitteln, die ihre Idole gemeinsam siegen sehen wollen. Leisten ist für sie Obsiegen, Anreize für die Sieger werden in jeder Höhe akzeptiert.

Die Notwendigkeit liegt in der Gewinnung von Leistungsträgern und in Einigungszielen. Dass die sich ständig ändernde Zusammensetzung von Teams Durchlässigkeiten des Systems für nachwachsende oder von außen hinzukommende Perspektivspieler mit Chancen versorgt, potenziert die Akzeptanz aller Betrachter und Bewertenden des Geschehens aus der Chancen-Multiplizierung. Auch, wenn sich daraus die Zahl der Ligen und Mannschaften nicht erhöht. Das bedeutet nämlich im Umkehrschluss auch zu akzeptieren, dass bisherige Spieler bei Leistungsabfall, und seien sie noch so gut gewesen, für die Neuen ausscheiden und abtreten. Bankhalter, also ewige Ersatzleute auf der Wartebank, hätten sich ihren Sport anders gedacht. Höchst selten habe ich einen Zuschauer gehört, der einem Bankhalter nachgetrauert oder von Ungerechtigkeit geredet hätte, von kurzzeitigen Einzelfällen abgesehen. Wandel wäre nötig, um die bestmöglichen Leistungen zu erzielen und dafür das bestmögliche Team zu erreichen! Die Möglichkeit, während des Spiels Spieler auszuwechseln, hat die Leistungsdichte erhöht.

Damit erschließt sich uns ein Phänomen: Der Zuschauer und die Zuschauerin, mittlerweile ein hoher Prozentsatz der Gesamtbevölkerung, sehen Leisten als überlegenes Tun im Sich-Messen. Die Leistenden als Idealträger der Leistungen werden als Vorbilder angesehen, wenn auch nicht immer als die eigenen. Fangemeinden folgen ihnen und lassen ihrer Bewunderung und Anerkennung ‚Beiträge‘ folgen.

Das emotional wahrgenommene Geschehen vermeidet eine von Vernunft gesteuerte Analyse mit Logik bei der Bewertung berechtigter oder unberechtigter Einkommen der berufsmäßigen Sportler. Gewiss mokiert sich ein Teil der Bevölkerung über bekannt gewordene Honorare in absoluten Zahlen. Man unterlässt aber Protest auf der Straße wie sonst gegen ‚soziale Ungerechtigkeit‘. Denn selbst wenn eine Höchstdotierung von Höchstleitungen im Sport und hier besonders im Fußball, Tennis, Motorsport, Golf und Basketball oder Boxen im Missverhältnis zu begrenzt möglicher Leistungszeit und Risiken für die Gesundheit gesehen wird, und der Unterhaltungswert in der gesamten Weltgesellschaft als hoher Wert ‚kultiviert‘ wird, kann nüchter-

ne Bewertung nicht erkennen, dass einem wie immer begrün-
deten Gerechtigkeitsempfinden Rechnung trägt, was im Sport
manchmal honoriert wird.

Für ‚Unterhaltungsleistung‘ auf anderen Kanälen gilt Vergleich-
bares. Wert und Bewertungen unterscheiden sich immer mehr,
was die mit Sport gut unterhaltenen Massen keine Einkommens-
schere beklagen lässt. Verehrung von Leistungen in Unterhaltung nimmt manchmal fast religiöse Formen an, lässt Verstand
und Vernunft in den Hintergrund treten und Klagelieder vergessen, manchmal sogar die eigene Not. Dies wäre immerhin schon
Leistung. „Opium für das Volk", wie Karl Marx schon mal die
Religionen bezeichnet hat, könnte im Hinblick auf die armen
Länder mit hoher Spitzenleistung von Sportmannschaften, besonders im Fußball, zu der Annahme verleiten, dass Fußball ein
Äquivalent zu Opium sein kann. Weil aber Sport immer vor allem „Kopfsache" ist, bleibt Verstand mit Emotion im Verbund.
Darin kann Aufstieg auf kulturell höhere Stufen gesehen werden. Misserfolg berechtigt zu nichts. Daraus hätten Leute zu
lernen, die als Abgehängte klagen und „Gerechtigkeit" mit politischen Forderungen einklagen wollen.

Wenn aber Umverteilung von Spitzeneinkommen bei Fußball-
spielern und Höchstvermögen bei Vereinen keine Umvertei-
lungsansprüche auslösen, Spitzenleistung aber in Verehrung
mündet, kann Aberkennung von wirtschaftlichen Ergebnissen aus hoher daraus logisch nicht begründet sein. Dies muss
wohl anderen Interessen dienen und den allgemeinen Interessen zuwiderlaufen.

Die Freiheit des Beifalls und die Regelordnung des Sports können nicht der Anlass für gesellschaftliche Divergenzen sein,
die Rahmenordnung als Spiefeldeinteilung auch nicht. Es muss
der Wunsch von Interessierten sein, Leistungsbereite zurück-
zudrängen in die Katakomben der Umkleidekabinen, damit die
Funktionäre des Geschehens das Spiel ‚machen‘ können. Daraus

entsteht der ‚Machtanspruch des Hintergrunds', der Regie als seine Leistung sieht. Da beginnt die Macht der Funktionäre die Fäden zu ziehen, die sich so als Hauptstrategen erkennen. Doch darin liegt der Quell von Unfairness und Dunkelmänner-Agitation, ja sogar von Korruption. Diese beginnt schon mit der Annäherung an gegnerische Leistungsträger mit Zukunftszusagen. Denn solche Kontakte verändern die Kopfhaltung noch während des laufenden Wettbewerbs. Wenn wir ‚Leisten' sagen, zählt der Kopfsport Fußball zu den Vorzeige-Beispielen.

In der realen Wirtschaftspolitik geschieht genau das: Die Funktionäre vergraulen Spieler und die direkt beteiligten Zuschauer und stellen sich selbst mit den Platzwarten als Mitspieler vor. Und: als die Macher von Gerechtigkeit, indem sie die Einkommen der Spieler so umverteilen, dass die Absteiger die Prämien der Meister erhalten und die Einkommen der Allerbesten den Zuschauern ‚umverteilt' werden, damit ‚soziale Gerechtigkeit' entstehe, allen der soziale Anspruch auf die höheren Leistungseinkommen der Leistenden zuteilwird. Gibt es jemanden, dem nicht der Atem stockte bei solcher Anspruchs-Logik?

Im realen Leben sind es dann ‚die da oben', aus deren Taschen man rauben dürfe. Da die Härte des sportlichen Wettbewerbs damit nicht mehr speziell entlohnt würde, und die Besten sich um den Siegerlohn gebracht sähen, würde der Wettbewerb eingestellt. Denn keiner wäre bereit, sich unter besonderem Risiko anzustrengen, um besser als andere zu sein, wenn er nicht besser dabei ‚herauskäme'. Wettbewerb verlöre an Reiz und würde eingestellt.

Wenn wir also erkennen, dass aus Wettbewerb auch den Nichtbeteiligten Nutzen entsteht, würde das Aufheben von Wettbewerb schädigen. Es ist also nicht einerlei, ob ein solcher stattfindet.

Wir Ökonomen glauben mit an Sicherheit grenzender Wahrscheinlichkeit, dass Zuschauer für Leisten auch im wirtschaftlich Operativen zu gewinnen sind, und damit vorrangig ihre eigene Zukunft sichern, wenn man ihnen die Zusammenhänge zwischen Leisten und Leistungseinkommen einmal klar vor Augen führt. Dann wird die Erkenntnis Allgemeingut, dass ein Sich-Messen mit anderen auch Unterschiede erlaubt. Und dass die Unterschiede die übrige Gesellschaft in Leistungserfolge miteinbeziehen. Was im Leistungssport an Denkvermögen erreicht worden ist, wird den Menschen weltweit als ihre eigene Erkenntnis vorzustellen sein. Dann wird es auch gelingen, imaginäre Gerechtigkeit nicht weiter als Schimäre zu verfolgen. Es bliebe sonst nur Enttäuschung als Ergebnis von Selbsttäuschung im Sieb, wie schon bisher. Es bleibt die Aufgabe des Marktes, die Bedingungen für eine Wiedereingliederung von Verlierern im Geschehen zu schaffen und auszubauen. Dazu sollen im Folgenden Hinweise geliefert werden.

Warum nützt die Analyse der Verbundbetrachtung dem Fußball, dem Beruf und Personen? Wir lernen vom Fußballsport für die Leistungserfordernisse in der Wirtschaft. Wir sehen Leistungsteams mit ‚Team-Leisten' für nötige Erfolge. Wir erleben vergleichbare Dinge, zum Beispiel bei Erfordernissen an Team-Persönlichkeiten. Wir erkennen die Optimierung von Kräften aus kombinativem Tun, die Vergleichbarkeit der Anstrengungen und die Motivierungsabläufe bei gelungenen Strategien. Wir erleben die Wertschätzung von Wettbewerb und Wettkampf. Wir sehen, wie Menschen große Leistung wirklich hoch einschätzen; – und zu honorieren zulassen. Wir erkennen diesen integrierenden Beitrag von Teamleistungen, den Umgang mit Erfolg und Misserfolg, die Identifikation mit Einheiten der Spitzenleistungen; sehen, wie Leistungsnachfrager ihre Nachfrage nur nach tatsächlich besserem Angebot steigern wollen. Und wir erkennen die stabilisierende Wirkung der Bewährung im zähen Ringen und Schaffen. Unabhängig von Stellung und Aufgabe erwächst daraus der Gemeinschaft bildende ‚soziale Zusammenhalt', den Gerhard Schröder statt ‚sozialer Gerechtigkeit' ab 2002 stets ansprach. Denn durch Leisten ist aus der Standesgesellschaft historisch die bürgerliche Gesellschaft, mit starken Städten und eigenen Rechten geworden, erstarkt auch gegenüber den herrschenden Verwaltern im Kleinadel und Rittertum.

Es gewann das eigene Leisten. Die Befreiung mit Rechten zum Leisten wie Gewerbefreiheit ermöglichte danach die Leistungsgesellschaft, aus der wir unseren Lebensstandard und diese staatliche Struktur mit allen sozialen Möglichkeiten haben. Dies ist eine globale Erfahrung, die durch das Fernsehen jeden Tag vermittelt wird. Damit ist das Erfahren und Aufnehmen von Leisten bereits ein Teil der Akzeptanz davon.

Leisten für Ziele geht einher mit Leisten als Ziel des Menschen. Fußball gibt dafür Steilvorlagen vor. Und aus Steilvorlagen ergeben sich bekanntlich die besten Chancen. Warum? Weil dadurch Riegel der Gegnerschaft, Blockaden der Abwehr von Gegner-Interessen, die Denkvermeidungen und Ignoranz von Gescheiten in anderen Dingen geöffnet werden können, wie seinerzeit die Stadttore bei gegnerischen Städten. Wie im Mittelalter muss es möglich sein, verstockte Gemeinschaften mit ihren egoistischen Zielen dem Allgemein-Interesse zu öffnen. Sozialistisch-kommunistisch agierende Staaten und Gruppierungen waren und sind immerzu Schmarotzer einer offenen Gesellschaft mit weit über den Tellerrand blickender Völkerschaft. Sie alle haben ‚ihren' Menschen im Kleinen keine Vorteile gebracht, nur ihren Funktionären. Aber sie haben der Vernunft Adieu gesagt und Völkern wie Einzelnen Öffnungen verwehrt und damit allen in ihren Gebieten die Zugänge für wirkliche Chancen versagt, weil sie selber daraus versagt haben. Helmut Schmidt – wie schon erwähnt: „Wettbewerb ist wie Fallschirme. Wenn sie sich öffnen, nützen sie und tragen die Teilnehmer mit weicher Landung auf den Boden der Tatsachen".

Einen besonderen Gesichtspunkt zu übergehen, wäre sicher ein großer Fehler: Das ist das bewusst oder unbewusst aufgenommene Phänomen, dass Spitzenmannschaften den Ruf einer Stadt oder einer Region heben, zurückfallende Teams eine Region weniger als ‚Leistungsstadt' sehen und empfinden. Auf eine ähnliche Leistungshöhe stellt man viele Menschen in dieser Stadt oder Region, ob man das zugibt oder nicht. Man kennt früher anerkannte Sportstädte, die heute kaum noch eine Rolle spielen. Bei einer Aufzählung beachteter Sporthochburgen fehlen sie nun. Man vermisst sie nicht. Wer an die Gründung einer Hochleistungsfirma denkt, sucht einen Standort mit hohem Anspruch an Leisten und sucht nicht selten eine Nähe zu Spitzensport. Denn dort vermutet man Einsatzbereitschaft, Teamleistung und Ehrgeiz für den Aufstieg. Man erhofft sich als Investor den Sondereffekt für eingesetztes Kapital und eigenen Einsatz. Das Sponsoring zur Ankurbelung des eigenen Firmenumsatzes gründet im selben Denkansatz. Kann eine Firma das nicht als Hauptgrund nachweisen, würden Verantwortliche vermutlich bald ernüchtert dreinblicken, wenn das Finanzamt bei einer Prüfung feststellte, dass ein Hobby finanziert wird, nicht eine Werbemaßnahme. Aber ein Hobby kann man nur aus versteuerter Geldmenge finanzieren, nicht als Kosten von der Steuer absetzen. Es wäre nachzuversteuern und zu sehen, wie man die Geschichte wenigstens in der Zukunft wenden kann, sonst drohten Verluste.

Firmen hängen sich also an Leistungen an, um selbst als Leistungsfirmen zu gelten. Wenn Konzerne Fußballvereine mehr oder minder voll finanzieren oder dafür geradestehen, ist nicht eine Mannschaft, sondern ein ganzer Verein der Werbeträger und Motivationsgeber innerhalb des Konzerns. Die Region sieht sich dann dabei und freut sich über die Förderung. Immerhin nutzen solche Vereine, die fast wie Abteilungen der Firmen angesehen werden, die Namensverbreiterung der Firma durch den Fußball. Wäre dort ein Leistungsprinzip nicht zum Träger des Sports geworden, hätte der Einsatz des Finanziers keinen Sinn. Er will Leistungen fördern und sieht seine Aufgabe deshalb genau in der Förderung von guten Leistungsteams. So tun sich schwache Teams schwer, Sponsoren zu finden. Einen Schwachen zu fördern, erfordert Mut.

Was aber seit vielen Jahren auffällt, ist die Anstrengung, die das eine oder andere Land für die Mannschaften vornimmt, die auf Meisterschaften geschickt werden. Hilfen des Staates für ein Sporttraining bei Militär und Polizei, Freizeit und Mittel und trotzdem volle Bezahlung sind da gang und gäbe. Sie entsprechen staatlicher Förderung in der Hoffnung, dass Motivation für Leistungssteigerung in weiten Teilen der Beschäftigten bei der operativen und der budgetiven Wirtschaft eintritt und eine Art von erweiterter Teamleistung aus Zusammenwirken eintritt. Die Bindekraft einer Gemeinschaft wächst mit ihrem Erfolg. Aus genau derselben Überlegung fördern Städte über Mittel oder Bürgschaften Spitzensport; oft gegen Widerstand und oft trotz nicht vorhandener Mittel für aktuell Wichtigeres in der Stadt. Der Anhänger sieht die Förderung in der Mehrzahl wohlwollend, aus demselben Grund.

Zurückgefallene Volkswirtschaften und Staaten begrüßen den Leistungssport. Sie möchten auf den Bühnen des allgemeinen Interesses für Sportsieger mit dabei sein, Stolz in Hymnen mit Leistung aus dem eigenen Land verbunden sein und Vorbilder bestaunen und fördern. Zurückhängende Länder und Völker könnten daraus Mut schöpfen und Kraft für neue Leistung zum Aufholen und Nachholen anstreben: „Allons! Et nous marchons!" „Auf geht's, Packen wir es an!" fordert die französische Nationalhymne.

Bekanntlich holte etwa Frankreich schon in vielen Sportarten mit Höchstleistungen enorm auf. An einen bestimmten Sonntag, den 4. Juli 1954, kann ich mich noch genau erinnern: Deutschland wurde in Bern Fußballweltmeister. Und bei Le Mans wurden beim 24-Stunden-Rennen die „Silberpfeile" von Mercedes Doppelsieger. Dieser Tag wurde zu Recht als die zweite Geburtsstunde der Bundesrepublik Deutschland bezeichnet, so emotional stark war der Motivationsschub aus den Mannschaftsleistungen des Sports, hier vor allem aus jenen des Fußballs. Deutschland, niedergeschlagen, geschlagen und voller Nöte, geächtet und gemieden, erhielt seinen großen Ruck für neues Selbstvertrauen in redlicher Anstrengung zurück. Jeder spürte und sagte es: Das war ein neuer Anfang, mit Leistung in die Völkergemeinschaft aufgenommen zu werden. Es war ein wirklicher Beitrag für den Schwung, den ein ‚Wirtschaftswunder‘ bei Deutschen dringend brauchte.

DIE WERTEGEMEINSCHAFT
EUROPA MIT LEISTUNGSKRISEN

Europa, geographisch mit 28 Staaten versehen, im Euroverbund aus 17 Staaten bestehend, gibt sich als eine Völkergemeinschaft mit dem Streben nach staatlicher Einung unterschiedlichen Grades aus. Europa baut sukzessive einen Schienenstrang dahin auf, mit viel Geld und Institutionen, aber auch mit dem Unterbau einer ständig abbröckelnden unterschiedlichen Wertschätzung. Europa ist für Ältere ein Ziel und ein Bekenntnis zu Einigkeit in Gemeinschaft, Geist, Verständnis von und Mitmachen bei der Bewältigung der Aufgaben für die Zukunftsfähigkeiten im Kranz der globalen Wettläufe. Europa ist viel zu groß für Eigenbrötler und zu klein für Großmannssucht aus Vergesellschaftung aller Risiken. Dafür reichten weder der Euro noch EU-Institutionen. Dafür reichen weder Bevölkerungszahl noch die Wucht oder Kraft einer in vielen Dingen gewachsenen Einheit.

Unter dem Klammerdenken eines Euro-Daches wuchsen weder Bauteile wie Säulen noch Wände. Angesichts dieses Daches schauen frustrierte Bürger auf die leeren Räume und aus hohlen Fenstern, rat- und hilflos, mit immer weniger Perspektive auf ein „Haus Europa", für das eines fehlt: Ein Werteverständnis auf gleich hoher Ebene. Denn diese stellen Kommission, Gerichte und Bürokratie nicht her. Es ergibt sich ein Kontinent mit vielen unterschiedlichen Positionen bei Rücksicht und Weitsicht.

Die Grundlage der meisten Europäer, ihre kulturelle und sprachliche Eigenheit in christlich-abendländischem Werteverständnis, weicht auf. Die bekannten Werte sind ohne Konturen oder werden gegen andere ausgetauscht. Die mittelfristige Akzeptanz ist fraglich geworden. Verfallsdaten werden im Rhythmus der Sitzungsreigen festgelegt. Werteverfall bei der Senkung der Streitkultur gehen mit sinkendem Bekenntnis zu Europa Hand in Hand.

Europäer werden über Absichten von Kommissionen und Ministertreffen im Dunkeln gelassen, sehen sich nur wieder in wachsenden Pflichten, die in die Behebung von Unions-Fehlern münden. Die gedachte Klammer des Euro zur Disziplinierung der Gesinnungsfernen in Südeuropa hält ihr Versprechen nicht. Die Umklammerten hasten von einer Notlösung zur nächsten Not. Immer neue „Rettungsmaßnahmen" sind das Zwischen-Fazit. Im April 2023 setzt sich „mangelhaft" in Europa mit dem nicht zustimmungsfähigen Stabilitätspakt für die EU fort.

Viele sprechen von unterschiedlicher Mentalität, unterlegt von Klimaverhältnissen vor Ort; von unterschiedlichen Voraussetzungen und Können, in Wollen und Einbringen. Aber schon diese Unterschiede begründen Differenzen in Streben und Werte-Einhalten Einzelner und von politischen Programmen der Mächtigen im Lande, die von den Völkern selbst gewählt wurden.

Ein Hinwegsehen über die Wirkungsfolgen zeigt das Manko dieses Kontinents. Die Akzeptanz der Abweichungen in Grundeinstellung zu Werten der anderen müsste logischerweise nun die Angleichung der Grundeinstellung zum Hauptthema machen. Das tut es aber nicht. Man stülpt den Europäern im Euro-Verbund die Geldhaube über und lässt die Menschen darin von ihren Regierungen und von der Europäischen Kommission so bedeutende Entscheidungen wie Gurkenformen und Bananenlänge bestimmen. Oder neuere Glühbirnen. Folgt man den Zeitungen, war selbst die Pflichtenerfüllung mancher Völker zu aggressiv für Verpflichtete, während die militärische Aggressivität von einigen Regierungen ziemlich heroisch gesehen und geachtet wird. Gemeinsames Geld der Euroländer taugt für Harmonie als Bindemittel nicht. Linse bleibt Linse und Bohne bleibt Bohne. Wurzelgemüse und Hülsenfrüchte erhalten ihren Wert und ihre Wirkung unter dem Dachbegriff ‚Gemüse'. Selbst ‚junges Gemüse' bleibt unterschiedlich ‚genießbar'. Es gibt keinerlei Sorte mit allen wertvollen Inhalten. Eine Geschmacksrichtung zu Universalgemüse geht nur durch Abkochen. Ein sichtbares

und hörbares Bekenntnis zur Wertegemeinschaft der Europäer würde aber zur entscheidenden Grundlage für das Ziel Eu-
ropaunion der Vaterländer, wie es De Gaulle, Adenauer und De
Gasperi vorgeschwebt hatte. Aber auch der Institutionen, die
heute mehr Hintertüren als Portale aufweisen; und genau an
denen sich die neuen Mitglieder noch mehr orientieren als an
den Orientierungsbaken des europäischen Vertragswerks seit
1955 (Rom). Wer das als Empfehlung für eine rückwärts gerich-
tete Politik missversteht, würde wohl auch lieber auf einem Ast
vorwärts klettern als einen Schritt zurück machen, damit der
Ast nicht abbricht.

HAT DER EURO ALS KLAMMER FÜR
DIE EUROPÄISCHE EINIGUNG VERSAGT?

Den Europäern den EURO als Kappe aufzusetzen, die als Klammer unter dem Dach wirken sollte, war „vom Ende her gedacht", aber falsch. Die Einführung war schlecht vorbereitet. „The European", eine am Finanzplatz London erschienene Zeitschrift, schrieb wenige Monate, im September vor der Einführung des Euro: „Der Euro wird zum Start freigegeben, obwohl weder ein Nothalt noch eine Steuerung für einen Rückflug an den Start eingebaut wurde. Die Times schrieb nur wenige Wochen vorher. „Der Euro wird kommen, aber wieder fallen".

Die Kritiker wären nicht gegen diese Währung, aber gegen die fehlende bessere Vorbereitung Und sie sollten Recht behalten. Inzwischen sind aus Fehlsteuerung und Missbrauch der Möglichkeiten, „Hilfen" und „Maßnahmen zur Rettung riesige Risiken aufgebaut worden. Die Klammerfunktion des Euro hat nicht stattgefunden.

Die freiwillige Gemeinschaft von Völkern, die so gut funktionierte mit der Europäischen Gemeinschaft EG, braucht die demokratische Willenserklärung der Menschen, die sie füllen und deren Vertrauen nicht einfach eingefordert werden kann. Europa muss sich neu erfinden. Was bisher an Vertrauen und Zugetan sein für Europa verspielt wurde, zeigte die Europawahl. Wer diesem Drama leichthin zuschauen konnte, sich jetzt zufrieden zurücklehnt und wählt, als ob alles bestens liefe, ist im Europa der erstrebten Einigung nie angekommen.

Das ist so traurig, wie es gleichzeitig den Zerfall des Geschaffenen fördert. Wenn die Märkte beruhigt werden, ist noch lange nichts aus dem Sturmwind. Da wurden nur Sichtschutzwälle gebaut, damit die schwachen Wälle gegen den Absturz nicht so gut gesehen würden. Die Beruhigung der Märkte mit der Sicherung durch einige Verpflichtete erzeugt weder gemeinschaftlichen Frieden noch Sicherheit gegen neue Widerwärtigkeiten. Bisher bleibt man im Volk angetan von der herrschenden Ruhe, die alles andere als eine Sicherheit bietet. Man glaubt den Versprechen von Führenden und hofft, dass die erkannten Defizite sich selbst in Wohlgefallen auflösen. Solche Gläubigkeit erschreckt Besorgtere noch mehr. Wie Albert Einstein einst sagte: „Die reinste Form von Wahnsinn ist es, alles beim Alten zu lassen und gleichzeitig zu hoffen, es werde sich etwas ändern!" Immerhin hat der „Russenkrieg" gegen die dem vereinten Europa zugetane Ukraine die übrigen ‚verbundenen' Europäer aufgerüttelt. Dass in der Ukraine die Werte Europas mit Waffen verteidigt werden, hat immerhin zu vielfachen und großen Hilfen Anlass gegeben.

Was vorliegt und vorgestellt wird, lässt Täuschungsabsichten und Übervorteilung nicht mehr hinnehmen, um damit naiv zur Tagesordnung überzugehen. Die Europa-Idee ist damit verraten worden. Und die Regelungen, Verordnungen, Gesetze und Vorgaben beginnen im Kleinen zu nagen. Nämlich mit Zweifeln am guten Willen der Regierenden. Aufdecken wird zur Bürgerpflicht. Bert Brecht schließt die Zeilen, die so gern isoliert erzählt werden: „Stell dir vor, es gäbe Krieg und keiner ginge hin ..."und schließt mit „...wer nicht in den Kampf zieht, kämpft für die Sache seines Feindes. Nicht einmal Kampf wird vermeiden, wer für seine Sache nicht gekämpft hat!"

Es stellt sich die Frage: Wer kämpft heute für seine Sache, die nicht gleich ein neuer Krieg sein muss?? Und wenn Überfall mit Krieg wäre, wer kämpfte hinter der Ukraine –Front für sein Vaterland oder für Europa? Für die freiheitliche Gesellschaft in vielen Ländern der Erde?

Im Amtsblatt der Europäischen Union C 306, vom 17.12.2007 wurde der sogenannte Vertrag von Lissabon veröffentlicht und damit ein völkerrechtlich gültiger Vertrag. Er hieß: „Vertrag von Lissabon, Europa auf dem Weg ins 21. Jahrhundert" und trat am 1. Dezember 2009 in 27 Ländern des europäischen Kontinents in Kraft. Der Vertrag hat bestehende Verträge der EG nicht ersetzt, sondern ergänzt und verändert, damit die Europäische Union den rechtlichen Rahmen und die Mittel zu geben, „um künftige Herausforderungen zu bewältigen und auf die Bedürfnisse der Bürger einzugehen".

Gestärkt wurde die Stellung des Europäischen Parlaments, die Einbeziehung der nationalen Parlamente und das Mitspracherecht der Bürger. Transparenter wurden die Struktur-Überblicke und die Bindungspflicht der Mitgliedschaft. Ein freiwilliger Austritt aus der EG wurde möglich. Ausdrücklich gewollt wurde ein effizienteres Europa durch neue Strukturen für Beschlussvorgänge bei damals 27 Mitgliedsstaaten, schlankere Institutionen und klarere Regeln, auch für Finanzvorschriften. Was da noch aussteht, ist wohl der gesamte Forderungskatalog dazu. Europa wurde als Europa der Rechte und Werte, der Freiheit, Solidarität und der Sicherheit proklamiert. Eingebunden wurde die Charta der Grundrechte in das europäische Primärrecht. Der Vertrag betrifft politische, wirtschaftliche, soziale und Bürgerrechte und die Freiheit der Bürger der Europäischen Union. Solidarität betrifft die Fälle einer terroristischen und kriegerischen Bedrohung oder eines Anschlags oder eine Naturkatastrophe oder Versorgung mit Energie sowie von Menschen verursachter Katastrophen.

Heute sind davon schon Klimaschäden, kriegerische Bedrohung und Energieversorgung hart betroffen, nur 14 Jahre später. Und dabei ist der in Rückstand geratene Bildungs-Sektor im Digitalen noch nicht einmal mitgezählt. Sicherheit betrifft Freiheit, Recht, Verbrechens- und Terrorismusbekämpfung, Zivilschutz, humanitäre Hilfe und öffentliche Gesundheit. Da hat Corona aufgerüttelt. Europa im Kranze der übrigen Teile der Weltgesellschaft und seine gegenseitigen Beziehungen stottern.

Die besonderen Interessen und Werte sowie humanitären Einsichten werden divergierend herausgestellt. Kanzler Gerhard Schröder ergänzte in einem Redebeitrag, dass die Wettbewerbsfähigkeit der europäischen Länder damit gestärkt werden sollte. Sie alle hätten dafür zu wirken, damit der Vertrag mit Leben erfüllt werde, Europa seine Rolle aus gestärkter Wettbewerbsfähigkeit spielen könne. Das scheint ins Hintertreffen zu geraten, ohne dass sich dabei neue Ängste und Anstrengungen dagegen auftun würden. Die Defizite bleiben. Eine wachsende Kultur des neuen Leistens könnte Abhilfe schaffen. Sie müsste eilig greifen.

WAS STICHT HERAUS?

Die Europäische Gemeinschaft stärkt ihre Existenz strukturell und funktionell und macht sie zukunftsfähiger. Sie verflacht aber ihre Beitrittskriterien und sie gibt demokratisch legitimierter Mehrheit noch immer Raum für einigungsfremde Entscheidungen. Sie unterscheidet sich existenziell von der Euro-Verbundgruppe und gibt ihr keinen Untergruppen-Rahmen.

Daraus sind solidarische Pflichten nicht Bestandteil des Europavertrags und von ihm so nicht gedeckt. Solidarität mit sozialem, gemeinschaftlichem Pflichtprogramm ist ausdrücklich und deutlich eingegrenzt auf genannte Bereiche. Der Bereich Wirtschaft stützt sich auf Bewährtes. Dehnungen der Vorgaben und kunstvolle Verbal-Akrobatik haben die Verträge allerdings längst aufweichen lassen. Je nach Interessenlage werden Feile und Säge, Stemmeisen, Hammer und Beil hervorgeholt, um Veränderungen möglichst unbemerkt der Öffentlichkeit unterzujubeln. Die Jubel-Claqueure der Präsidenten- und Kanzlerwahlen täuschen vor, dass hier alles in Ordnung verlaufe und dass niemand sich sorgen müsse um die Zukunft Europas. Genau das aber tun wir. Denn Vertragsbruch ist auch dann einer, wenn er milde erscheint und dem einen oder anderen Mitglied sehr wohl einseitig nützt. Angela Merkels Zustimmung zu mancher EURO-Rettung lässt auch heute noch Fragen offen.

Die Rechnung dafür ist noch nicht einmal konzipiert geschweige gestellt noch eh bezahlt. Statt Rückstellungen gibt es mehr Schulden. Manches aus Brüssel förderte den Eindruck einer ‚Demokratur‘ in Europa, wenig förderlich. Demokratie als Herrschafts-Konstrukt aus der Macht des Wählervolks mutiert in Brüssel oft ins Gegenteil. Den Europa-Strategen gelingt es nicht, andere Ansichten zu akzeptierten, Absichten zu kommunizieren.

WER NACHDENKT,
DENKT NICHT RÜCKWÄRTS

Eine nationalistische Grundhaltung kann mir niemand unterstellen. Im August 1953 bin ich dem Bund Europäischer Jugend beigetreten und habe dazu noch eine Aufnahmekarte vorliegen. Anfang September kündigte die Kommunistische Partei Deutschlands (KPD), die damals nicht verboten war, in einem Wirtshaussaal im mittelfränkischen Gunzenhausen die Wahlveranstaltung an, die wir vom Bund Europäischer Jugend besuchen wollten. An die Mitgliedernamen Scheuernstuhl, Siebentritt und Hahn kann ich mich gut erinnern. Es vergingen keine 30 Minuten, bis die Stimmung auf den Höhepunkt zusteuerte und der KPD-Redner aus Fürth immer deutlicher wurde. Das war unser Einsatz für prasselnde Fragen, denen er mit Ausflüchten nicht mehr entkam. Als einer der älteren Flüchtlinge aufgestanden war und gefordert hatte, alles zu wählen, aber keine Kommunisten und seine Erlebnisse schilderte, war die Veranstaltung zu Ende. Denn der Mann war gerade aus Gebieten mit diktatorischer Gleichmacherherrschaft mit kommunistischem Staatsapparat gekommen. Wir fühlten uns als „Junge Europäer", uns für Europa aktiv eingesetzt zu haben.

Als ich in München gefragt wurde, ob ich mich als Bayer oder Franke bezeichnen würde, sagte ich frei wie immer: „Zuerst als Europäer, dann als Deutscher, dann als Bayer und auch als Franke." Bei einem Kiosk kaufte ich mit spärlichem Geld meine Lebensmittel in München-Pasing am ‚Lindenplatzl'. Meine Eltern in Franken konnten mir nicht viel Geld nach München senden. Aber mit dem Weißrussen, dem Mann der Inhaberin, stritt ich mich freundschaftlich immer über politische Entwicklungen. Er war im Krieg als Soldat auf deutscher Seite gewesen, wollte nun aber deutlich machen, dass er das bereue. Bei allen Bewerbungen als ‚Ingenieur' schrieb er zur Frage nach der Religion hin: „Kommunist". Also blieb er die Hilfskraft in der Bude seiner Frau.

Die Zeit war schwanger von Angst, dass (1956) „die Russen ein-marschieren könnten", jetzt oder später, und es wurde immer auch völlig überraschend befürchtet. Was danach auf die Men-schen zukam, war jedem inzwischen klar: Völlige Unterwerfung unter kommunistische Herren. Als ich ihn einmal fragte, was dann mit mir passieren würde, meinte er für mich völlig neu und erstaunlich: „Machen Sie sich keine Sorgen. Kommunisten haben wir genug, auch hier! Wenn Russen hier die Herrschaft übernehmen, brauchen wir Leute wie Sie, die mit Haltung zu Überzeugungen stehen."

Ich war ebenso verwirrt wie sprachlos. Stolz wurde ich später. Immerhin holte ich mir daraus die Kraft, nicht mit Angst auf einem Brustschild rumzulaufen, sondern eher nach den rich-tigen Argumenten für standfeste Haltung zu sorgen. Denn das hatte gesessen. Und es bestätigte, dass eine Diskussionskultur auch für Streitfälle in Ideologie und globalen Fragen zu Brücken führen kann, die beide Seiten begehen können. Und dass mei-ne Sichten über Leisten als Voraussetzung für ordentliches Le-ben, obwohl ich selbst es nicht hatte, mit Anstand angenommen werden können. Um etwas zu verdienen, habe ich mich stun-denweise einem Kohlenhändler verdingt, der mich Zentnersä-cke in die engen Keller schaffen ließ und mit mir in meinem Abiturjahr zufrieden war, im Gegensatz zu meinen Gymnasial-lehrern. Doch es galt, Prioritäten zu setzen: Durchzukommen durch eigenes Tief.

In der Aula der Münchner Universität besuchte ich einen Vortrag von Prof. Walter Hallstein, der in Europa-Fragen die Hauptstüt-ze von Konrad Adenauer gewesen war. Er sprach offenbar sehr gut Französisch und konnte alle sprachlichen Tricks in den Ver-tragstexten für die Verträge zu Wirtschaftsgemeinschaft auf-lösen und vermeiden helfen. Vor allem war er zweierlei: Staats-rechtsprofessor und ein brillanter Redner, der beeindruckte. Dieser Abend bestärkte mich in meiner Grundhaltung, sodass ich später von Nürnberg aus als Student zunächst der Hochschule für Wirtschafts- und Sozialwissenschaften, die später als die Fakultät der Universität Erlangen-Nürnberg bekannt geworden war, zu einem A.I.E.S.E.C.-Aufenthalt in Douai bei Lille aufmachte und dort 10 Wochen gerne und gut verbrachte. Hallstein residierte im Europa-Haus in Marienberg im Westerwald, wo ich noch als Student später einmal zu einem Europa-Seminar gekommen war – ohne ihn selbst zu sehen, was ich bedauerte.

In meinem Berufsleben habe ich, wie auch privat, mit Firmen und Privatleuten aus sieben Ländern zu tun gehabt. Es war mir ein Leichtes, mit diesen ‚Ausländern‘ umzugehen. Mit ihnen ‚umzuspringen‘ habe ich nie in Betracht gezogen. So war es für mich im Leben also einfach, zwischen persönlichen mit nationalen Interessen und nationalistischen Auswüchsen zu unterscheiden. Wem dazu die Fähigkeit fehlt, sollte wenigstens anderen nichts unterschieben wollen. Die Keule der Schuldverbindlichkeit für alle Zeiten verbraucht sich. Mein in Prag gegründetes erfolgreiches Büro wurde nach 4 Jahren bestens weitergeführt. Leisten für die Wertegemeinschaft Europa, wie sie gerne auch auf die christliche Religion Bezug nimmt, beginnt also bei jedem selbst, gerade im geschichtlichen Werdegang und bei mitdenkenden Personen, die Verantwortung nicht nur für sich selbst kennen.

Wenn in dieser Gemeinschaft Fehler begangen werden, ist zunächst doch der Fehlerbegehende selbst zur Behebung der Folgen verpflichtet. Die Gemeinschaft hat da weder die Schuld noch die Pflicht, Folgen zu beheben. Nur aufgrund einer vertraglichen Verpflichtung zu verträglicher Gemeinschaft muss man nicht büßen für die Fehltritte eines Vertragspartners. Sonst wird Solidarität falsch verstanden und Falschspieler im Verbund werden nicht mehr einfach zu einem Kumpel, sondern einem Kumpan.

Das OMT-Programm durch die EZB aufzukaufen, um Staaten zu helfen, sah mancher als kriminell. Es ist nicht mehr als recht und billig, sich von übler Trickserei zu Lasten der Hauptzahler zu distanzieren. Dies ist jedenfalls außerhalb der Wertegemeinschaft Europas zu platzieren und abzulehnen. Wenn daraus ein Anspruch zur Herstellung der Gleichheit der Standards werden soll (Draghi, EZB-Chef), ist Solidarität weder aus den Euro-noch aus den Europaverträgen abzulesen. Eine Bankenunion zum Ausgleich von Risiken ist wie eine Sozialunion nicht mitgemeint und nicht vereinbart worden. Sie nachträglich und mit faulen Tricks den europäischen Völkern einzureden, bedeutet Fälschung der Intention der Wertegemeinschaft, weil eine hinterhältige Vertragsveränderung nicht zu den Werten der Europäer zählt. Europa wird sonst zum Vertragsbruch und letztlich zum Zusammenbruch der Europäischen Union freigegeben. Es leuchtet ein, dass darauf „Interessenten" warten.

Wenn ich mir als francophiler Deutscher die Proteste gegen eine Rentenreform in Frankreich anschaue, wo man gegen eine Anhebung des Rentenalters auf 64 Jahre protestiert, sehe ich wenig Solidarität. Beiträge für Europa kommen aus der Wirtschaftsleistung eines Landes. Und die wird schon durch weniger Arbeitszeit vermindert, noch viel mehr aus kürzerer Lebensarbeitszeit. In anderen Staaten wird sie sogar verlängert werden müssen, wo man schon bisher bis zum 67. Lebensjahr arbeitet.

Wo sie sich ständig aus dem Fehlverhalten in Finanz- und Sozialpolitik gemeinschaftswidrig verhalten hat, wird die EU darben. Was sie veranlasst hat, diesen Pfad der gemeinschaftlichen, vertraglich festgehaltenen Stärkung der Wettbewerbsfähigkeit zu verlassen und statt Leistung staatliche ‚Leistungen', die die eigene Volkswirtschaft nicht verdient hat, weiter zu verteilen, kann einer echt europäischen Gesinnung, wie sie originär seit 1953 geübt wurde, nicht entsprungen sein. Solidarität ohne redliche Solidität ist wie eingebauter Moder und Schimmelpilz in einen Gemeinschaftsneubau.

Wenn der Präsident der EZB und Herr Juncker unisono 2012 erklärten und die Politik sowohl Italiens als auch Frankreichs 2014 dahinstrebt, dass mit dem Begriff der Solidarität im Euroverbund eine Solidität der Haushaltsführung mit allen sozialpolitischen Wohlfahrtsveranstaltungen gemeint sei, und vermengt wird mit der Forderung, die „Stabilität der Länder des Euroverbundes" zu erhalten durch den Ausgleich deren Belastungen über zeitliche Pflichtenstreckung, dann ist weder einer europäischen Kultur noch einer Kulturleistung elementarer Intelligenzbewertung Genüge getan.

Denn Völker haben auch einen Anspruch auf eine Basis-Intelligenz der Führungen. Damit ist sogar ein Bruch der Einigungskultur sanktioniert, und entgegen allen Versprechungen ein ‚aufgeweichtes' Europa geschaffen. Die in Verträgen verbotene Geldpolitik zur Hilfestellung für Staatsfinanzen zu machen, ist nicht einfach wegzudrücken. Das lugte schon deutlich hinter dem Turmbau der EZB in Frankfurt hervor. Es wird höchste Zeit, dass sich von Europa ausgehend neues Leisten als Kultur für die Erhaltung seiner Existenz auf den Weg macht. 'Klare Kante' gegen Unklares!

Heute, im Juli 2023, steht Europa vor ganz anderen Herausforderungen. Es herrscht Krieg. Wenn Europäer nicht begreifen, dass Ukrainer momentan alleine in einem Krieg Europa verteidigen müssen, sie selber nur zahlen und Aufnahme für Familien bereitstellen müssen, sind sie diesen Kriegseinsatz der Verteidiger Europas nicht wert. Der Aggressor hatte erklärt, dass er mit seiner Macht nicht in der Ukraine Halt machen wollte, sondern „die USA bis aus Portugal vertreiben wolle". Er wollte den militärischen Garanten der freiheitlichen Werte und Weltordnung in demokratischen Gesellschaften aus Europa weghaben, um selbst die Herrschaft mit staatsterroristischem Regime zu übernehmen.

Es ist eine klare Abfuhr an Logik und Anstand, selbst die Würde des Menschen in Freiheit mit den Rechten daraus zu genießen, den Leuten, die an vorderster Front den Kopf dafür hinhalten, nicht die immer wieder erbetene und geforderte Hilfestellung zu leisten, weil nötig auch mit Waffen. Man sollte sich klarmachen, dass für den Fall, dass die Ukraine an Russland fiele, wir in unseren Gärten Schützengräben ausheben und zu den Waffen greifen müssten. Wie am 11. 4. 2023 in den deutschen Medien berichtet, wären wir dabei schon auf verlorenerem Posten. Wir könnten aus den Kellern in zerschossene Häuser zurückkehren und uns den brutalen Aggressoren nur ergeben. Hoffentlich stehen „Friedensaktivisten" nie vor einer Situation, wo sie ohne Hilfe nur noch untergehen würden. Anderen Völkern Ratschläge statt Waffen zu liefern, ist an bodenlosem Zynismus nicht zu unterbieten. Wer sich von solchen Menschen leiten lässt, hat persönliche Defizite. Vor Meinungsfreiheit gilt Achtung, vor anderer Meinung genauso. Aber beides entfällt, wenn „Aktivisten" fordern, sich und andere zu opfern „um des lieben Friedens willen". Dieser Frieden würde weder lieb noch friedlich: Er wäre der Beginn des Absturzes aller Freiheit.

Neues Leisten ‚kämpft', wenn Kampf die Menschenrechte, die Bürgerrechte und die Zivilisations-Werte aufruft. An indifferenter Haltung zur Freiheit, der marktwirtschaftlich-demokratischen Wirtschaftsordnung kann auch Europa noch verlieren. Tapferkeit auch an dieser Front bleibt nötig. Hatte nicht der Oberherr in Moskau die Freiheit gemeint, die Demokratie und die freiheitlich geordnete Marktwirtschaft, als er die USA aus ganz Europa verdrängen wollte? Will sich unsere Jugend einst vorwerfen lassen, dass sie versagt hat, weil sie den Wert und die ökonomischen Zusammenhänge nicht begriffen und da auch verteidigt hat? Wer selber nicht nach Stärke strebt, bietet auch anderen nichts. Er macht Nachbarn ärmer.

Auf Feigheit wartet eine Macht in Asien schon und trifft Vorbereitungen. Dort sieht man auf das Muster in Europa, um bei Taiwan die Freiheit ebenso wieder rückgängig zu machen, die sich einst während der Revolution in Zentral-China die Truppen des Generals Tschiankaischeks auf Taiwan erkämpft und erhalten haben – gegen die Revolutionäre Pekings. Sich gegen

Krieg nicht militärisch zu wehren, „betreibt die Sache der Feinde der Freiheit". Bert Brecht sollte man einmal in voller Länge des ganzen Zitats in Erinnerung rufen. Wenn Leute auftreten „für Frieden", die nur fordern, dass es mit dem Krieg aufzuhören hat, verlangt harte Opfer von Soldaten und Gebieten nur für eigene Beruhigung. Diesem Denken spreche ich jeden Anspruch auf Anstand ab. Ein Hohn für die gebrachten Opfer dieses Überfallkrieges. Wäre solcher Frieden hergestellt, käme wieder das Motto aller Radikalen auf allen Fahnen und Tischen: „Der Zweck heilige die Mittel". Schaut sie Euch an! Es sind die, die Euch nachher in die Keller stecken, während sie selbst Euren Wein trinken. Daraus folgt logisch: „Aktivisten" sind radikal, was sie nicht einmal bestreiten.

Neues Leisten braucht also auch in wirklichen Krisen- und Kriegszeiten klare Haltung der Träger der Gesellschaft. Ohne Haltung auf der Basis von Werten und Gesetzen bei Aktivisten sucht man dort Persönlichkeiten lange, auch auf Baumhäusern eh vergeblich.

Die Denkstrukturen von ausgewiesenen Pazifisten deuten daraufhin, dass sie nicht mehr friedlich sind, haben sie einmal das berühmte Zepter in der Hand. Sie überfallen andere nur etwas später, gekleidet in die Mäntel des Friedens-Designs, um dann die Gewalt-Methoden der Unterdrücker für ‚ihren' Frieden anzuwenden. Pazifisten und Ökologisten sind schon lange nicht mehr friedlich. Sie setzen sich auf die Straßen und begehen Unrecht.

Ist es nicht merkwürdig, wie sehr mir da gleich mein Konfirmationsspruch wieder in Erinnerung gerufen ist, jetzt, gerade mitten im Krieg in Europa? Von faulem Frieden ist da nicht die Rede, wohl aber von unterschiedlichen Arten. Mein Freund Günter Schunk, Pfarrer i. R., hat mir sogar den altgriechischen Urtext dazu mit gesandt aus dem Johannes-Evangelium, Kap. 14, Vers 27: Jesus sagt dort zu seinen Jüngern: „Euren Frieden lasse ich Euch, wie die Welt gibt. Meinen Frieden gebe ich Euch. Euer Herz erschrecke nicht und fürchte sich nicht".

Hat dieses Wort nicht so viel mehr Segenskraft als aufgesetztes Gedönse mit Geschrei und hohlen, hinterhältig getürkten Anarchismen für dünnen arg aufgeschäumten Frieden?

Hat man den Wert der Freiheit für Menschen nicht begriffen, kann sie auch nicht erhalten und verteidigt werden. Einen Frieden ohne freiheitliche Gesellschaft mit der Wahrung von Menschenrecht gibt es nicht. Dann sollte man dieses Buch zweimal lesen, bevor man sich selbst aufgibt. Ob in der Ukraine oder im Sudan des afrikanischen Kontinents: Frieden ist nicht selbstverständlich, sondern öfter mehrfach bedroht. „Si vis pacem, para bellum" sagten die Römer, damals eine ‚Weltmacht'. „Willst Du Frieden, wappne Dich gegen Krieg".

Wenn man allein im tiefen Wald plötzlich einem großen Bären gegenübersteht, hat man noch Alternativen. Man rennt einige Meter, bis das schnelle Tier einen bald eingeholt hat und am Arm packt, um einen zu Boden zu reißen. Oder man legt sich gleich auf den Boden und hofft auf das Beste. Die dritte Option wäre, dem Bären alternativ für ein Fleischfressen einen Topf mit Honig anzubieten. Aber das ergibt sich nicht mehr, weil man keinen Honig mit in den Wald trägt. Doch auch das hülfe nichts. Vermutlich würde der Bär nur die Reihenfolge seines Menüs neu ordnen. Wenn die Logik der Pazifisten griffe, würde der ‚Honigweg' gewählt. Doch der würde sogar zum Anreiz des Bären, gleich noch einmal so eine Drohgebärde aufzubauen. Es hatte ja so gut geklappt. Falsche Schlüsse sichern nichts. „Süßholzraspler", wie wir früher die nannten, die für alles etwas Angenehmes erwähnten, haben die Welt nicht friedlicher gemacht.

Auch die Angebote, bunten Fahnen zu folgen, müssen mit wachem Verstand sortiert werden. Worin sind dann „Aktivisten" überhaupt „aktiv"? Einem solchen ‚Leisten' ist nicht zu folgen. Es würde nicht nur Leistungen erübrigen, sondern Leisten selbst obsolet machen. Sich Festkleben bedeutet doch, sich von Aktivitäten zurückzuziehen, also das Gegenteil von Aktivität der angeblichen Aktivisten. Logik wurde oben in Baumhäusern eh nicht erfunden. Vielleicht haben einige davon wenigstens über ein neues Leisten doch etwas nachgedacht.

Um in den Stürmen dieser Zeit bestehen zu können, bedarf es einer Menge Rüstzeug. Solches liegt vor. Sich davon zu bedienen, um Dienstleistung an der Gesellschaft zu leisten, braucht es Einführung, Anleitung und Beispiele für Erfolge. Die Handlungs-Optionen mit dem Rüstzeug erfordern einsatzfreudiges Mitmachen, zähes Durchhalten und Üben. Leisten, erst recht nicht neues Leisten, gibt es nicht ,nachgereicht' ohne eigene Leistungen.

Es gilt den „Markt" als gedanklichen Treffpunkt für Gespräche, Verhandlungen und Einigungen zu verstehen. Bisher ist jedem eher der „Markt der Eitelkeiten" bekannt. Davon gäbe es noch viel mehr an ,Teilmärkten' menschlicher Unzulänglichkeiten. Aufzählung geschenkt. Einen „Markt der Friedens-Produkte" gab es weder beim „Völkerbund" noch gibt es einen bei der UNO. Dabei wäre ein Wettbewerb darin noch viel attraktiver als eine Fußballweltmeisterschaft. Zuerst müssten alle diejenigen im Marktgeschehen dieser Wettbewerbe um die besten Lösungen an der Teilnahme gehindert werden, die irgendwo im Krieg stünden. Oder sie dürften solange nicht mitwirken, bis der Krieg beendet wäre.

Diese ,Marktbereinigung' würde dafür sorgen, dass endlich wirklich Urteile über Krieg und ihre Verursacher fielen. War es im Umkehrschluss nicht das Prinzip der Olympischen Spiele der Antike, die allen Teilnehmervölkern (nicht Staaten) geboten, während der Spiele alle kriegerischen Handlungen zu unterlassen, was nach Berichten wirklich nie verletzt wurde?

,Markt' ist bewegter Mittelpunkt zwischen den Menschen, Zentrum der Kräfte der Gesellschaft im Kleinen wir im Weltgeschehen. Er ist wie das Herz im Menschen bewegtes und bewegendes Kraftzentrum, reagierend auf Einwirkungen von außen und ‚regierend' mit Ausbringen neuer Kräfte für Einflüsse im Interesse bewegten Lebens: zur Existenzsicherung im Wirtschaften, dem Tun jedes Einzelnen. Frieden zu erhalten ist eine Lebenssicherung. Wenn es bisher nicht gelungen ist, einen Frieden nachhaltig zu wahren, müssen innovative Ideen gesammelt und auf einem Markt der Friedens-Produkte einer oder mehrere ‚Marktführer' gekürt werden. Das Herz der Menschheit käme dann ohne den ‚Schrittmacher UNO' zurecht.

Wirtschaft ist die Herzkammer unseres Lebens, der Ursprung der Antriebskraft zwischen den Gerüsten der Gesellschaft. Und das Leisten sind die bewegten Kräfte darin. Wissen motiviert und bewegt motorisch weiter. Mehrwissen erreicht Dynamik für die erstrebten Fortschritte. Exponentielle Fortschritte auf geistigem Gebiet, anders als KI künstliche Intelligenz, könnten den Menschen neue Lebens-Qualität erzeugen helfen, bei sich beginnender neuer Einstimmung auf zukunftsträchtige Leistungen.

Neues Leisten wird da zur neuen Einstellung auf die Kraftanwendung und Zielsetzung für den Start zum Tun. Wie beim Sport entscheidet wesentlich mit für den Erfolg eines Sportlers oder eines Teams der „Kopf" beim Start. Neues Leisten braucht demnach zuerst den „Kopf" vor den Hirnlosigkeiten des Zuschauens, Mitmachens und der Lässlichkeiten eigener Rabattierung von Fehleinschätzung und Fehlverhalten, die das Gemeinschaftsleben so unverträglich und unerträglich machen – und von Unstimmigkeiten zu Kriegen führen. Wenn irgendwo die „Sicherung durchbrennt", sind große Fehler begangen worden. Katastrophen zwischen Menschen und Völkern müssen nicht sein! Da sind Defizite zu beheben!

Wenn der Anstoß gelingt, kann das ‚Spiel' zu einem Erfolg für Alle zu Ende geführt werden. Streit der Staaten mit Kriegsdrohung und Kriegen wird zum ‚Luxus.Defizit' des 22. Jahrhun-

derts, weil bis dahin die Enge des Lebens auf dem Globus be-
ängstigend zugenommen haben wird.

Der Autor dieser Zeilen, kommunalpolitisch und aktiv in Vereinen, im Vollberuf mit 88 Jahren, lange Jahre in Ehrenäm-
tern, fast 20 Jahre lang nebenberuflich Dozent an staatlichen
und privaten Hochschulen, lange Jahre in Verbänden tätig, im
Hobby Wirtschafts-, Mittelalter- und Heimatforscher, auch ein
bisschen Ortsnamens- und Sprachforscher, wünscht seinen Lesern die fruchtbringende Öffnung der entsprechenden Kapazi-
täten für ein neues Leisten zum Erfolg für alle gern beteiligten
Personen mit Leistungseinsatz zur ‚Gründung von Frieden‘, wenigstens in irgendeiner näheren Zukunft.

Und dann? „Was kommt nach der Zukunft?" Darin versucht sich
mein Aufsatz zu neuem Vordenken.

An der Hochschule Ansbach galt es, bei einem Kolloquium mit
europäischen und nordamerikanischen Professoren aus mehreren Universitäten u. a. einen Vortrag in englischer Sprache
bei laufender Kamera über 70 Minuten zu halten; zum Thema:
„Help formulate the future!"

Es hilft nicht viel weiter, wenn wir uns nur mit Klima befassen.
Aber ohne neue Einstellung auf die Veränderungen der klima-
tischen Daten hilft überhaupt nichts.

Ob wir wollen oder nicht: Menschen müssen eh Neues leisten
und damit bei sich beginnen. Der Start mit ‚neuem Leisten‘
könnte dazu Hilfestellung für friedlichere Zukunft anbieten.

Fordern wir doch die UNO auf zu einem Wettbewerb um die
besten Ideen einer Friedenslehre in Schulen. Es könnte ja sein,
dass ein neues Leisten für Frieden den Beginn eines friedlichen
Zusammenlebens einläutete.

STATEMENT

Wer die Glaubenszeugnisse von Religionen symbolisch durch Verbrennen verächtlich macht, wer Fahnen anzündet oder Denkmäler besudelt, hat nach meiner Überzeugung weder Freiheit noch Meinung begriffen geschweige ein Recht daraus. Unter Meinung verstehe ich eine umsichtig abgewogene Aussage zur Verständigung oder Klarstellung und unter Freiheit die Entscheidungsfreiheit für ein möglichst vernünftiges Wollen.

Wer sich anmaßt, die innere Substanz menschlichen Lebens mit Inhalten und Ausgestaltungen infrage zu stellen oder sich deren angriffig zu bemächtigen, entehrt zuerst einmal sich selber als billigen Radikalen: Was mir nicht passt, muss ich ändern oder davon etwas haben, nach dem Radikalen-Motto: „Der Zweck heiligt die Mittel!" Aber kein Zweck kann etwas heiligen, schon gar nicht irgendein willkürliches ‚Mittel' für Ziele.

Wir sollten uns darüber klar werden, dass eigenmächtiger Zugriff nach Rechten, Hab und Gut sowie Gesundheit Anderer keine eigenen Rechte begründet. Sich festzukleben gegen die Bewegungsfreiheit und Existenz-Sicherung Anderer steht diesem Treiben fast gleich. Im Ergebnis bleibt alles nur noch Unrecht, das Konflikte gebiert und keines der als missliebig erachteten Zustände verbessern kann, weil die „Mittel" nichts taugen.

Bad Windsheim, September 2023

Johann Friedrich Frischeisen

ANHANG

- Die Quellen der volkswirtschaftlichen Leistung – Rahmenbedingungen und Wirkungsverbund
- Einführung in das Fach Wirtschafts- mit Ordnungspolitik mit der Basis Logik, Ethik, Analytik
- „Wirtschaft wissen wollen": Grundlagen der wirtschafts- und ordnungspolitischen Ökonomik
- Ziele marktwirtschaftlicher Wirtschaftspolitik im demokratisch verfassten sozialen Staatsbild
- Das innovierte Verhältnis von Arbeit zur Leistung in einer volkswirtschaftlichen Würdigung
- „Eigenleistung als Bringschuld" einer Gesellschaft mit „Gelegenheit zur Existenzsicherung"
- Gesellschafts-, Wirtschaftsziel und Richtschnur bei Marktwirtschaft versus Staatswirtschaft
- „Die Welt ist voll unermesslicher Chancen, wenn wir sie nur zu nutzen verstehen würden", (Motto des Ludwig-Erhard-Symposiums in Nürnberg)
- „Nur. Wer. Immer. Strebend. Sich bemüht, den können wir erlösen!"/Jedes Wort Bedingung!
  Johann Wolfgang von Goethe, Faust > Verheißung der Mächte des Schicksals für den Erfolg!

DANK

Dank schulde ich meinen Lesern, die sich mit einer nicht alltäglichen schwierigen Materie befasst haben und befassen.

Dank darf ich aussprechen an manche Wohlwollenden, die mir mit kritischer Anmerkung geholfen haben.

Besonderen Dank schulde ich für weiterreichende Unterstützungen bei der Formatierung und Formulierung Frau Andrea Przyklenk, für viel Geduld und Zuspruch Frau Marie-Luise Speier, meiner Partnerin. Auch meinen Söhnen Stefan und Peter Frischeisen, Günter Schunk, Karl-Martin Bullemer, Louis Hausbacher, Dr. Dietrich Blaufuß, Dr. Werner Ertel, Dr. Wolfgang Freitag, Horst und Claus Speier, Dr. Albrecht Heinzelmann, Kurt Hofmann, Gustav Sandtner, Michael Weinmann, Ferdinand Siemann, Dr. Herbert Schultz-Gora sowie anderen Persönlichkeiten für wertvolle sachdienliche Erklärungen und die Ermunterung, auf jeden Fall ‚das Buch' doch anzustreben, „weil Sie etwas zu sagen haben!"

Herrn Dr. Dietrich Blaufuß für wiederholte Aufforderung zur Veröffentlichung des Konzepts.

Und allen meinen Ärzten in den letzten vier Jahren bei der Abwehr mancher großer Gefahr.

Nochmals allen – auch den nicht Genannten – vielen herzlichen Dank!

LITERATUR

Eingelesen, eingestiegen, eingenommen, eingestanden nicht immer einverstanden, aber immer schlauer gemacht, teils mit eigener Forschung, Studien, Vorleistungen der Vorlesung; für Vorträge, Spezialthemenbehandlungen, Bücher und Leserbriefe.

Eigene Veröffentlichungen:

- „Irren kann unmenschlich sein", Die Irrtümer der vier Sozialismen.
- „Torbauten in Mittelfranken", Sicherheit, Frieden und Wettbewerb in der Historie.
- „Winsbeke – der Windsbacher Beitrag zum Minnesang des Hochmittelalters"
- „Auflehnung für Zukunft/Mit dem//+N+E+U+//zu Arbeit durch Vernunft"
- „Zur Kausalität zwischen ökonomischem Verständnis einer Bevölkerung zu Wohlstand"
- „Der Euro zwischen der Idee eines vereinten Europas und den Europäern"
- „Das Falsch-Etikett des Fanals aus der Französischen Revolution"
- „Der Spannungsbogen zwischen Team und Leistung in Firmen und Fußballvereinen"
- „Bildung ist Bringschuld des Einzelnen" in ‚DIE NEWS'
- „Am Ende sind wir alle nass gemacht" in ‚DIE NEWS'
- „Entscheidungstechniken", Vorlesung bei der International Business School Nürnberg
- „Heimat ist der Rückzugsraum der Seele"

- „Anfänge" David Graeber und David Wengrow
- „Die bürgerliche Revolution" Markus Krall
- „Das Ende der Mittelschicht" Daniel Goffart
- „Endspiel des Kapitalismus" Norbert Häring
- „Das Maß ist voll" Peter Hahne

Weitere Literatur:

- Die Bibel
- Die Presse
- The European (London) von September 1998
- WELT am SONTAG 18.05.2014/27.07.2014/25.09.2014/ 09.12.2014 Jan Dams/Martin Greive
- Thomas Straubhaar und Alan Posener in WELT am SONN-TAG specialiter
- Nürnberger Nachrichten 07.10.2014
- Nürnberger Zeitung 23.12.2014
- Börsenzeitung 22.08.2014, mit Beitrag von Prof. Dr. Franz-Christoph Zeitler BB a. D.
- ZEIT, Beitrag von Henrik M. Broder zu einer TV-Sendung ‚Hart aber fair'.
- Nürnberger Zeitung und Nürnberger Nachrichten in den Jahren 2018 bis März 2023.

- Acemoglu Daron/Robinson James a.: „Warum Nationen scheitern"
- Balodis Holger/Hühne Dagmar: „Die Vorsorge-Lüge"
- Bandulet/Hankel/Ramb/Schachtschneider/Ulfkotte: „Gebt uns unsere D-Mark zurück!"
- Bode/Kluge/Lotter/Malik/Straubhaar/Sprenger u. andere: „Patient Deutschland"
- Bolaffi Angelo: „Deutsches Herz – Das Modell Deutschland und die europäische Krise"
- Clement Wolfgang/Merz Friedrich: „Was jetzt zu tun ist. Deutschland 2.0"

- Gamelin Cerstin/Hamann Götz: „Die Strippenzieher-Manager, Minister-Medien"
- Gauck Joachim: „Winter im Sommer – Frühling im Herbst-Erinnerungen"
- Goffart Daniel: Das Ende der Mittelschicht
- Graeber David und Wegnrow David: Anfänge
- Häring Norbert: Endspiel des Kapitalismus
- Henkel Hans-Olaf: „Die Ethik des Erfolgs"
- „Rettet unser Geld!"
- „Die Abwracker. Wie Zocker und Politiker unsere Zukunft verspielen"
- „Der Kampf um die Mitte. Mein Bekenntnis zum Bürgertum"
- Henzler Herbert A./Späth Lothar: „Die zweite Wende. Wie Deutschland es schaffen wird"
- Höhler Gertrud: „Die Sinn-Macher. Wer siegen will, muss führen"
- „Die Zukunftsgesellschaft"
- Jungblut Michael: „Der Wohlstand entlässt seine Kinder. Wege aus der Krise"
- Meyer Ulrich: „Das läuft schief in unserem Land"
- Kaku Michio: „Zukunftsvisionen. Wie Wissenschaft und Technik des 21. Jahrhunderts unser Leben revolutionieren"
- Kolb Gerhard: „Geschichte der Volkswirtschaftslehre"
- Krugman Paul: „Schmalspur Ökonomie"
- Müller Dirk: „SHOWDOWN – Der Kampf um Europa und unser Geld"
- Müller Henrik: „Wirtschaftsirrtümer. 50 Denkfehler, die uns Kopf und Kragen kosten"
- Müller- Vogg: „Unsere unsoziale Marktwirtschaft. Vom guten Modell zur traurigen Praxis"
- Nahr Dr. Dr. Helmar: „Immer Ärger mit der Energie"
- Norbert Klaus: „Idioten made in Germany. Wie Politik und Wirtschaft Bildungsverlierer produzieren"
- Prantl Herbert: „Not und Gebot – Grundrechte in Quarantäne"
- Rietzschel Thomas: „Geplünderte Demokratie. Die Geschichte des politischen Kartells"

- Roth Jürgen: „Der Deutschland Clan. Das skrupellose Netzwerk aus Politikern, Top-Managern und Justiz"
- Schmidt Helmut: „Globalisierung"
- „Mein Europa"
- Sedlacek Tomas/Orrell Davis: „Bescheidenheit. Für eine neue Ökonomie"
- „Die Ökonomie von Gut und Böse"
- Siebert Horst: „Jenseits des sozialen Marktes. Eine notwendige Neuorientierung der deutschen Politik"
- Sinn Hans Werner „Ist Deutschland noch zu retten?"
- Sprenger Reinhard K.: „Der dressierte Bürger"
- „Die Entscheidung liegt bei dir. Warum wir weniger Staat und mehr Selbstvertrauen brauchen"
- Steingart Gabor: „Wohlstand und seine Feinde"
- Stiglitz Joseph: „Die Schatten der Globalisierung"
- „Die Chancen der Globalisierung"
- „Im freien Fall. Vom Versagen der Märkte zur Neuordnung der Weltwirtschaft"
- Taleb Nicholas Nahim: „Antifragibilität. Anleitung für eine Welt, die wir nicht verstehen"
- Vuval Noah: „21 Lektionen für das 21. Jahrhundert"
- Weik Matthias/Friedrich Marc: „Der größte Raubzug der Geschichte – Warum die Fleißigen immer ärmer und die Reichen immer reicher werden.

ANHANG 1.

**Die Quellen der volkswirtschaftlichen Leistung
Rahmenbedingungen und Wirkungsverbund**

Herkunft Erziehung Ausbildung

Persönliches Umfeld * ich * beruflicher Bereich

Familiäre politische wirtschaftliche

Gegebenheiten

Wirkungsverbund

Kräfte Wissen + Können
* ich *
Personen Familie, Team, Firma

Ideen Innovationen

Themen Gemeinschaftliche Ziele
* wir *
Einsatz Umsetzung

!! Beitrag !! !! Leisten !!

* Gesellschaft *

Stelle/Position/Markt Volkswirtschaft

+ Wachstum aus Produktivität +

+++ Nutzen +++

(Doppel-) Verbindungslinien zwischen diesen Punkten jeweils
nach eigener Einschätzung

ANHANG 2.

Einführung in das Fach

Wirtschafts- mit Ordnungspolitik auf Basis von Logik, Ethik, Analytik

Wir definieren zuerst: **Wirtschaft ist die Gelegenheit zur Existenzsicherung.**
Somit ist jeder irgendwie ein Teil der Wirtschaft! Keiner ist oberhalb oder außerhalb des Wirtschaftens. Alle müssen essen, wohnen, sich kleiden und sich bewegen.

Wir teilen ein in den: **a. budgetiven und b. den operativen Teil der Wirtschaft**
aus öffentlichen, halböffentlichen und privaten Haushalten die eigene Existenz aufbauend oder
b.) aus der Beschäftigung in Unternehmungen, als Selbstständiger oder freiberuflich Aktiver

Die Gelegenheit zur: Existenzsicherung muss geschaffen und organisiert werden.
Ist begründet in der: Knappheit der notwendigen Güter für die Lebensabsicherung.

Das erfordert: Sinnhafte Nutzung von Ressourcen und Kräften (Rationalität, Aktivität und Flexibilität)

Organisation erfolgt: in Einheiten, persönlich oder in Zusammenschlüssen, z. B. Firmen.

Sie baut auf: technisches und organisatorisches (kaufmännisches) Können und gelingt in zuverlässigen Rahmenbedingun-

gen (Wirtschaftsordnung) mit Wirtschaftsklima mit Vertrauen in Politik für Langfrist-Investitionen.
Sie gründet in: Streben jedes Einzelnen zur Besserung seiner Existenz und zu einer Hebung der Lebensverhältnisse von Nächsten und Gemeinschaften.

Mittel und Wege: dauerhaft geregelten Zusammenlebens mit ehrbarem Zusammenhalt.
Dies erfolgt in: Gesellschafts- und Wirtschaftsordnungen unterschiedlicher Prägung und Richtung. Von einer Monarchie und einer Diktatur bis zu einer a.) Staatlichen Planwirtschaft, b.) freiheitlichen Wettbewerbswirtschaft

a. tendiert zu Diktatur, in Gleichheitsprinzip mit Zwang, Ausrichtung zu Gleichschaltung und somit Personen als Objekte von Regierungen und zu Eingriffen in Einzelvorgänge des Wirtschaftens: sozialistisch.
b. tendiert zu Demokratie, zu Freiheit als Verantwortungsprinzip des Individuums, Freiheit als Entscheidungsfreiheit der Persönlichkeit. Diese vom Entscheidungsträger individuell mit Verantwortlichkeiten getroffenen Entscheidungen im Verbund treffen Wirtschaftssubjekte.

Es herrschen bei a). Regelungen, Staatsvorsorge und -besorgung, ein Wohlfahrtsstaat als Ziel mit Ergebnisverantwortung: Staatsorgane. Bei b.) Regeln und Leitplanken als Handlungsrahmen, wo der Staat nicht selbst als Mitspieler und Gegner auftritt. Sozialer Wohlstand aus Wettbewerbs-Potenzial ohne Gleichschaltungs-Anmaßungen.

Die Aktivität: der Mitglieder der Gesellschaft ist notwendig, weil der Staat nicht jede Vorsorge, Besorgung und Nachsorge für alle und alles erledigen kann.

Der Staat muss: mit Wirtschaftspolitik gestaltend die Gesellschaft zu steuern versuchen und die Aktivitäten in Wirtschaftseinheiten in Schwung zu bringen und zu erhalten, um an gutem Ergebnis operativer Wirtschaft teilzuhaben.

Dazu braucht er: Steuern und Abgaben aus Gewinnen und Verbrauch sowie Transfers.

Dafür muss der Staat: Leistungsrahmen und ein Klima für Erzeugen und Wirken herstellen, Sicherheit und Ordnung sowie nachhaltige Richtschnur für Wirtschaft. Anreize setzen für hohe Leistungsbereitschaft zu Wettbewerbsfähigkeit im globalen Anbietermarkt, dabei Effizienz fördern, Fehlanreiz meiden. Kraft-Potenzial nutzen für privatwirtschaftliche Lösungsansätze, damit die zeitweiligen Verlierer im Wettbewerb sobald als möglich wieder in das Räderwerk der volkswirtschaftlichen Gesamtleistung eingegliedert werden, abbremsende Elemente der wirtschaftlichen Leistungsströme vermeiden oder eliminieren. Umdrehungsgeschwindigkeit erhalten, Beschleunigung der relevanten Wirtschaftsströme, der Güter-, der Leistungs-, der Kapital- und Denkströme (Lernen, Forschen, Vordenken und Entscheidung) eher fördern sowie Leistungsfähigkeit und Leistungsbereitschaft positiv beeinflussen dazu die Bremseffekte rechtzeitig erkennen und möglichst vermeiden.

Der Staat kann: Entscheiden zwischen Angebots-orientierter und Nachfrage-orientierter Wirtschaftspolitik, zwischen der Einnahmen- und Ausgaben-orientierten Haushaltspolitik. Er entscheidet damit wesentlich über Ordnungspolitik. Siehe dazu im Einzelnen die Ausführungen im Text der Abhandlungen.

Wirtschafter müssen: Den Zweck der Existenzsicherung einer Bevölkerung organisieren, Gewinne erzielen, die in Anteilen der Gesamtheit Nutzen stiften sollen. Sich am Angebotsmarkt mit Wettbewerbsfähigkeit behaupten und die Beschäftigten in Lohn und Brot erhalten, einschließlich deren Familien. Einer Gemeinschaft aus Erfolg zu dienen und so ihre Regionen beleben. Eine Erfolgsträchtigkeit organisieren und so den Erhalt ständig neu zu überprüfen und flexibel vorzugehen. Wettbewerber im Auge behalten. Mittel und Wege suchen und finden, und sich behaupten, also dauerhaft somit individuelle Planungssicherheit relativ langfristig zu ermöglichen. Gemeinschaftliche (= soziale) Wege für Sozialabsicherungen begehen. Nachhaltigkeit durch Aus- und Weiterbildung eigener Leistungsanbieter und Angeworbener erzeugen, Wissensstände und Können stets erweitern. Als Leistungsnachfrager dafür sorgen, dass die Leistungsanbieter ihre eigene Existenz aus dieser Beschäftigung erhalten, sichern und aufbauen, damit „Umstellung der Einstellung für Anstellung" gemeinsam gelingt. Ihrerseits ebenso für ein Gemeinschaftsklima des Zusammenhalts sorgen. Mitarbeiter als Erfolgspotenzial erkennen, nicht als Kosten-Faktor wie Roh- und Hilfsstoffe nutzen oder auswechseln, aber flexibel einsetzen.

Konsumenten: Sind Mitglieder der Wirtschaft. In freiheitlicher Marktwirtschaft erhalten sie die Freiheit der Entscheidung und der freien Wahl des Konsumierens.

ANHANG 3.

> Wirtschaftwissenwollen <

Grundlagen der wirtschafts- und ordnungspolitischen Ökonomik

* **Wirtschaft** ist die Gelegenheit zur Existenzsicherung, was für alle und alles gilt: Also auch für den Staat samt die im Öffentlichen Dienst (ÖD) Beschäftigten und all die sonstigen gilt, die wie in Kirchen, Rundfunkanstalten, wie Instituten des Öffentlichen Rechts, und alle Nichtbeschäftigten gilt. Aber die Menschen bleiben Subjekte im Staat. Wir unterscheiden daraus die budgetive Wirtschaft, also alle Menschen, die von einer Zuwendung aus privaten, öffentlichen oder halböffentlichen Kassen oder Haushalten ihren Unterhalt beziehen oder davon leben, von der operativen Wirtschaft, also den Menschen, die ihre Existenz aus Einkommen von einem Beschäftigungsverhältnis, oder der Selbstständigkeit, oder einem Freiberuf haben: In Produktion, Handel, Dienstleistungen und Logistik beziehen. Damit ist Wirtschaft der Mensch, der wirtet, also besorgt ist um seine Existenzsicherung und die der seinen durch sinnvoll organisiertes und gutes Leisten.

Wirtschaften bedeutet Werte zur Existenzsicherung schaffen. Wirtschaftspolitik führt dorthin. Sie wird grundsätzlich vom Staat veranstaltet, der organisierten Gemeinschaft. Daraus folgt logisch, dass wirtschaften Aktivität einschließt, damit auch Ziel im Leben ist, um dem Urstreben aller Menschen nach Besserung des eigenen Lebens und dem der seinen näher zu kommen. *Wirtschaften* ist daher die Besorgung von Vorwärtskommen in Existenz.

Existenzen sind nicht gesichert, ohne Organisation des Tuns in einem geordneten Staat. Wenn die *Gelegenheit* fehlt, nützt eine *Möglichkeit* durch z. B. gute Ausbildung nichts. Gelegenheit zu erzeugen, zu schaffen und zu erhalten, ist deshalb Anliegen der Akteure von staatlichen Leitstellen und den operativ, also den in Unternehmen direkt Führenden. Interessen decken sich dennoch nur in der Organisation der Operative. Sie differieren da, wo es um das Maß der Eingriffe des ‚Lenkungs-Mechanismus‘ (Kybernetik) des Staates geht. Die marktwirtschaftlich freiheitlich ausgerichtete Wirtschaftspolitik wirkt weniger stark ins Wirtschaftsgeschehen ein als die staatlich geprägte Planwirtschaftspolitik es tut.

Wirtschaftspolitik ist daher zunächst **Grundsatzpolitik und damit die Ordnungspolitik.** Sie muss sich entscheiden zwischen einer mehr staatlich gelenkten Wirtschaftspolitik und einer freiheitlicher organisierten Marktwirtschaftspolitik, die dem Wettbewerb Wirkungen zum Wohle des Staatsvolkes zumisst und überlässt. Weil der Staat seine Wirkungen meist überschätzt, greift er mit den Mitteln der Parteiendemokratie gerne in operative Vorgänge ein, um als Wohltäter für Wohlfahrt zu gelten. Seine Wirkungsweise stranguliert jedoch. So werden gerade die Motoren des aus Wettbewerb in ständiger Anstrengung stehenden erfolgreichen operativen Wirtschaft gehemmt, gestutzt und entmutigt, Erfolg abgebremst. Der Gesamterfolg für einen Wohlstand für alle aus motorischer und dynamischer Kräfte-Entwicklung wird damit geringer als er sein könnte. Wohlfahrt wird aus Planwirtschaften wird aus Betreuungs- und damit Vorsorge-Überlegungen als Staatsanliegen mehrheitlich höher eingeschätzt. Die Folgen zurückhaltender Innovations- und Investitionspolitik sind aber bald evident. Unternehmer müssen Gewinne erwirtschaften, weil sie sonst selbst nicht mehr existieren können, nicht mehr investieren und nicht zu beschäftigen in der Lage sind. Bei hoher Belastung steuerlicher und arbeitsrechtlicher Art werden sie weniger investieren.

Die innere Rechtfertigung erhält die freiheitliche **Marktwirtschaft** daher aus ihrer Effizienz. Während die staatswirtschaftlich dominierte Planwirtschaft, in sozialistischer Ausformung als *Kollektivwirtschaften* erlebt, stets neue Eingriffe den vorherigen folgen lassen musste, weil die Eingriffsergebnisse regelmäßig zu Defiziten geführt haben und die letztlich alle in einer Volkswirtschaft Lebenden zu relativ bescheidenen Lebensumständen geführt haben, sind aus hartem Wettbewerb die notwendigen Vorsprünge geschaffen worden, die Marktkräfte relativ überlegen machten, weil ihre Ergebnisse für das Volksganze besser wurden.

Die auf *Individuen* ‚gebaute' Leistungsfähigkeit erreichte ihre Anziehungskraft aus dieser freiheitlichen Leistungsbereitschaft, die nur für jeden selbst nach seinen Kräften erwirken kann, was seinen Entscheidungen aus seiner Entscheidungsfreiheit entsprungen sein kann. Gesamtwirtschaftlicher Erfolg ist daher nicht anzuordnen noch zu planen, noch zu fordern. Genau daran macht sich der Misserfolg der Planwirtschaften fest, der regelmäßig erscheint. Denn weder reichen die Kräfte und Potenz eines Staates aus, um mit regulierter Wirtschaft zu erreichen, was Marktkräfte erwirtschaften, noch erreicht der Staat mit seinen Mitteln die Bereitschaft zum Einsatz in effizienter, aber härterer Form. Der Öffentliche Dienst ÖD freut sich daher meist auch über die Käseglocke, die ihn vor der Härte des Wettbewerbs bewahrt.

Planwirtschaft versteht sich als staatlicher Versorger der Menschen einer Volkswirtschaft. Sie stellt das „angemaßte bessere Wissen des Staates" über das von verantwortlichen Individuen (Friedrich August von Hayek). Staatswissen erreicht freilich nie das detaillierte Wissen der Verantwortlichen an den Schalthebeln vor Ort. Der Mensch wird zum Objekt der Politiker. Planwirtschaft ersetzt die Verantwortlichkeit des Einzelentscheiders durch kollektive Staatsentscheidungen. Um diese einigermaßen stimmig zu machen, müssen immer mehr Eingriffe in das operative Geschehen des Wirtschaftens folgen, weil die vorgehenden sonst ihre volle Unzulänglichkeit offenbaren müssten. Je mehr aber eingegriffen wird, desto zwanghafter ist der Gesamtvorgang eingezwängt, also unfrei. Die Grenzen der Entscheidungsfreiheit werden immer enger, die Lust der Entscheider zu entscheiden immer geringer. Motivation tendiert so gegen Null, die Ergebnisse des Wirtschaftens verflüchtigen sich. Und die Mittel des Staates für soziative Zwecke, also für Hilfen aller Art, schwinden zunehmend. Die Gesellschaft darbt.

Es wird klar, dass Wirtschaftsliberalismus untrennbar verbunden ist mit Freiheit politischen Handelns, Demokratie deshalb nur mit einer freiheitlichen Wirtschaftsordnung funktioniert. Zwang in der Wirtschaft führt zu Zwang in der Politik; genauso wie zwangsstaatliche Politik die Wirtschaft stranguliert und ihre Ergebnisse minimiert. Entmündigung führt tendenziell zu Entmutigung und Demotivation, die gebraucht wäre für Leistungsergebnisse, die allen dienen.

Dem Liberalismus aus dem Verständnis von Adam Smith oder Karl Marx ist damit nicht das Wort geredet. Ismen sind grundsätzlich Überlegenheitsstreben und Unterdrückungsstreben.

Wären junge Sozialdemokraten nicht Jungsozialisten, hätten nicht so viele Leute Angst davor. Deshalb ist Liberalismus auch nicht gleich Liberalität des Denkens und Handelns. Und wenn der Neoliberalismus angesprochen wird, will man mit ‚Neo' eine Assoziation zu ‚neonational' herstellen, während die Wissenschaftsrichtung des Neoliberalismus eng begrenzt ist auf eine Ansicht, die eher dem mehr Freiheitlichen zugetan ist und sich an die Grundausrichtung lehnt, die dem Gedanken freiheitlicher und motivierender Wirtschaftsverfassung nähersteht als eine Wirtschaftstheorie, die mit Gelddrucken Arbeit schaffen will, während sie deren Substanz aushöhlt. Eine solide Wirtschaft erhält ihre Impulse nicht von Geldregen, noch wird über die Verteilung von Geld dem Wirtschaften ein Impuls zugeführt. Menschen betrügen sich selbst.

ANHANG 4.

Ziele marktwirtschaftlicher Wirtschaftspolitik im demokratisch verfassten sozialen Staatsbild

Als Grundsatz- oder Ordnungspolitik entscheidet sie zwischen Staatsplan und Wettbewerb.

Sie entscheidet durch die Mehrheit der Gesellschaft, ob Regeln oder Regulierung gelten soll.

Sie entscheidet, ob die Menschen als Subjekte selbst Verantwortung übernehmen oder als die Objekte der staatlichen Vorsorgepolitik den Regierenden gehorchen und meist folgen müssen.

Sie ist verantwortlich und veranlasst global eine Wettbewerbsfähigkeit im Wirtschaftsbewerb.

Sie trägt bei zur Steuerung der volkswirtschaftlich relevanten Ströme zwecks Optimierungen.

Fördert und erzeugt Infrastruktur als Basis volkswirtschaftlicher Optimierung der Ressourcen.

Sie führt Wirtschaft als die Gelegenheit zur Existenzsicherung in die dafür richtigen Bahnen.

Sie wirkt bei Konjunkturschwankung mit den Mitteln der Steuerung auf Schwächeabwehr.

Hilft Ressourcen zu nutzen und Rohstoffversorgung zu gewährleisten und Vorgänge einer Ergebnisverbesserung zu optimieren sowie Energie immer überall und preiswert zu erhalten.

Anreize zu setzen zur Förderung von Leistungsfähigkeit und Leistungsbereitschaft.

Wettbewerb zu ‚veranstalten' und zu erhalten als klare Quelle für Wohlstandsmehrung.

Wachstum förderndes Beeinflussen und Nutzen von natürlichen Handlungseffekten.

Vermindern schädlicher Einflüsse auf Klima, Boden, Luft, Wasser, Flora und Fauna.

Heben des Bildungsstandes durch Stärkung der Bildungseinrichtungen und Weiterbildung.

Fördern der optimalen Faktor-Allokation wie z. B. des richtigen Einsatzes von Kapital.

Erhalten und steigern der Umdrehungsgeschwindigkeit volkswirtschaftlich relevanter Ströme, der Güter-, der Leistung-, der Kapital- und der Denkströme (Wissen, Können, Umsetzen).

Es würde helfen, den Bildungsstand in Ökonomik zu erhöhen, weil Kausalität zu Wohlstand existiert.

Ständiges Überprüfen staatlicher Maßnahmen bei Besteuerung, Privilegien, Subventionen.

Abwehr von Beeinträchtigung des förderlichen Wettbewerbs aus Korruption und Absprachen.

Akzeptieren harten Wettbewerbs anstatt von Nachlässigkeit, Faulheit und Wohlstandsverlust.

Minderung schädlicher Effekte bei staatlichen Eingriffen in operatives Wirtschaftsgeschehen.

Verteilen und Umverteilen hinter Forschen, Entwickeln, Erzeugen und Verdienen stellen.

Beachten der Soll-Gleichung, dass Einkommensmehrung der Mehrung der Leistung entspricht.

Deutlich machen, dass freiheitliche Demokratie nur in freiheitlicher Wirtschaftsordnung lebt.

Provokante Ungleichgewichte ohne Leistungsbeweise (auch über Generationen) zu mindern.

Über Generationen erschaffene Investiv-Werte nicht für den Staat zur Disposition zu stellen.

‚Soziale Gerechtigkeit‘ als Irreführung sehen und durch ‚sozialen Zusammenhalt‘ ersetzen.

‚Arbeit‘ und ‚Leistung‘ zu unterscheiden lernen als in Wahrheit reale Wirkungsgegensätze.

Schaffung von Eigentum zur Eigensicherung als Lebensleistung anzuerkennen und zu fördern

*Was ist Wirtschaftspolitik in freiheitlicher Wirtschafts- und Gesellschaftspolitik **n i c h t**?*

Politik für ‚die Wirtschaft‘ oder ‚die Unternehmer‘ oder Branchen-Förderpolitik.

Schutzpolitik für am Markt Gescheiterte oder fehlerhaft Kalkulierende und Spekulanten.

Rettungspolitik mit dem Ziel, schlechtes Wirtschaften zu belohnen.

Verantwortung anderer zu übernehmen, wo Verantwortungslosigkeit zu erkennen ist bzw. war.

Umsteuerungspolitik von Angebot und Nachfrage am Markt sowie Preis-/Lohnfestsetzung.

Um volkswirtschaftlich förderliche Politik zu betreiben, brauchen wir ohne Abstriche:

Begriffssicherheit aus klaren Definitionen, wobei neue Definitionen Bedeutung erlangen.

Kenntnisse über wirtschaftspolitische Akteure, Aktionsfelder, Mittel und Wege zum Ziel

Zielgruppenkenntnis und Verantwortungs-Multiplikatoren zur Entfaltung von erwünschten Wirkungsketten mit mittelfristigen und Fernzielen und zur Vermeidung von Nebenwirkungen.

Theorien, Thesen, Meinungen, Wünsche, Bedürfnisse und Bedarf klar zu trennen.

Aktuelle Fehlentwicklungen begründet beurteilen und bewerten zu lernen.

Währung, Wirtschaftskraft und nachhaltige Leistungsfähigkeit im Zusammenhang zu sehen.

Wirkungsunterschiede bei Zwang und Anreizen auseinander zu halten mit Auswirkungen.

Erhöhung der Bildungs-Rendite des Staates durch besseres Begreifen und Ergreifen Lernen.

ANHANG 5.

Das innovierte Verhältnis von Arbeit zu Leistung als volkswirtschaftlicher Unterschied

Arbeit daraus bedeutet Leistung

Tätigwerden nach Vorgaben Optimierung der Arbeit in Zeiteinheiten und für Lohnaufgaben-Bewältigung.
Beschäftigung, auch freiwillig Ergebnis starker Einsätze.
Erledigen von Aufgaben.
Nutzenmehrung bei Existenzsicherung mit Lohnabnehmer der Aufgabe.

dabei wird etwas

bewegt erreicht
getan/gemacht bezweckt
erledigt vollendet
abgearbeitet geschaffen

ist

Anwesenheit, mitziehen am Zielstrang
Arbeitsbereitschaft, Vor-, Mit-, Nachdenken
Verrichtung, streben nach Verbesserung
Kürzbar, teilbar,trachten nach Zusatznutzen
Substituierbar beim Kunden/bezahlbar
Lokalisierbar unteilbar und ganzheitlich
Wegrationalisierbar, nicht zu schmälern
Zeitgebunden, nicht mit Zeit begrenzbar
Notwendig, wichtig, nicht ersetzbar, gesucht

bei

Einsatz von Kraft und Geist, Einbringen von Fähigkeiten
Mit gelerntem Können, mit Weiterentwicklungen
Entlohnung nach Zeit, Vergütung nach Erfolg

zu

Einkommen
Auskommen, Anerkennung
Weiterkommen, Verwirklichung
Existenz, Karriere
Lebensstandard, Selbstwertstärkung

Denkmuster beim Leistungsbeginn

+ Eigenständiges Anpacken
+ mit Komponenten und Faktoren-Kenntnis
+ Zielvorstellung klar
+ Mittelauswahl mit Maß und Ziel
+ Netzabgleichung
+ Basis – Ziel – Gewichtung
+ Steuerungssicherung
+ Nebeneffekte – Beachtung
+ Fernwirkungs-Verantwortung
+ Einflüsse – Abwägung
+ Störfaktor – Ausschluss
+ Starten „mit vollem Schub"/„Volldampf"/„Vollgas"

Denkmuster beim Leistungsvorgang

Wollen und Prüfen

Zielpeilung Basis – Klarheit Mittel + Wege

Zielabklärung Ausgangslage – Abwägung Mittel- und Wege-Wertung

Zielfindung Basis – Ziel-Kopplung Zieltauglichkeitsprüfung

Beginnen und Handeln

Wagen Planen Unternehmen

Führen Ausführen Durchführen

Erreichen Ergebnis Erfolg

Begleiten und Beenden

Unter-Aktivität, Widerstände beseitigen, Aktivität und Einsatz, geringes Interesse, Risiken eingrenzen, Netz-Interesse holen

Mangel und Mängel, Probleme bewältigen, Defizite in Vorsprung wandeln

Abschluss und Belohnung

ANHANG 6.

Eigenleistung als Bringschuld

Autor: Johann Friedrich Frischeisen
> Abschrift aus 004/Standpunkt **,Die NEWS' 10/2008**

Ludwig Erhards Leitidee für Gesellschaft und Wirtschaft hatte den Menschen im Mittelpunkt, der selbst für sich und die Gemeinschaft in einer so geeigneten freiheitlichen Rahmenordnung sorgt. ,Sozial' verstand er als ,gemeinschaftlich'. Die Verpflichtungen Versorgter standen bei ihm auf derselben hohen Stufe wie die Aufgabe der Leistungsbesten, für das Ganze ihr Bestes zu geben. Dabei kam es ihm auf die Maßstäblichkeit an, wenn Leistung mit Lohn und Lohn und Wachsen, mit Möglichkeit zu verbinden war. Nur daraus erkannte er gemeinschaftlichen Erfolg mit Effektivität für ein Leben in sozialer Sicherheit.

Dafür war Eigenleistung als Bringschuld ebenso notwendig wie die Leistungsbereitschaft der in Not Geratenen. Verpflichtung zu gemeinschaftlicher Einstellung erkannte Erhard in der Progression der Besteuerung, und in der Unterstützung der Sozialverbände. Er sah keine Verpflichtung dafür, dass ,Soziale' zum Produktionsziel zu machen, sondern wollte möglichst Alle auf dem Weg zum Wohlstand mitnehmen. Wohlfahrt war für ihn Chaos, weil unfinanzierbar. Aber genau auf diesem Wege befinden wir uns derzeit. Veränderungen müssen jetzt in den Köpfen stattfinden und Betriebe, öffentlicher Dienst sowie Politiker den Ernst der Lage erkennen. Eine investive Innovation wäre, ordnungspolitischer Lehre einen neuen Rang einzuräumen. Wenn sinkende Anerkennung für die Wirtschaftsrahmenordnung der Sozialen Marktwirtschaft bekundet wird, ist das so, als ob stumme Fische sich gegen ihr tragendes Element Wasser ‚aussprächen'.

An Verständnis für den Ernst der Lage mangelt es noch überall. Es geht abwärts, wenn wir nicht aufpassen. Wir müssen schon betrieblich mehr Verständnis von gesamtwirtschaftlichen Wirkungsfolgen durch Weiterbildung wecken. Wenn die deutsche Gesellschaft aus Unverstand Rost ansetzt, kann sie nicht mehr in der ersten Liga der verdienenden Volkswirtschaften der Welt mitspielen, um daraus die Infrastruktur mit Sozialkosten auch künftig zu verdienen.

Zu wenig ökonomische Bildung

Wenn die Leitordnung als Rahmen für Wirtschaften nicht mehr greift, fehlt der Anreiz. Wer einem Weltklasseläufer ein Bein amputiert und danach dessen schlechte Laufleistung bemängelt, gehört in Behandlung. Die Marktwirtschaft ist zu wertvoll, als dass sie auf dem Altar von Leuten mit Bildungsnotstand geopfert werden sollte. Die ‚dritte Art' von Wirtschaftsordnung funktioniert nicht, auch wenn eine Präsidentin des Bundesverfassungsgerichts (bei einem Vortrag bei der IHK Nürnberg) einmal wissen ließ, dass sie sich eine sozialistische Demokratie vorstellen könne. Das ist unausgereift und falsch, denn eine sozialistische Demokratie ist genauso ein Widerspruch in sich selbst wie ein demokratischer Sozialismus (á la DDR).

Die Kausalität zwischen ökonomischer Bildung im Land und dessen gesamtwirtschaftlicher Leistungskraft ist längst bewiesen. Die Parteien erhalten jetzt die Quittung dafür, dass sie selbst Marktwirtschaft nicht begriffen haben, ja ‚sozialistisch' als die Steigerung von ‚sozial' in der Praxis üben, ganz im Sinne der Umverteilungsagitatoren uralten Zuschnitts. Den Profit hat die extreme Linke, die durch die Leichtgläubigkeit der Massen fröhliche Auferstehung feiert. Horror mal drei.

Dabei wäre es grundgesetzlich die Pflicht der Parteien, die Menschen des Landes politisch aufzuklären. Aber nach Roman Herzig kann Orientierung nur von Orientierten kommen. Das Schlimmste dabei aber ist für das Wirtschaftsklima, die Investitionsbereitschaft im Lande und den Mut zur Zukunftsbewältigung, dass man sich über Befragungsergebnisse, die die Linke hoch in der Gunst der Wähler sehen, nicht einmal mehr wundert.

Roman Herzog: „Wir müssen alle noch viel mehr an Wissen über gesamtwirtschaftliche Wirkungsabläufe aufbauen."
Richtig, wenn die deutsche Zukunft auf gutem Wege vorankommen soll. Wer aber hat den Mut Ludwig Erhards, zu sagen, was richtig ist bzw. wäre?

Johann Friedrich Frischeisen ist Inhaber der Frischeisen Immobilien e. K. für Gewerbe-Immobilien und Unternehmensübernahmen-Vermittlung sowie für Projektentwicklung.

Der frühere Pressesprecher des BJU für Nordbayern ist als Lehrbeauftragter an der Hochschule Ansbach und an der privaten IBS International Business School Nürnberg für Süddeutschland tätig (gewesen und hat wegen zusätzlich anspruchsvoller beruflicher Aufgaben im Oktober 2014 die Lehrtätigkeit beendet).

ANHANG 7.

Die Wirtschaftsordnung als Grundsatzentscheidung
der Gesellschaft

Freiheitliche Wettbewerbswirtschaft
gegenüber staatlicher Planwirtschaft

Gesellschaftsziel:

Wohlstand für alle. Mehrung Wohlfahrt für alle. Allgemein
qualitativ und quantitativ in aus Umverteilung und daraus
unterschiedlichen Schüben und sinkend, international abfall-
end ungleichmäßig verdient erreicht, Gleichmacherisch mit
Nachteil, Eigenverantwortung mit Anreiz für Bessere im Leistungsergebnis

Wirtschaftsziel:

Ergebnisverbesserung mit Vollbeschäftigung durch Einstellung,
möglichst geringen Kosten und Tätigkeit ohne den harten Markt,
Wettbewerbsfähigkeit durch sinkende Wettbewerbsfähigkeit
sieht Preissenkungstendenz aus dem sich zu sinkenden Preisen
gezwungen Wettbewerb mit Anstrengungen und erzeugt Min-
dereinnahmen bei den daraus Vorteile für Verbraucher. Unternehmen für Modernisierungen, mit Konkurrenz-Überlegenheit
und beim Staat für Infrastruktur sowie aus Leistung mehr Beschäftigung beim Sozialkapital für Absicherungen

Richtschnur:

Zentraler Punkt, Basis, und die alle wichtigen Entscheidungen
werden, Richtschnur für Entscheidungen vom Staat getroffen,
der damit auch die ist der Preis auf den Leistungs-Verantwor-
tung für Misserfolge vorträgt und Gütermärkten. Verantwortung Versorgungsprinzip nachhaltig nicht so beim Einzelnen,
aber auch Gewinn stark und nicht nachhaltig abgesichert.

Wettbewerb:

Verfügbarkeit an Gütern Bereitschaft und Fähigkeit, Bedarf zu
und Leistungen (Angebot) zu decken (volkswirtschaftlich Nachfrage)

Preis:

Wirtschaftliche Leistung
aus Leistungsfähigkeit und Leistungswilligkeit
aus Begabung, Wissen und Können mit zähem Einsatz und Ziel-
strebigkeit

Der Autor

Johann Friedrich Frischeisen, Vermittler und Berater
in Liegenschaften, viel Jahre lang Dozent für Wirtschaftswissen und Politik, suchte und fand immer
Lösungen aus schwierigen Situationen. Der Volks-
wirt bemühe sich um Durchblick und Überblick und
suchte nach den bestmöglichen Wegen für Fortschritte nicht nur im Kleinen. Einiges davon lässt er
in seinen Schriften immer wieder den Lesern richtig
miterleben und daraus Nutzen ziehen.

Der Verlag

*Wer aufhört
besser zu werden,
hat aufgehört
gut zu sein!*

Basierend auf diesem Motto ist es dem novum Verlag
ein Anliegen, neue Manuskripte aufzuspüren, zu ver-
öffentlichen und deren Autoren langfristig zu fördern.
Mittlerweile gilt der 1997 gegründete und mehrfach
prämierte Verlag als Spezialist für Neuautoren in
Deutschland, Österreich und der Schweiz.

**Für jedes neue Manuskript wird innerhalb we-
niger Wochen eine kostenfreie, unverbindliche
Lektorats-Prüfung erstellt.**

Weitere Informationen zum Verlag und
seinen Büchern finden Sie im Internet unter:

w w w . n o v u m v e r l a g . c o m